# 新时代绿色社区创建
# 上海案例精选

上海市住房和城乡建设管理委员会
上海市城市管理精细化工作推进领导小组办公室
东华大学
编

上海科学技术出版社

图书在版编目（CIP）数据

新时代绿色社区创建上海案例精选 / 上海市住房和城乡建设管理委员会，上海市城市管理精细化工作推进领导小组办公室，东华大学编. -- 上海 : 上海科学技术出版社，2023.4
ISBN 978-7-5478-6135-6

Ⅰ. ①新… Ⅱ. ①上… ②上… ③东… Ⅲ. ①社区建设－生态环境建设－案例－上海 Ⅳ. ①D669.3

中国国家版本馆CIP数据核字(2023)第059628号

---

新时代绿色社区创建上海案例精选
上海市住房和城乡建设管理委员会
上海市城市管理精细化工作推进领导小组办公室
东华大学
编

上海世纪出版（集团）有限公司
上 海 科 学 技 术 出 版 社 出版、发行
（上海市闵行区号景路 159 弄 A 座 9F-10F）
邮政编码 201101 www.sstp.cn
上海雅昌艺术印刷有限公司印刷
开本 889 × 1194 1/16 印张 21.25
字数 600 千字
2023 年 4 月第 1 版 2023 年 4 月第 1 次印刷
ISBN 978-7-5478-6135-6/TU · 327
定价：150.00 元

---

# 编委会

# COMPILATION COMMITTEE

# 前 言
# PREFACE

中国特色社会主义进入新时代、新征程。习近平总书记在 2022 年世界城市日全球主场活动暨第二届城市可持续发展全球大会的贺信中要求“加快落实联合国 2030 年可持续发展议程和《新城市议程》，助力经济有效复苏，改善生态环境质量，提升城市治理效能，共同推动全球可持续发展”。绿色发展作为可持续发展理念的重要组成部分，是实现高质量发展的本质要求，是促进人与自然和谐共生的应有之义，是全面推进生态文明建设的必然选择。

住房和城乡建设部等部门于 2020 年下发了创建绿色社区的通知，将绿色发展理念贯穿社区设计、建设、管理和服务等活动的全过程，以简约适度、绿色低碳的方式，推进社区人居环境建设。上海市委、市政府高度重视、迅速启动、统筹推进，在全市范围内开展了为期三年的绿色社区创建行动。截至 2022 年年底，全市共计 3 901 个社区完成了绿色社区创建，完成率 85.98%，位列全国首位，让居民能够推窗见绿、四季赏花，畅享绿色低碳幸福生活。

按照市委书记陈吉宁“努力探索和形成城市现代化建设、可持续发展的上海范例”要求，组织编写了绿色社区创建过程中的典型案例，以供各部门、各区以及各街镇相互借鉴、开拓思路、共同进步，为助力形成绿色生产生活方式、推动实现绿色高质量发展、谱写中国式现代化的上海新篇章作出城市管理精细化领域的贡献！

# 目录

# CONTENTS


## 1 浦东新区优秀示范案例

002 坚持以党建"红"引领生态"绿" 打造绿色"公园社区"样板
005 党建引领聚合力 老旧小区迎"蝶变"
008 向"绿"而行 共建"和美"东力
011 党建引领聚能量 温暖和谐满社区
013 "疗愈花园"让社区建设更"绿色"
016 宜"文"宜"娱" 魅力新城
018 树立绿色发展理念 构建美丽生态家园
022 以社区花园建设助推绿色社区创建
028 星与心愿——用心、用情、用爱点亮绿色星家园
034 践行生态文明理念 共建共享绿色中金

## 2 黄浦区优秀示范案例

040 守护红色初心 共建绿色社区
045 创绿色社区 享宜居生活
048 共创绿色社区 共建和美家园
052 落实绿色发展理念 打造共享绿色社区
055 自治共治共享 宜居绿色社区

## 3 静安区优秀示范案例

060 "绿"+"幸福邻里" 共建共享幸福美好生活
068 创建人人共享的绿色社区
072 根植绿色发展理念 推进构建绿色社区

076 秉持为民服务理念 打造高品质绿色社区
079 践行“四个特别”精神 打造宜居绿色社区

4 徐汇区优秀示范案例

084 建设美好家园 创建绿色社区
086 贯彻绿色发展理念 携手共建绿色社区
089 根植绿色发展理念 推进绿色社区创建
092 增进民生福祉 提高生活品质
096 虹亭汇聚七彩民智民力 共创共治共享绿色社区
100 构筑“红色党建 + 绿色服务”双模式 打好绿色发展“组合拳”

5 长宁区优秀示范案例

104 坚持人与自然和谐共生 奋力谱写绿色社区新篇章
111 全力打造绿色生态、和谐生态的宜居家园
116 数字赋能 打造绿色新家园

6 普陀区优秀示范案例

124 绿色科技与环保理念引领建设 美好环境与幸福生活共同缔造
129 创建绿色社区 打造品质生活
133 红色樱花共议事 绿色家园聚民心
138 群策群力打通苏河岸线最后“断点” 党建引领打造绿色滨水两湾
141 传承历史文化留住美好记忆 共建绿色生态人居和谐环境

7 虹口区优秀示范案例

146 贯彻绿色发展理念 携手共建绿色社区
149 创建绿色社区 打造宜居家园
151 植入“绿色”芯片 共建宜居社区
154 共建绿色发展社区 营造绿色宜居环境
157 贯彻绿色发展理念 携手共建绿色社区

8 杨浦区优秀示范案例

162 贯彻绿色发展理念 奋力谱写绿色社区
165 加强绿色社区建设 创建文明和谐社区
168 推进宜居绿色生活 共建和谐绿色社区

9 宝山区优秀示范案例

172 以“绿”为媒 携手共建健康低碳生活圈
175 党建引领聚合力 共建共享绿色家园
178 当科技遇上绿色 打造创新绿色社区
182 扮靓美丽绿色社区 绘就美好时代画卷

10 闵行区优秀示范案例

188 创建绿色社区 共享幸福天恒
191 党建引领“挑大梁” 共绘自治共治“同心圆”
197 贯彻绿色发展理念 携手共建绿色社区
200 创建绿色社区 共建和谐家园
203 践行绿色发展理念 共筑绿色和谐家园
207 共建共享 以绿色拥抱康城

11 嘉定区优秀示范案例

214 一朵蔷薇 绿色共享
219 活力宜居 向“绿”而行
223 持续绿色健康理念 共筑和谐美丽家园

12 金山区优秀示范案例

230 汇聚小微绿色力量 激发绿色社区生态活力
233 绿色社区 让美丽家园更美好
237 党建红赋能生态绿 助力和谐宜居万盛
241 聚焦治理短板 创建绿色社区

245 党建引领绿色社区创建　多元力量擦出共治“火花”

## 13 松江区优秀示范案例

252 天生丽质仍需治　共治共享谱新篇
258 以红带绿　以绿促红　携手共建绿色社区
261 绿色社区共创建　德法同行幸福园
265 党建引领聚合力　老旧小区微“整形”
267 创建绿色社区　共享美好生活

## 14 青浦区优秀示范案例

274 党建引领聚民心　绿色社区谱“幸”篇
278 构建幸福仁恒　创建绿色社区
282 创建绿色社区　助推幸福社区建设
288 引领绿色生活新时尚　共造社区宜居环境
292 贯彻绿色发展理念　携手共建绿色社区
298 党建引领聚合力　共建绿色幸福家

## 15 奉贤区优秀示范案例

302 “绿色联盟”联通“蓝网绿脉”
307 以“绿”为底　擘画宜居画卷
312 共建共治共享　打造绿色家园
314 深化绿色发展理念　打造美丽宜居家园
317 深化“居＋民”共治理念　提升居民自治自觉

## 16 崇明区优秀示范案例

320 厚植生态优势　共建幸福金日
323 明南一家亲　绿色心连心
326 创建绿色和谐社区　建设美好宜居家园
329 秉持绿色生态理念　造就品质生活社区

# 1

# 浦东新区
## 优秀示范案例

# 坚持以党建“红”引领生态“绿”打造绿色“公园社区”样板

## ——浦东新区高行镇绿地崴廉居民区

### 社区概况

绿地崴廉居民区是2006年6月入住的商品房居住小区，东至金京路，南邻赵家沟，西处金高路，北靠东靖路，建筑面积44万平方米，规划总户数为3 048户，总居住人口约8千人。绿化面积为11万平方米，绿化率达48.5%。社区内草坪成片，绿树成荫，生态景观错落有致。社区不仅与高行绿地法治公园一墙之隔，又毗邻上海市最高星级（三星级）河道——赵家沟河道（图1）。

借着绿色社区创建的东风，在镇党委政府近年来的规划基础上，绿地崴廉社区汇民智、听民意形成初步改造方向，镇主要领导多次实地踏勘、论证设计，最终“公园社区”样板社区建设方案落地。公园成了自家会客厅，社区居民的主人翁精神被极大地激发出来，社区内形成爱护环境、邻里和谐、昼夜安宁、团结互助、积极向上的绿色风尚，居民的获得感不断提升。

图1

## 特色工作

绿地崴廉居民区坚持党建引领，以打造绿色“公园社区”为目标，加强基层党组织建设、居民自治机制建设、社区服务体系建设有机结合，坚持创建为民、创建惠民、创建靠民理念，全域覆盖共推、全面创建共治、全民参与共享，进一步擦亮发展底色、提升环境民生成色、增添基层治理亮色，让社区更有颜值品质、更有内涵温度、更有宜居魅力。

### （1）坚持党建引领，凝聚创建强大合力

绿地崴廉居民区充分发挥小区党员、志愿者的主观能动性，吹起红色“集结号”，成立党员巡视队，在小区物业管理过程中展开巡访、宣传和监督，唤醒了居民的家园意识，激发了居民投身绿色社区创建的极大热情，形成了以居民区党组织为核心，居委会、业委会和物业“三驾马车”同心协力，齐抓共管的“自治、共治、德治、法治”良好管理局面（图 2）。

### （2）坚持共治共享，全面提升环境成色

绿地崴廉社区在保证公共安全的前提下，打开了通往南侧公园的围墙，实现社区内部绿化与公园景致浑然一体，一步就能跨进公园的体验极大地丰富了社区居民的绿色生活，让居民推窗见绿、四季见花、畅享“绿色福利”（图 3）。高行绿地法治公园在不改变原绿地公园自然景观的前提下通过雕塑、小品、互动打卡体验等方式把法治文化、法治思想理念融入现有公园，赋予公园法治生命力（图 4）。

图 3

图 4

### （3）坚持惠民为民，丰富绿色社区内涵

赵家沟金高路、金京路桥下空间毗邻绿地崴廉社区，为推进桥下空间开放提升，高行镇用充满创意的“小修小补”代替伤筋动骨的“大拆大建”，通过改造体育运动场所，增设儿童游乐设施、景观绿地，加上主题契合的桥体墙绘、景观照明等软性装饰，将闲置或未被充分利用且没有明确功能的桥下空间打造成集健身运动、休闲娱乐、景观绿地等复合型功能于一体的活动场所，成为绿地崴廉社区居民身边的“网红打卡点”（图 5）。

图 5

图 6

## 创建成效

（1）实现了共建共治共享的良好成效

绿地崴廉居民区以“红色引擎工程”为抓手，充分发挥“红色头雁”精神，积极主动参与到绿色创建工作中，不仅把绿地公园纳入巡察范围，还定期组织公园环境清洁，开展亲子爱绿主题活动等（图 6）。党员巡视队是红色细胞在创新社会治理中的探索和实践，巡视工作为社区各项管理工作打下了坚实的基础，通过建立长效的监督机制，使物业管理进入一个良性的工作状态，党员们的志愿服务精神真正落到实处，让居民群众真正得到实惠。

（2）打造了“公园社区”创建的鲜活样板

坚持绿色社区创建和公园绿地提升相结合，形成“点线面”风景线，点上有美景，社区内草坪成片，绿树成荫，生态景观错落有致；线上有风景，打造形成了绿地法治公园等景观亮点；通过微更新植入文化体育元素，将赵家沟北侧桥下空间打造成为可漫步、可欣赏、可阅读的“网红打卡点”。面上有实景，绿色社区创建和垃圾分类、缤纷社区、美丽街区、美丽家园建设充分结合，实现了社区人居环境整洁、舒适、安全、美丽的目标（图 7）。

图 7

# 党建引领聚合力　老旧小区迎“蝶变”

## ——浦东新区高行镇华高新村第二居民区

## 社区概况

高行镇华高新村第二居民区成立于 1999 年，下辖华高二村、华高庭园等 5 个分散住宅小区，是一个“动迁安置房 + 商品房”的混合型老社区，现有 1 535 户居民，以本地动迁户为主。面对社区居民改善小区环境、提升居住品质的迫切需求，华高新村第二居民区以绿色社区创建工作为契机，充分发挥党建工作的统领作用，积极协调各方资源，于 2021 年率先启动“精致宜人”幸福型亮点社区创建工作，奏响社区“蝶变”新乐章，有效破解社区治理难点，让华高新村第二居民区“旧”而不“衰”、美且精致（图 1）。

图 1

## 特色工作

（1）聚力系统治理，强化共建共治共享

① 握好党建引领“指挥棒”

华高新村第二居民区党总支以创建为民、创建惠民、创建靠民为出发点和落脚点，以党建为引领，把民主协商作为绿色社区创建的重要方式，依托“三位一体”平台，构建议事三级网络，即居委会的“三会”实训室、小区的“心声传达室”、楼组的议事小黑板，充分激发居民主动参与绿色社区创建的热情（图 2）。

图 2

② 奏好全民参与“主题曲”

华高庭园在创建过程中，充分发挥党支部的战斗堡垒作用和党员的先锋模范作用，先后多次召开听证会、协调会，邀请上级部门、物业、业委会、党员和居民代表共商改造方案，最终确定 10 处主要改造点位，包括合理布局公共绿地及景观提升，增加公共活动空间和健身设施，安装太阳能充电车棚，利用透水砖减少积水点，完善生活垃圾分类投放和收集设施等，深度融入绿色发展、节能环保理念，推进小区基础设施绿色化，让小区“面子”“里子”双双提升（图 3）。

图 3

图 4

### （2）聚焦精细治理，强化典型示范引领

①“微改造”擦亮民生幸福底色

华高新村第二居民区通过党建引领居民自治、社区共治，开展加装电梯、墙体彩绘、楼道美化、停车位重新规划、绿化补种、健身娱乐设施更新、景观小品布点等微更新、微改造，为居民提供高颜值环境、高品质生活。2019 年 12 月，华高庭园的“加梯项目”入选上海市“最美装梯案例”，并获得“最佳人气奖”。2021 年 10 月，结合绿色社区创建工作，华高庭园 12 号楼、华高二村 47 号楼加梯工程签约仪式顺利推进，进一步提高了辖区居民的生活品质，增强归属感和获得感（图 4、图 5）。

图 5

②“微救助”点燃城市文明温度

华高新村第二居民区先行先试流浪狗猫治理项目，探索社区流浪动物治理新路径。经过前期社区内广泛宣传、场地寻找和敲定、救助管理机制的商榷等，最终设置专门的流浪狗猫收容临时点，社区工作人员或志愿者轮流协助工作，定期清理收容点卫生，添加水和食物，观察安置流浪狗猫的健康状况。同时，在社区推广文明养宠理念，定期为宠物便便箱补充纸张，设立隐蔽的喂养点，倡导有序喂养，努力将绿色体现在社区治理的细枝末节上，让社区更具人文温暖（图 6）。

图 6

### （3）聚能智慧治理，强化全周期管理

① 数字门牌“慧”治理

为有效提升社区的应急能力和治理效能，更好

地补齐老旧小区的短板和弱项，华高新村第二居民区率先实施“数字门牌”管理系统。2022 年，面对疫情防控的复杂局势，华高新村第二居民区迭代升级了原有系统，通过整合房态图、党员志愿者、楼组长等力量，迅速打造“电子房态图”，在原有社区便民及物业服务基础上又增添了“来（返）沪人员健康信息登记”“疫情线索上报”“一键求助”三个按钮，实现疫情防控高效、精准、及时。

② 联勤联动护平安

华高新村第二居民区利用居村联勤联动微平台，细化社区安保、车辆、公共设施管理、生活垃圾投放等综合治理事项清单，落实公安、城管等下沉资源和力量职责分工，构建经济、生活、治理三个领域数字化治理，促进社区管理精细化、服务内容多样化、治理高效协同化。

## 创建成效

### （1）以点带面，形成靓丽风景

华高新村第二居民区紧紧将绿色发展理念贯穿社区常态长效治理中，全覆盖建设“党建、文化、亲子、绿化、敬老”5 个类型及 8 个不同主题的美丽楼道，积极开展“盆景汇”自治项目，大门口原本黄土裸露、杂乱不堪的地方“蝶变”成了赏心悦目的美丽庭园示范点（图 7）。

图 7

### （2）典型引路，培育特色亮点

通过华高新村第二居民区先行先试，细化每个创建部事件，推动镇域内其他社区携手创绿，形成高行镇“红色引领”睦邻型等 8 个特色类型的绿色亮点社区和“森兰绿地”“赵家沟高行段岸线”2 个精品示范项目，助推居民绿色生活意识、习惯的养成，构建符合生态文明理念要求的价值导向（图 8）。

图 8

### （3）以人为本，共建幸福家园

华高新村第二居民区以党建引领“自治、共治、德治、法治”四位一体，坚持“拆、建、管、美、用”，环境品质做“加法”、脏乱环境做“减法”、公共服务做“乘法”、安全隐患做“除法”，推进空间微改造、社区微治理、城市微更新，努力打造推窗见绿、四季见花的绿色高质量发展样板间，提升居民幸福感。

# 向“绿”而行　共建“和美”东力

## ——浦东新区高行镇东力居民区

### 社区概况

浦东新区高行镇东力居民区建成于2006年7月，位于申江路985弄，管理辖区共有四个区域，分别为东力新村、东源丽晶、申江名邸（东、西）区，其中东力新村为老旧小区，共有1 224户，现有常住居民3 095人，其中老年人占40%，外来人口占35%，存在外来人口多、老龄居民多的特点。辖区内有申江路桥下U形环道、健身步道、多功能健身场等。

东力居委以建设“和美东力”为主题，坚持党建引领、以共建共治为抓手，以满足居民美好生活需求为目的，结合民生实事、重点工程、美丽家园建设等要点，深入开展绿化社区建设，擦亮绿色发展底色、提升环境民生成色、增添社区治理亮色，使东力社区更有颜值品质、更有内涵温度、更有宜居魅力（图1）。

图1

## 特色工作

### （1）党建引领，深化绿色社区创建

东力居民区党总支坚持党建引领绿色社区治理，发挥党组织牵头抓总、协调各方的引领作用，不断提升党组织把方向、统资源、强服务的能力，依靠“红色议事厅”“圆桌会”“红色朋友圈”等议事平台，织密党建网，召开解决停车难问题主题会议及联席会议（图 2）。用好内部挖潜、外部新建、资源共享、科技赋能等手段，通过“六治”高效解决停车难问题。通过“美丽家园”建设及环境综合整治等方式，优化内部资源配置。调整停车方案，逐步取消小区固定停车位，进一步提升小区车辆周转停放效率，避免停车位资源浪费，盘活小区地面车位（图 3）。加大小区“僵尸车”整治力度，有效释放部分停车资源，科学规划、执行小区停车管理，规范车辆停放，清晰道路标线，改善小区停车环境。通过探索居住小区智能化管理，搭建居村联勤联动微平台，以及打造“熟人社区”“睦邻社区”等方式，共解决百余个停车位。在改建机动车停车位的同时，考虑到非机动车充电需求，社区增设了集中充电桩，为居民出行“最后一公里”提供了便利。

图 2

### （2）共建共享，营造绿色宜居环境

东力居委先后多次与上级部门、物业、业委会、党员和居民代表共商改造方案，共绘小区发展蓝图。在补齐各项短板的同时，因地制宜探索建设安全健康、设施完善、管理有序的幸福宜居社区。东力社区坚持将绿色发展理念贯穿社区设计、建设和服务全过程，以简约适度、绿色低碳的理念，推进社区人居环境整治提升。通过因地制宜的微更新，用充满创意的“小修小补”代替伤筋动骨的“大拆大建”，申江路桥下 U 形环道通过绿化改造、修缮运动设施、墙体涂鸦等微更新，成为居民休闲娱乐、健身交流的实用空间、共享会客厅。通过居民会议、社区微信群等线上线下结合方式，积极征询居民意见建议，凝聚群众智慧和力量，合理规划小区建设和改造，布局公共绿地及景观提升，增加小区内公共活动空间和健身设施，加强海绵化改造和建设，完善生活垃圾分类投放和收集设施、安装太阳能设施等，做到发展为了人民，发展依靠人民，发展成果由人民共享（图 4）。

图 3

图 4

（3）营造氛围，培育社区绿色文化

东力居委把全生命周期管理理念贯穿小区规划、建设、管理全过程各环节，将绿色社区创建和缤纷社区、美丽家园等建设结合起来，借助环保一日行、党员活动日，垃圾分类宣传、公益广告宣传等方式定期策划绿色社区创建宣传，推动绿色社区创建做到“五常”（居民眼睛常亮、小区容貌常新、景观靓丽常在、管理精细常存、社区温度常留）。社区以“我为群众办实事”为切入点，精心打造“睦邻园艺坊”“闻邻绿廊”品牌，开展“五个一”服务，带领社区居民共同参与，共同倡导绿色生态、和谐邻里文明，通过花艺自治、绿植培训、交流展示等活动，使之成为上下联动、多方互动、内外促动的“有机生命体”（图5）。

图5

## 创建成效

绿色社区创建活动让社区有更多平台、更多资源做好服务群众、凝聚人心工作，把群众想干的事，变为社区要干的事；把社区要干的事，变成群众积极支持、参与的事；把社区干成的事，变成惠及人民群众的事，实实在在促进了小区发展面貌的变化和群众“急难愁盼”问题的解决，进而赢得了群众口碑。打造了高品质生活。做实“15分钟服务圈”，做优家门口服务，三微三美，巩固创城创卫成果，满足居民美好生活需求，使居民群众感受到了“有品质、有温度、有归属”的东力人的幸福。实施了高效能治理。做好为民办实事，运用居村联勤联动微平台，筑牢疫情防控的铜墙铁壁。全力保障小区治理精细化、绿色化、智能化。细化社区安保、车辆、公共设施管理、生活垃圾投放等综合治理事项清单，落实公安、城管等下沉资源和力量职责分工，构建经济、生活、治理三个领域数字化转型。塑造了高颜值环境。绘好“生态底色”，东力新村居民区以“点石成金”的变化呈现“多姿多彩”的东力，从“脏乱差”到“绿而美”，转角遇到美、细微见精致，让东力社区有色彩，有活力，有韵味，有质感（图6）。

图6

# 党建引领聚能量　温暖和谐满社区

## ——浦东新区高行镇森兰仁恒居民区

## 社区概况

森兰仁恒居民区由兰谷路1888弄、2188弄、2199弄、1777弄、1999弄5个小区组成，东临规划四河、南至韵元路、西靠张杨北路、北至德爱路，本辖区总建筑面积将近50万平方米，规划户数为1 493户，常住人口接近5 000人。其中绿化率达到35%以上，小区内绿树成荫，草坪、水景相映成趣，并且与森兰绿地公园一路之隔，整个环境绿意盎然（图1、图2）。

自从创建绿色社区以来，在高行镇党委政府的引导和支持下，森兰仁恒居民区通过党建引领、居委牵头、物业配合、居民参与的多元创建格局，最终利用社区公共空间的改造形成小区内的会客厅、居民喜爱的读书角——邻里书吧。

图1

图2

## 特色工作

近年来，森兰仁恒居民区结合“红色引擎工程”和缤纷社区建设，以打造温馨家园、温暖仁恒为抓手，坚持加强基层党建、居民自治、社区建设，以党建带民建，党员带头发挥作用、居民参与汇聚能量、居民受益共治共享，提升居民区的品质和内涵（图3）。

图3

### （1）建设书香仁恒

森兰仁恒邻里书吧的成立实现在家门口就有一个提供免费借阅书籍、以书会友的场所，是为满足小区居民越来越高的社区文化要求而建的。森兰仁恒居委会在前期建成的邻里书吧的基础上，通过举办诗词沙龙、朗诵、演讲等形式，向小区居民宣传邻里书吧，丰富社区文化活动，增强小区文化建设氛围。让社区居民在读书角随时分享彼此的书籍，交流阅读心得。读书角还开设了儿童乐园，为社区孩子们提供阅读、玩乐的空间。同时读书角可以举办各类读书沙龙，健康讲座等活动（图 4）。

图 4

（2）建设美丽仁恒

以社区党员为主体，物业保洁和小区居民共同参与，组建社区志愿者队伍，发挥小区党员、志愿者的主观能动性，定期在小区内开展清洁家园行动，通过张贴宣传海报、捡拾落地垃圾、进行文明劝导等形式唤醒了居民的家园意识，激发了居民投身绿色社区创建的极大热情，形成了以居民区党组织为核心，居委会、业委会和物业“三驾马车”同心协力，齐抓共管的“自治、共治、德治、法治”良好管理局面（图 5）。

图 5

（3）建设活力仁恒

森兰仁恒居民区的居民来自五湖四海，居民的特点、爱好各有不同，在居委会的带领下，社区组建了合唱队、舞蹈队、太极拳操队、足球队等十余支文化团队，丰富小区居民的文化生活（图 6）。并且在活动开展的同时进行绿色社区、健康生活等方面的活动宣传，让居民在锻炼身体、增强体魄的同时，更多地接触绿色环保理念，展现出更加饱满的精神状态。

图 6

## 创建成效

在创建绿色社区的过程中，居民区不仅通过党员带领群众共同参与，建设自己的美丽家园、温暖社区，还形成了一套居委牵头、物业配合、居民自治的良好工作格局和框架，通过不断的探索和实践，建立长效的管理和工作机制，让居民群众感受创建成果，把社区打造成环境整洁、邻里和谐、美丽宜居的温暖大家庭（图 7）。

图 7

# “疗愈花园”让社区建设更“绿色”

## ——浦东新区高行镇南新居民区

### 社区概况

浦东新区高行镇南新居民区委员会建成于 2009 年 4 月，位于行南路 900 弄 47 号，辖区内有南新东园和南新西园两个小区，东至张杨北路，西至佳南路，南至行南路，北至航津路，占地面积约 0.25 平方千米。辖区规划总户数 2 317 户，现有户籍居民 2 525 人，常住人口 5 896 人。社区人员结构呈现来沪人员多，老年人多等特点，在 2022 年被评为“上海市老年友好型社区”，辖区内设有多个老年活动室、塑胶健身步道、多功能健身场等（图 1）。

### 特色工作

随着社会经济的高速发展，居民对社区的医疗、卫生、文化、服务、物业管理等方面的需求不断增加且更加精细化，借着绿色社区创建的东风，南新居民区始终坚持党建引领、“三位一体”和居民自治，深入推进“红色引擎工程”，以缤纷社区提质增效为抓手，大力推进“美丽家园”建设，创建“星级美丽楼道”，加快红色物业建设，实施社区微更新，多措并举，推进老旧小区旧貌换新颜，建设家门口的“疗愈花园”，打造“绿色生态”魅力社区，

图 1

图 3

切实提升了居民的获得感、幸福感和满足感（图 2）。

### （1）坚持党建引领，筑牢绿色社区创建根基

南新居民区党总支高度重视党建对绿色社区创建工作的引导作用，始终坚持把党建工作融入绿色社区建设过程中来，切实将组织优势转化为创建效能。不断加强基层党建、以党建引领居民自治，筑牢基层党组织战斗堡垒。推动两委委员在南新自治组织（业委会）中交叉任职，通过党组织推荐、居民选举，使一批两委成员及二级支部书记担任业委会相关职务，借助业委会平台，靶向指引收集居民需求、建立绿色治理清单，确保社区绿色建设“干有方向”。

### （2）坚持协同联动，凝聚绿色社区创建合力

南新居委做实“三位一体”架构，在协同推进绿色社区创建的过程中，每月定期召开“三位一体”会议，充分发挥好居委、物业及业委会“三驾马车”的功能，各司其职、形成合力。在南新党组织领导的互助互补“三位一体”联动模式下，通过“美丽家园”建设和综合环境大整治，定期开展楼道黑广告、小区屋面天沟、地下管道、楼道堆物的清理工作，更换小区保洁保绿队伍，增加小区绿化养护队伍；通过“星级楼道”创建，实施楼道美白和主体墙绘工程；通过“启动亮光”改造，将门洞口顶灯统一换成节能环保的 LED 自动光感灯。楼道“微改造”、环境“微更新”，点点滴滴、聚少成多，逐渐改善了居民的生活环境，同时也提升了社区居民的生活品质（图 3）。

### （3）坚持为民导向，提升绿色社区创建温度

居民们对于居住生活的憧憬日趋美好，他们想要的社区不仅是干净舒适、环境优美，而且迈向了更高层次的追求——是有温度、有文化内涵、有强烈归属感，能够真正让人身心放松的小天地；与此同时，社区里的退休居民越来越多，退休之后有了大把空余时间，原本相对规律的生活节奏被打乱，从工作中带来的成就感、价值感逐渐消失，“退休焦虑”亟需缓解，培养新爱好势在必行。民有所呼，我有所应。“南新疗愈花园”项目由此正式启动，招募爱好园艺的退休志愿者，群策群力，积极探索打造家门口花园的新路径。因地制宜，在家门口服务站一块不规则的荒废空地上，通过精心设计与布局，进行了路面铺设、围栏安装、凉棚座椅搭建、花草移植等一系列更新，打造出了一座集交流、纳凉、休闲娱乐等多功能于一体的疗愈花园。在这里，年轻人感受轻柔和风，呼吸新鲜空气，听闻鸟语花香，迎来身心的治愈；老年人喝茶聊天，交流养花经验，丰富退休后的单调生活，重新找回生活的美。2019—2022 年南新疗愈花园不断升级，从 1.0 到 2.0 再到现如今的 3.0 版本，它已然成为居民口中的“新网红”，是他们引以为傲的美丽后花园（图 4～图6）。

图 4

图 5

图 6

## 创建成效

社区作为城市“有机生命体”的细胞，社区的绿色发展是可持续发展的重要根基，是建设美丽中国的“生动实践”。以绿色社区创建活动为契机，南新居民区有了更多更好的平台，统筹了专业力量和社区自治共治力量，夯实了党建引领机制，提升了环境民生成色，保障了民生福祉，充分激发了居民的积极性、主动性和创造性，真正实现共建共治共享，让南新居民区有颜值品质、有宜居魅力，更有内涵温度（图 7）。

图 7

# 宜“文”宜“娱” 魅力新城

## ——浦东新区高行镇森兰新城居民区

### 社区概况

森兰新城小区建于2013年，整体为园林式建筑，设计灵感来自16世纪的法式风格，由24幢多层花园洋房和20多幢高层组成。小区内种满了多种名贵树木，绿意盎然，景色宜人（图1）。

图1

### 特色工作

近年来，森兰新城居民区深入推进“红色引擎工程”，以绿色社区创建为抓手，以“馨辰坊”等文化活动为载体，立足于居民的需求，引导居民以“主人翁”角色，自觉参与到社区建设和治理中。

#### （1）不断激发社区自治活力，提高社区群众参与性

通过每月一次三位一体会议、重大事宜听证会的“三会”制度，既提高了居委工作目的性和公益性，同时使得居委会的工作有了更强的合法性和更加广泛的群众性。

通过居委会、金茂物业的宣传，扩大居民对创建绿色社区的知晓率。居民在日常生活中节约资源、自觉保护绿化的行为也增加不少。每个人都是绿色生活的参与者和受益者。

为传承和弘扬中华民族传统文化，丰富小区内来自五湖四海母亲们的闲暇时光，森兰新城居民区开办了手工制作坊，由党员、社区骨干、志愿者组织参与管理，并凝聚群众智慧、汇聚群众力量更名为“馨辰坊－手工制作”，让“母亲们”在照顾好孩子生活起居的同时，也能让自己的巧手绝活得到展示、传承，得益于他人，为社区治理增添幸福底色（图2）。

图2

#### （2）打造宜居生活环境，促进人与自然和谐发展

居民积极参与“小区美化，楼道整洁，垃圾分类”活动，志愿者每日定时检查小区垃圾分类是否坚持执行，让小区环境更加优美（图3）。

倡导健康生活方式，抓好健康知识及培训加强自我管理，建立健康自我管理小组，定期为居民测

图 3

量血压，深受居民好评。

顺应居民对美好环境的需要，金茂物业积极作为，营造安全健康的绿色生活环境。环境整治工作包括以下类别。

绿化类：在绿色社区项目的牵头下，物业开展小区绿化补种方案，补种区域遍及整个小区，包含树木、绿植、鲜花的小面积栽种，使小区绿色氛围更加浓郁（图 4）。

图 4

工程类：将小区内破损墙壁修补上漆；将小区坑洼路面及时更换新的地砖。

清理类：物业对楼道进行不间断清理；保洁及绿化工对小区绿化带内的沉积垃圾进行清理。

（3）建设绿色宣传窗口，组织丰富的文化宣传活动

丰富的社区周边环境，打造 15 分钟绿色生活圈。森兰新城小区周边生活休闲资源充沛，毗邻森兰商都、花园城、乐活公园等。

充分发挥社区学校作用，开展健康科学宣教活动。多年来，居民们积极参加每天上午的乒乓活动，周一手工坊，周二、周三、周四舞蹈活动。此外，每天小区还有太极队坚持锻炼，这些队伍既丰富了居民的文化生活，又倡导了一种健康文明的生活方式（图 5）。

图 5

文娱生活丰富多彩，大力宣传绿色环保理念。每年举办“新春联欢会”“庆中秋迎国庆”“暑期安全自护”等，每次活动都大力宣传绿色环保理念，丰富不同年龄段、不同群体居民的娱乐文化生活，展现居民积极向上的饱满精神面貌。

## 创建成效

森兰新城社区坚持绿色社区创建和社区绿色提升相结合，形成美丽风景线，社区内草坪成片，绿树成荫，生态景观错落有致；坚持绿色社区创建和垃圾分类、美丽家园建设充分结合，实现了社区人居环境整洁、舒适、安全、美丽的目标；坚持绿色社区创建和社区文娱活动相结合，厚植绿色文化培育绿色生活方式，让社区更有颜值品质、更有内涵温度、更有宜居魅力。

# 树立绿色发展理念　构建美丽生态家园

## ——浦东新区高东镇欣连苑小区

### 社区概况

为塑造高品质绿色低碳人居生活环境，高东镇持续营造绿色生活氛围，践行绿色发展理念，引导绿色文化走进千家万户，旨在打造“一居一景一片绿”。积极创建绿色低碳社区，打造生态宜居环境，并形成独具特色的高东绿景，在众多绿景之中，欣连苑居委就是其中出色的一“绿”（图1）。

图1

欣连苑居委会成立于2005年4月，居民区东靠园洲路，北临园一路，西靠园恒路，南临园三路，管辖范围有四个小区，分别为：欣连苑、欣杨景苑、杨园四村（前）、杨园四村（后）。四种不同的小区性质：有20世纪90年代最早的商品房，有24平方米早期动迁小区，有最早拆三还二的征地动迁小区，还有近年交付的动迁小区。总占地面积10.4万平方米，现有住户1 690户，常住人口5 072名，其中外来务工人员2 611人，下设31个居民小组。小区内外自然相接，环境优美，社区内设施齐全，公共活动空间充足，有“杏邻”主题中草药园、中心花园、老年活动室、文体活动室、图书借阅室、学习培训室等公共活动空间和设施供不同年龄段的居民休憩活动（图2）。

图2

为了认真贯彻落实上级党委政府关于开展绿色社区创建工作的精神，居委坚持以人为本，以服务社区居民为目标，以建设环境优美、方便舒适的人居环境为重心，将基层党建和生态环境、公共服务相结合，建立以党组织为领导的自治共治相结合的“邻治理”模式。

### 特色工作

（1）党建引领、健全社区共治网络

欣连苑居委坚持党建引领，坚持推进党的组织覆盖、工作覆盖、服务覆盖和管理覆盖，党政同责共同促进绿色社区创建，为创建绿色社区提供了制度保障。

为创新探索绿色社区创建，居委将社区治理与服务居民的实际目的相结合，成立居民区党总支、居委、物业、业委以及居民代表共同组成的创建绿色社区组织网络，并按照绿色社区的标准要求，结合社区实际制定了创建绿色社区工作计划，形成居民区党组织领导、辖区各方组织齐抓共管、社区居民广泛参与长效创建机制，做到组织领导到位，责任落实到位，把社区党组织的桥梁纽带作用和基层党组织领导核心作用融入创建绿色社区的方方面面，全面构建“共建、共享、共创”的新局面。

（2）以学促用，强化社区共治力量

一是“高东镇杨园社区治理研修营”自2020年4月开始到现在陆续开展各类社区主题活动三十二场，包括社区常见难题解决、社区治理、共治共享、社区市集、空间改造、文化推广等活动。居委以社区共治共建共享为主题为契机，组织社区居委代表、居民代表、物业管理人员、业委会代表人员和社区规划师等参与进来一同探讨学习，以学促用为后续绿色社区创建构牢基础（图3）。二是为营造社区居民自治的良好氛围，2020年8月将社区内一座几近闲置的凉亭改建成“左亭右园”文化亭，以主旋律为主题、以公益性为主体、以街居化为特征、以大家乐为目的，建设成文化设施完善、文体活动丰富的居民文化休闲场所，让居民在社区就能享受社区健康有益而又令人满意的文化服务（图4）。同时还成立了一支“亭美”志愿者队伍，定期开展文化活动，营造“有温度”“有风度”的睦邻文化。

图3

三是实施“杏邻”公共客厅营造项目，“杏邻”是欣连苑居委依托“欣连花园”社区优势阵地资源打造的“家门口公共客厅”服务品牌。杏林是中医学界的代称。欣连苑居委的自治项目“杏邻”文化园，建立初衷是围绕“与邻为善、以邻为友”的友邻自治理念，以中草药种植为基础，以重构传统邻里关系为切入点，建立起党建引领下社区共治和居民自治相结合的“邻治理”模式（图5）。

图4

图5

居委会在对过去阵地建设经验反思和总结的基础上，聚焦阵地人群流量天然充足的“儿童”群体，不断优化阵地建设的理念和路径，通过整合更广泛的共治自治力量，以“儿童”为重点服务对象，共同营造“杏邻”家门口的公共客厅，通过提升儿童的参与度和获得感，推动“一小”带动“一个家庭”，全面促进社区融合，为逐步实现“全龄友好空间”打下坚实基础。

（3）重点宣传，推动营造创建氛围

居委通过召开居民小组长和居民代表会议，向全体社区居民发出倡议，由居民小组长进行动员，明确开展创建绿色社区的意义和目的。同时，为加大宣传教育力度，将利用各种宣传载体，为创建绿色社区营造一个良好的人文氛围，使创建绿色社区活动达到家喻户晓、人人皆知。居委还将通过开展丰富多彩、寓教于乐的宣传活动，强化对广大居民的宣传教育，吸引居民群众广泛参与，倡导居民养成健康良好的生活习惯。其中，着力把欣连苑居委前“杏邻”文化园、“杏邻”广场打造成宣传主阵地，开展一系列绿色文化活动，使居民在休闲娱乐时，让绿色理念深入人心（图6）。

图6

## 创建成效

（1）建立健全社区人居环境建设和整治机制

自开展绿色社区创建工作以来，我们时刻牢记“人民城市人民建，人民城市为人民”的重要精神理念，组建以社区党支部、居委会、业委会、居民代表和各类社区自治组织如“亭美”志愿社、垃圾分类志愿者团队、“杏子”志愿队等共同组成的绿色社区创建工作小组，通过不断创新优化社区各方的管理方式、吸纳社会优秀管理人才、刷新社区各类事务的办事效率，努力为绿色低碳社区营造良好的环境。

（2）推进社区基础设施绿色化

社区增设湿垃圾堆肥箱，实现部分湿垃圾不出小区，还可将湿垃圾堆出的肥料供社区绿化养护使用（图7）；为解决社区电动车飞线、充电难和楼道停车等问题，居委积极协调各方资源，完成社区充电桩升级改建项目；结合镇路面整修规划，社区所有路面“白改黑”项目完成；结合社区路面规划和居民需求，针对社区部分路面停车场和室外活动空间完成海绵化路面改造；健全社区公共场所巡防措施，对社区电动自行车车位、汽车车位划线分区并编号，完善社区停车管理规约，定期巡查生命通道，确保道路畅通无阻拦；根据社区居民实际需求，完成所有楼栋的适老化改造工程，并对部分楼栋开展加装电梯工程（图8）；优化社区夜间照明系统，将部分老式白炽灯和非声控灯全部更替为节能声控灯，并在社区公共区域布设太阳能照明灯，满足夜间照明和夜间活动等基本功能并降低碳排放。

（3）提高社区智能化管理水平，营造宜居环境

为保持高质量的社区生活环境，我们通过召开业主大会、物业协调会等方式，更新了居民绿色生活公约，将垃圾分类定时定点、社区绿植巡查养护、社区花园自治管理、社区基础硬件巡查管理等纳入其中，推动社区全员参与管理，有效保证了社区的生活生态环境（图9）。配合垃圾分类有效开展，镇政府为所有社区配备了智能垃圾分类桶，除了能实现生活垃圾定时定点分类投放外，还可以根据不同

图7

图 8

图 9

类型的人群针对性划分投放时间，做到垃圾分类个性化服务，同时，社区内设“可回收物服务点”，能将社区绝大部分有价值的可回收物高效回收，实现资源再利用。升级社区智能化安防设备，对下辖所有社区完成智能门禁和智能监控升级管理，所有社区居民出入楼栋、大门、投放垃圾等均只需要一张通行卡（图 10）。在保障社区居民的权益下，为更好地提升社区物业的管理服务能力，镇政府统筹设计物业区域化、市场化、专业化的“三化”工作模式，物业费收缴率从 40% 达到 99%，同时提高社区维修资金的使用率。物业员工总人数从 82 人精简至 18 人，服务效率提升翻番。经过各项细节化调整，物业补贴金额大幅下降，居民满意度大幅上涨，“三化”模式不仅得到了市区两级的认可，更得到了广大居民的认可。

图 10

高东镇欣连苑居委将始终坚持美好环境与幸福生活共同缔造理念作为绿色社区创建的一条标准，持续提高辖区内居民对生态文明理念的认知，推进社区人居环境建设和整治。在绿色社区创建工作中，久久用功，持续发力，提高绿色创建质量，扩大绿色创建影响，号召全民参与环保的“绿色工程”。

# 以社区花园建设助推绿色社区创建

## ——浦东新区东明路街道金色雅筑小区

### 社区概况

为了进一步推进社区人居环境建设和整治，将绿色发展理念贯穿社区设计、建设、管理和服务等活动的全过程，营造一个“绿色健康、温馨和谐、智慧人文”的小区环境，金色雅筑居委在常态化的管理中紧紧围绕打造“上海市绿色示范社区”的目标，结合小区内角落荒地改造，率先启动创建绿色社区的工作，在打造社区花园的过程中，不仅注重提升小区的整体环境、提高住宅小区的环境质量，同时倡导进一步凝聚居民共识、团结骨干力量，在小区中掀起一场“绿色风暴”，不断满足人民群众对美好居住环境和幸福生活的向往。

金色雅筑小区位于浦东新区东明路街道三林城地区，东至环林西路，南至池河路，西至金谊河，北至三林路（图 1）。金色雅筑小区属金色雅筑居委会管辖，由上海万科物业服务有限公司金色雅筑物业服务中心负责物业管理。小区于 2009 年 1 月 1 日起正式交付使用，占地面积 8.3 万平方米，绿化覆盖率达 35%，共有 22 幢住宅大楼，其中 15 幢为小高层住宅，7 幢为多层情景花园洋房，规划户数为 885 户，现有居民约 2 200 人，另有沿街商户 14 家。近年来，金色雅筑连续获得全国民主法治示范社区、上海市党支部建设示范点、上海市居委会自治家园示范点、浦东新区先进基层党组织、浦东新区科普示范社区等荣誉称号（图 2）。

图 1

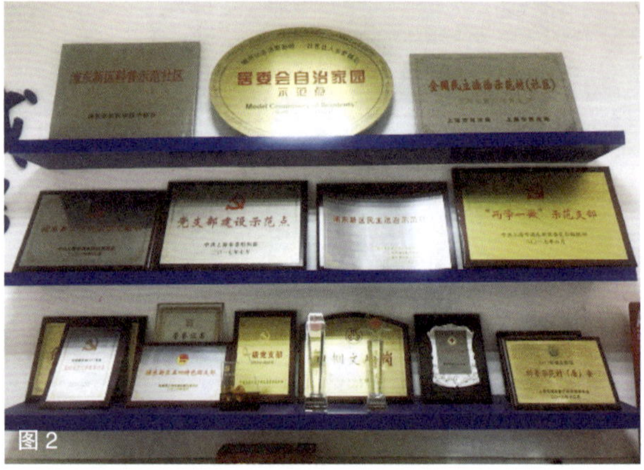

图 2

根据有关绿色社区日常创建和管理的要求，雅筑小区积极开展绿色社区的创建工作。从创建之初至今，雅筑居委同心协力整合小区资源，团结社区中的不同领域的核心人才，相互学习，为社区建设创造更大的价值。同时，在党建引领下的绿色社区创建凝聚各方的力量，通过各项工作的开展，不断提高居民环境意识，引导居民树立良好的环境道德和行为规范，进一步改善社区环境，努力为居民提升创造一个宜居、舒适、健康、绿色的生活环境。

## 特色工作

### （1）党建引领，凝聚工作合力

为贯彻落实党的二十大报告精神，扎实践行“人民城市人民建，人民城市为人民”的城市精神，雅筑居委党总支着力建立健全社区人居环境建设和整治机制。把绿色社区创建与加强基层党组织建设、居民自治机制建设、社区服务体系建设有机结合。坚持美好环境与幸福生活共同缔造理念，充分发挥居民区党组织核心领导作用和居委会主体推动作用，统筹协调街道社区规划师、业主委员会、社区单位、社会组织、文化团队等力量，共同参与绿色社区创建。依托“两委”班子会议、楼组长志愿者会议、联勤联动会议、党员大会等议事平台，围绕绿色社区创建标准和人居环境建设议题等开展讨论协商，共同解决社区居民反应强烈的社区花园建设、垃圾分类、高空抛物整治、文明养宠、楼道堆物整治等问题，营造宜居环境，培育绿色文化（图 3）。

图 3

在党建引领下，居委旁的角落荒地原本只栽有一棵香樟树，周边疏于打理、杂草丛生，既不美观又浪费资源。因此，不少居民提出了结合绿色社区创建，改造社区花园的想法。居民区党组织得知需求后，第一时间积极响应，广泛发动社区居民共商共议，并启动社区花园改造项目。通过开展“我心目中的社区花园”设计活动，激发党员群众自主参与家园建设热情，同时挖掘出许多小区设计达人和绿化爱好者亲自动手设计和参与。随后，党组织进一步召集并凝聚街道部门、居民区“三驾马车”、专业社会组织、社区党员群众等力量，共同参与“草长莺飞园”的建设。通过党建引领、党员带头、多方参与，民主协商，走出一条基层民主自治之路，为绿色社区创建队伍增添了活力与力量。

### （2）居民主导，共筑美丽家园

居民区始终秉持“民意为先、民意为主、民意为本”的理念，让党员群众成为小区建设的“智囊团”“规划师”“主力军”。在党支部牵头下，组建了一支由在职党员妈妈李艳伟带队、社区妇女儿童为主体的“园小青”护绿队，自发完成了社区花园的实地测量、绘图设计、翻土种植以及浇水维护等全过程工作，使原本的“荒地”变成了“花园”。在此基础上，围绕绿色社区创建，先后开展“职业体验之小小花园设计师”“童心斑斓，创意鸟笼”“仪小青社区发声活动”“物物交换环保集市”等绿色主题活动，让青年群体带领小朋友们通过一点一滴美化改造，把“草长莺飞园”打造成社区居民共建共享的绿色家园（图 4）。

图 4

### （3）科学规划，拓展载体功能

在新建成的“草长莺飞园”的基础上，依托街道社区规划师项目，在充分听取居民意见建议基础上，形成了寻香园的整体改造方案。方案中新增了方寸花园、科普互动墙、休憩处、穿梭墙、本草纲目园等场景和功能。如结合绿植架打造了二十四节气科普墙，在社区中招募24名“小小代言人”开展传统节气知识宣传；划分出一块本草纲目园，开展中草药种植，并展示相关知识；设置议事黑板和议事平台，成为儿童议事会的主阵地，为开展亲子活动、读书学习、交流讨论、协商议事提供开放式公共空间。通过这些设计，把寻香园打造为集休闲、观赏、科普、议事、实践等于一体的绿色公共空间，以“微景观”推动小区环境面貌更加精致，以“微更新”推动居民感受度的“大提升”（图5）。

图6

图5

图7

### （4）多方合作，推进社区基础设施绿色化

结合社区微更新和存量住房修缮改造，提升社区供水、排水、供电、弱电、道路、供气、消防等基础设施完好率。综合治理社区道路，消除路面坑洼破损等安全隐患，畅通消防、救护等生命通道。结合屋顶、平台、花园、通道等场所增设分布式光伏设施利用，推进太阳能路灯、灭蚊灯、指示灯的应用，提高既有建筑绿色化水平。深化生活垃圾分类工作，完善分类投放、分类收集、分类运输设施，合理设置垃圾投放规则。更新改造一批小区边门、方便居民进出；新增一批高清监控，确保及时发现处置；改建一批围墙透绿，提升环境景观；开展一批高大树木修剪，提升绿化整齐度、美观度（图6、图7）。

### （5）绿色共享，营造社区宜居环境

因地制宜开展社区人居环境建设和整治，充分采用绿色环保建材，节能、智能、降耗新产品，整治小区及周边绿化、照明等环境。合理布局和建设社区绿地、公共活动场所、小型运动场地和健身设施。实施社区花园改造，发动居民参与设计讨论，打造集休闲、观赏、科普、议事、实践等于一体的绿色公共空间（图8）。合理配建停车及充电设施，加强划线编号，优化停车管理。积极开展社区室外空调机架、建筑物外墙、下水道、高空抛物等安全隐患治理。针对新冠肺炎疫情，补齐在卫生防疫、

图8

社区服务等方面的短板。进一步完善除“四害”设施，有序规范狗、猫等宠物管理。

(6) 智能共生，提升社区信息化水平

督促物业公司大力发展线上线下社区服务，不断完善社区市政基础设施智能化改造和安防系统智能化建设。搭建社区公共服务综合信息平台，整合社区安保、车辆、公共设施管理、生活垃圾投放登记等数据信息，做到及时发现、及时响应、及时处置，强化日常巡查与无人机协查的联动，增强信息的及时性和透明度（图 9）。不断完善智慧社区数据的微应用、智慧党建活动的全循环，增强社区百姓对小微场景的灵活生动和广泛运用。推动门禁管理、停车管理、公共活动区域监测、公共服务设施监管等领域智能化升级。排查需求、因地制宜、想方设法、充分挖潜，分类设置集中充电桩，方便居民使用，减少小区飞线充电，美化空间环境，同时把社区内的部件、事件进一步梳理，促进社区设施智能水平再提升。

图 9

(7) 宣传加持，培育社区绿色文化

建立健全社区宣传教育制度，开展楼组长、志愿者培训，提升绿色社区创建知晓率和参与率。充分运用微信公众号、业主群、宣传栏等信息媒介，定期发布绿色社区创建活动信息，开展绿色生活主题宣传教育，使生态文明理念扎根社区。开展美丽楼道达标活动，发挥业主参与绿色社区创建的能动作用，共同装扮美丽家园。与林苑小学、三林镇中心小学等学校合作，开展“小手拉大手”等生态环保知识普及和社会实践活动，带动社区居民积极参与。编制发布社区绿色生活行为公约，倡导居民选择绿色生活方式，节约资源、开展绿色消费和绿色出行，形成富有特色的社区绿色文化（图 10）。

图 10

## 创建成效

(1) 健全社区人居环境治理提升机制

① 探索有机结合，深化全员投入

以社区居民群众对美好生活的向往为目标，把绿色社区创建工作与深化加强基层党组织建设、居民自治机制建设、社区服务体系建设有机结合，与“美丽街区”和“美丽家园”创建相融合。居民区坚持党组织核心领导，以党群服务站、“家门口”服务站为平台，通过支部引领、党员先行、带动群众、凝聚合力，同时深入发挥社区规划师、社区单位、社会组织参与创建的积极作用，与三林中心小学、中国银行永泰路支行、徐浦中医院、万科物业等 10 余家单位结对共建，全面投入绿色社区创建行动，以多元化主体的自治共治模式，推动资源共建共享，扎实推进小区治理，共建和谐宜居家园。

② 深化社区自治，实现共建共享

进一步完善现有沟通议事平台，更好体现社区决策共谋、发展共建、建设共管、效果共评、成果共享的为民服务理念，推动城区精细化管理进街区、进社区、进居住小区。2022年初，居委通过开展“我心目中的社区花园”“职业体验之小小花园设计师”等系列活动，在党组织领导下，由在职党员妈妈牵头、亲子家庭参与、妇女儿童为参与主体，自发完成了社区花园的实地测量、绘图设计、翻土种植以及浇水维护等全过程工作，在社区花园“寻香园”内打造了“草长莺飞园”、“本草纲目园”、青春“议”站等公共活动空间，使原本的“荒地”变成了“花园”，大大提升了小区绿化覆盖率和品质。

③ 开展“微治理、微基建、微智慧”，推进环境综合治理

开展“微治理、微基建、微智慧”，充分调动业主、居民参与的积极性和主动性，有效推进社区老旧小区更新改造、雨污分流、生活垃圾分类、节能节水、环境绿化提升等实事工程，增加文化宣传、居民交流、便民服务等设施，优化机动车划线、编号、归类有序停放和非机动车停放、充电桩设置等工作，有效化解停车难、乱停车、飞线充电等不文明问题。

（2）营造社区基础设施绿色宜居环境

① 提升基础设施完好率

与万科物业保持联动，运用理念先进、要求严格、操作规范、服务齐备的物业管理模式，提升保洁、养护与巡逻等各项工作的落实力度，有效保证了小区的环境整洁和干净有序。结合社区微更新和住房修缮改造，提升社区供水、排水、供电、弱电、道路、供气、消防等基础设施完好率。综合治理社区道路，畅通消防、救护等生命通道。在街道、居民区“三驾马车”的共同推动下，完成了小区一条主干道的路面修整，进一步提升了道路平整度和周围环境的美观度。

② 提高小区绿色化

小区在建造之初就秉持着“绿色”“环保”的理念，采取住宅工业化的建造方式，以机械化、“搭积木”式的方法装配成房屋的施工方式，大大减少了噪音扰民、粉尘污染等问题。因地制宜开展社区人居环境建设和整治，推动适老化改造，充分采用绿色环保建材，节能、智能、降耗新产品，推进无障碍设施不断完善。结合屋顶、平台、花园、通道等场所增设分布式光伏设施利用，推进太阳能路灯、灭蚊灯、指示灯的应用，提高既有建筑绿色化水平。在街道支持下，小区内引入了一座大型绿色艺术作品“悬竹”，塑造公共空间美感，形成具有小区特色的独特景观，深受居民欢迎。

③ 深入推进社区宜居化

合理布局和建设各类社区绿地、公共活动场所、小型运动场地和健身设施，目前小区共有儿童乐园3处、健身点2处，为小区居民提供休憩、娱乐空间。积极开展社区室外空调机架、建筑物外墙、下水道、高空抛物等安全隐患治理。针对新冠肺炎疫情，加强住宅小区公共卫生管理，补齐在卫生防疫、社区服务等方面的短板，切实“守住门、管住人”。依托“三驾马车”会议、联勤联动会议、“三会”等平台，发动社区各方协商讨论沟通社区花园建设、垃圾分类、树木修剪、停车位管理、流浪猫管理等居民反映突出的环境问题和安全问题，共同为创造美好社区环境、构建和谐宜居小区添砖加瓦。

④ 大力提升社区安全性

时刻绷紧安全这根弦，加强消防安全管理，切实守住社区安全底线。一是在日常巡逻基础上，2022年改造完成217座监控设施，实现小区全覆盖，全天候保障小区居民生命财产安全。二是所有楼栋全部楼层均配有标准化消防设施，包括消火栓、灭火器、消防应急照明灯等，并定期检查，切实做到防患于未然。三是对小区消防通道进行标识，定期巡查，保证畅通。四是结合文明创建工作，统筹街道城管、安监、房办、物业、居委、业委会等力量，合力推进楼道堆物整治，确保楼道环境整洁和消防通道畅通。

（3）提高社区信息化智能化水平

① 提高社区管理服务信息化水平

以“联勤联动示范站点”建设工作为契机，进一步做好小区精细化治理，搭建社区公共服务综合信息平台，整合社区安保、车辆、公共设施管理、

图 11

生活垃圾投放登记等数据信息，强化日常巡查与无人机协查的联动，做到各类问题第一时间发现、第一时间响应、第一时间联动、第一时间处置，增强信息的及时性和透明度，为“绿色社区”创建提供了坚实的数据化、信息化、智能化支撑（图 11）。

② 推进社区设施智能化升级

完善社区市政基础设施智能化改造和安防系统智能化建设。不断完善智慧社区数据的微应用、智慧党建活动的全循环，增强社区百姓对小微场景的灵活生动和广泛运用。推动门禁管理、停车管理、公共活动区域监测、公共服务设施监管等领域智能化升级。2022 年，小区依托街道“一网统管、智慧社区”建设项目，对垃圾分类临时投放点位设立监控及语音提醒装置，实现了固定点位的智能化升级管理。排查需求、因地制宜、想方设法、充分挖潜，分类设置集中充电桩，方便居民使用，减少小区飞线充电，美化空间环境，目前已有小区地下自行车车库 5 个，非机动车集中充电点（车棚）3 处。

### （4）培育社区绿色文化

① 提升绿色创建知晓率

把绿色创建纳入社区宣传体系，通过宣传栏、告示牌、业主群等多种方式进行宣传，定期发布绿色社区创建活动信息，开展相关创建活动，做到家喻户晓，人人参与。2022 年以来，在社区花园建设基础上开展了“童心斑斓，创意鸟笼”“花园绿植种植”“二十四节气小小代言人”等主题活动，让“小手拉大手”一点一滴改造家园，在创建过程中把社区花园打造成居民共建共享的绿色家园（图 12）。

② 加强社区文化建设

通过召开党支部会议、居民代表会议等多种途径制定修改《居民公约》，将“绿色社区”创建的概念融入其中，目前已形成《居民公约》1 份，相关其他条约 12 个，并在居务公开栏进行公示。在每个小区、每幢房屋、每个门洞开展美丽楼道达标活动，发挥每户家庭、每位业主、每个居民参与绿色社区创建的能动作用，以“小手拉大手”鼓励儿童学生参与（图 13）。

图 12

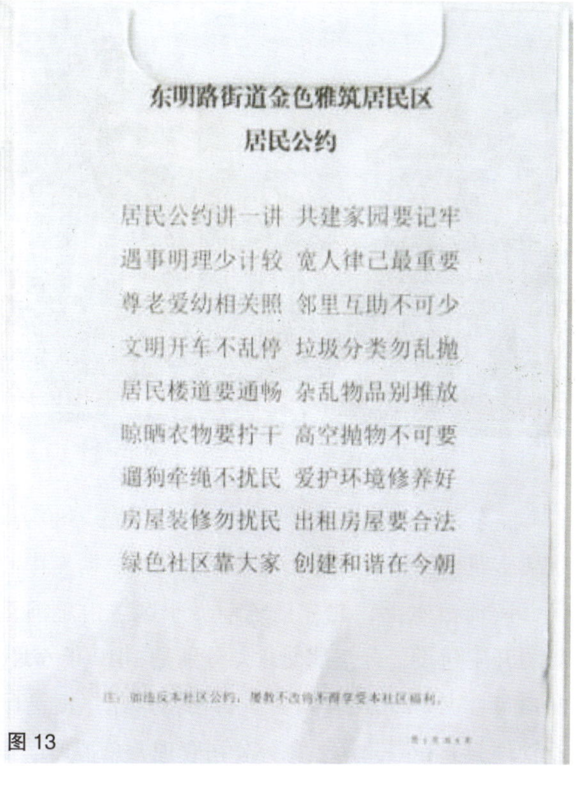
东明路街道金色雅筑居民区

居民公约

居民公约讲一讲 共建家园要记牢
遇事明理少计较 宽人律己最重要
尊老爱幼相关照 邻里互助不可少
文明开车不乱停 垃圾分类勿乱抛
居民楼道要通畅 杂乱物品别堆放
晾晒衣物要拧干 高空抛物不可要
遛狗牵绳不扰民 爱护环境修养好
房屋装修勿扰民 出租房屋要合法
绿色社区靠大家 创建和谐在今朝

注：如违反本社区公约，屡教不改将不得享受本社区福利。

图 13

# 星与心愿——用心、用情、用爱点亮绿色星家园

## ——浦东新区花木街道星河湾小区

## 社区概况

随着经济社会的快速发展，人民生活水平在不断提高的同时对生活环境的质量要求也越来越高，为了不断满足居民对文明健康生活的向往，通过开展“绿色社区”创建活动，积极推广绿色生活，促进绿色发展，倡导简约适度、绿色低碳的生活方式，打造全方位的绿色宜居社区。根据上级部门关于进一步开展“绿色社区”创建活动的通知，星河湾小区在街道办事处和由管理中心的指导下，结合小区实际情况制定了创建绿色社区实施计划，将“绿水青山”的环保理念落地城市绿色居民区，以稳步推进建设绿色社区的各项工作（图 1）。

图 1

浦东星河湾小区位于浦东新区锦绣路 2580 弄。隶属于花木街道前程居委，东临锦绣路，西至中心河，南倚浪水浜，北靠锦绣前城小区。由星河湾集团开发建设，分三期交付，分别是 2010 年 6 月、2013 年 1 月和 2016 年 4 月。目前由广州星河湾物业管理服务有限公司上海分公司管理，总占地面积 168 318 平方米，建筑面积 434 931 平方米，公共绿地面积 3.9 万平方米。是一个由 21 栋高层公寓组成的高档小区，含 33 个楼组。规划户数 1 038 户，常住人口 2 615 人，常住户数约 800 户。本社区内设有健身苑 3 个；儿童游乐点 3 处；并设有各类活动室，其中包括：老年活动室、图书室阅览室、星悦公社活动室、远程教育室、文体排练室、乒乓练习室等。

星河湾小区连续 4 年获得上海市文明小区，连续 3 年获得浦东新区平安小区。2019 年荣获浦东新区绿色社区荣誉。2021 年荣获上海市绿色社区荣誉。2022 年获得了上海市安全发展和综合减灾示范区。2022 年还获得了上海市妇女之家市级单位（图 2）。

图 2

## 特色工作

特色创新案例——星河湾流浪猫救护团。浦东星河湾小区是一个园林式的社区，四季花卉、绿树

成荫的环境之下生存着许多的小动物，有各种鸟类、青蛙等动物，当然流浪猫在浦东星河湾小区也不乏少数。2022 年星河湾的业主们自发地组织了一个关怀流浪猫的公益小团队。与很多其他小区普遍存在流浪猫的问题不同的是，这个团队成立的初衷是为了把小区的流浪猫有序地、规范化地管理起来，从而有助于人与自然和谐共生，营造高素质人文生活社区环境。就这样，流浪猫救助公益组织——星河湾流浪猫救护团成立了，目前团队成员有 6 人，分别是（微信名）：陶燕，雷米，青提，静静，lu，Tracy。由 Tracy 老师为总负责人，静静老师负责资金维护，其他人协助（图 3）。

图 3

救护团成立后，负责人 Tracy 老师发起了两次募捐活动，2022 年 6 月 3 日在快团团平台募集资金 9 035.46 元；2022 年 10 月 13 日在快团团平台募集资金 15 334.33 元。资金由专人（静静）专管，主要用于医院绝育治疗费以及基础保障物品采购，采购物品均由团队小组成员共同讨论，重大治疗决定投票表决，目前余额待专管员核准（图 4）。

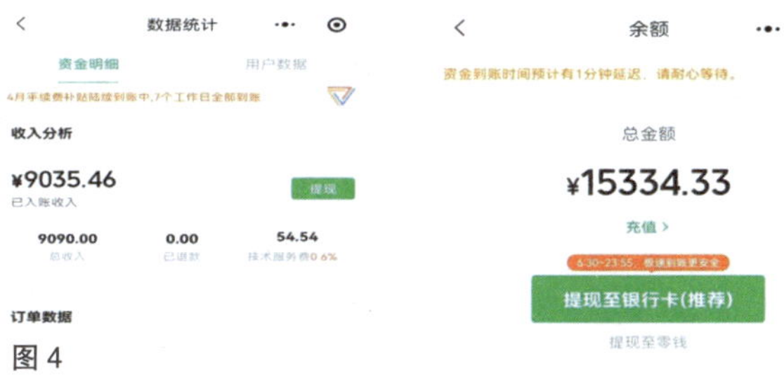

图 4

浦东星河湾小区分别有一、二、三期，每一期分别都是相对独立的园区，救护团统计了每个园区的流浪猫数量，根据数量设置定点的投喂点，每天两次定时投喂，流浪猫较多的园区最多设置三个固定投喂点，数量少的流浪猫园区设置一个固定投喂点，每天都有救护团人员在每个园区固定的比较隐蔽的地方投喂流浪猫。救助团关怀流浪猫不仅仅是喂食，也同时在为流浪猫进行体检并进行绝育手术，预防流浪猫繁殖过多给社区造成不必要的困扰，也帮助流浪猫寻找爱心家庭进行领养（图 5）。

图 5

当然救护团还是面临着积极参与的人手不足和资金不足的情况，团队成员和居委主任秦老师也在积极筹措应对方案，希望 2023 年能够多寻找机会解决这些困难，希望能带动更多人和资金参与进来，帮助更多的流浪猫，也能让浦东星河湾小区成为一个人与自然和谐共生，拥有高素质人文生活的一个社区。星河湾流浪猫救助团致力于小区生态环境平衡，保持人与自然的和谐共存发展，因此小区内许多业主也因流浪猫关爱组织的存在表示非常支持这个公益善举。前程居委争取在新的一年尽可能地支持此类促进社区和谐发展的良好活动。2023 年 2 月联系星河湾商业街店铺星巴克，联合救护团共享流浪猫免费检查和绝育手术的公益资源。

## 创建成效

### （1）加强组织领导，建立健全社区人居环境建设和整治机制

前程居民区党支部、居委会高度重视创建绿色社区工作，将其作为传播绿色文明、社区居民环境意识和参与能力的重要载体。为此，社区做了以下工作。

一是根据上级的精神，结合社区实际，制定了绿色社区居民公约，召开动员大会，进行了部署和思想发动。首先使居委会班子成员和物业公司认识到创建绿色社区的重要意义，其次在居民中广泛宣传，营造创建氛围，使居民们也了解开展绿色社区创建对于居住环境的改善和生活品质的提高有着重大影响，坚持美好环境与幸福生活共同缔造理念。

二是成立了由居民区党支部书记任组长，物业公司经理为副组长，社区干事和小区志愿者为成员的创建绿色社区领导小组。我们按照绿色社区的标准要求，结合社区实际制定了创建绿色社区工作计划，落实创建责任主体与目标（图6）。

图6

三是前程居民区党支部坚持以党建为引领，由党支部牵头打造的“联星会——携手同心，共建星河湾美好前程”联席会议制度。参加对象有党支部、居委、物业、社区民警、楼组长、居民代表等。在小区业委会未成立的情况下，联席会议制度较好地在社区、物业和业主之间搭起了一个新的沟通平台，不断构筑党建引领下的社区自治共治格局。党支部通过定期召开联席会议通过社区联席会议的形式将党支部、居委会、社区民警和物业公司等多方代表组织到一起，多方协商辖区各项事务，形成共商机制。通过定期进行面对面交流的形式，让大家及时了解并沟通居委近期的重点工作，及时传达最新的政策信息，物业也可以向业主传达近期物业开展工作情况。同时业主可以将当前社区存在的问题，业主反映的突出问题及时进行沟通，各方对社区存在的问题进行沟通并协商解决方案，联席会议决定的工作事项，党支部作为监督方，监督各项联席会议决定事项的落实。

### （2）推进社区基础设施绿色化

社区分别成立了小区环保日防队、党员先锋岗，这两支队伍带头宣传、带头参加创建，也带动了其他居民参与到创建中。定期举办爱绿环保活动，绿色社区从娃娃抓起。定期举办各种绿色环保、养生健康知识讲座，如：科普养生讲座、健康饮食讲座、垃圾分类讲座。组织动员志愿者宣传绿色环保，低碳生活小知识，倡导绿色社区理念，实行低碳绿色生活等。结合每月的文明星期六活动进行宣传和发动，从身边做起，点滴做起，慢慢渗透进日常生活，成为常态（图7）。

日常管理中，物业定期对小区内消防设备设施进行检查维护，增设道路设施标志，楼道内增设无障碍设施，人车分流制度。物业积极开展海

图7

图 8

绵化改造和建设，在物业管理中充分利用对雨水、景观水的二次利用，用于浇灌绿花灌木、洗刷冲地等，积极将海绵化改造理念贯穿到社区绿色建设当中（图 8）。

垃圾分类工作是小区工作的重中之重，也是创建绿色社区中的重点工作。充分利用小区宣传栏、各种平台等进行广泛宣传，共同监督，在根据小区情况制定了“小区一方案”的基础上，根据花木街道垃圾分类工作的要求，对湿垃圾进行了精细化分类提高湿垃圾的利用率，将湿垃圾分成了餐前垃圾和餐后垃圾，居民自觉养成垃圾分类的好习惯。

结合小区实际情况，地下车库和楼道都安装了节能灯、感应灯，创建绿色社区，首先要“以人为本”，通过节能、节水、节材等资源综合利用来改善小区环境，为居民朋友们营造美好和谐的生活环境。

### （3）营造社区宜居环境

为了改善居民的生活环境，加快创建绿色社区步伐，社区大力开展环境治理、保护活动。物业绿化管理部门每年绿地整修 6 次左右，乔木成活率在 99.56% 以上，老树存活率 100%。小区绿化养护农药采用无公害病虫防治药剂和方式。真正让居民们生活在一个和谐、干净、整洁的环境中。物业公司在原有基础上对小区的绿化实行了精护理、精修剪，定期对景点绿化做造型修剪，根据季节变化放置不同种类的花草。每年春季、秋季播撒不同类型的草籽，使得小区的草坪四季常绿，小区的绿化景点随季节变更鲜花常开，绿意浓浓。通过“绿色社区”的创建，小区的“绿色”由户外向户内渗透延伸，美化了居民的生活（图 9 ~ 图11）。

图 9 整修前：驳岸起坡不饱满　整修后：坡度较缓，地形饱满

图 10 整修前：坡度过于平缓，不满足设计要求　整修后：坡度饱满，达设计要求

图 11 整修前：草皮交界处理不好（土不足，草不能盖住石材边线）　整修后：草皮与排水沟盖板交界处理较好

小区内道路整洁平整，无破损路面。合理配建停车和充电设施，物业公司加强并优化停车管理，地下车库停放车辆井然有序。对门禁系统、停车系统等进行智能化升级，采用人车分流的设计，确保社区车辆进出有序，消防通道不占用。

星河湾建筑注重与绿化景观结合，体现“以人为本，融于自然”的设计原则。绿化以实现园林景观和谐流畅，连绵不断的效果。充分利用园区道路和景观绿地的高差，使植物、山石、叠水等营造层次错落的立体景观。四季如春有樱花烂漫，夏有绿树成荫，秋有丹桂飘香，冬有腊梅迎春（图 12）。

### （4）培育社区绿色文化

抓好创建绿色社区工作，必须强化对广大居民群众的宣传教育，增强广大居民群众环保意识。我们开展一系列丰富多彩的环保宣传、环保教育活

图 12

动，积极参与文明创评培训、垃圾分类培训、创绿培训。将创建绿色社区内容在居民公约中体现，及时张贴在小区宣传栏、楼道。通过努力，小区广大居民环保意识得到了提高，改变了许多不良的习惯，建立了更加科学的绿色生活理念，对小区环境的满意度不断提高，更加自觉地加入环保志愿队伍中，融入绿色文明中。

创绿工作是一个长期、持久的工程，居委将进行更广泛地宣传、发动居民，让环保、绿色、整洁的新概念更深层次地扎入星河湾每一个居民的心间（图 13）。让创建绿色小区活动进一步教育人、启发人、改变人、塑造人，不断提升小区精神文明的创建水平。星河湾小区经过不懈的努力，在各级领导的关心下，用凝聚的心，用自然、生态、绿色展现星河湾，加强组织领导，发挥基层党支部的堡垒作用，在党建引领下，前程居委浦东星河湾小区作为城市“有机生命体”的细胞，将带领居民持续推进绿色社区创建，在全社区牢固树立生态文明理念，培养生态道德和行为习惯，为建设生态宜居社区而不懈努力。使星河湾四季常青、绿意盎然，让我们共同携绿色之手、创生态之源！

图 13

# 践行生态文明理念　共建共享绿色中金

## ——浦东新区周浦镇中金海棠湾社区

### 社区概况

为进一步推进社区人居环境建设和整治，小区基础设施绿色化，提高智慧化水平，发展绿色文化，引导居民树立生态优先、绿色发展理念，营造一个“节能低碳、绿色宜居、智慧人文”的社区环境，中金海棠湾居委在社区常态化管理的基础上进一步提升长效管理，通过开展各类绿色理念活动，倡导人与自然和谐、自觉保护环境、增强居民环保意识，提高住宅小区环境质量，不断满足人民群众对美好环境与幸福生活的向往（图 1）。

图 1

中金海棠湾小区坐落于浦东新区周康板块，辖区占地面积 50.08 万平方米、绿化覆盖 11.89 万平方米，东至小沥港、西至周东南路、南至沈梅东路、北至周祝公路，涉及户数 1 790 户。得天独厚的河道——王家宅后河、戴家港河、小沥港河相互交叉贯穿整个小区，河道景观优美，水生植物种类丰富，与水为友的形态，创建出多层级多场所的自然环境。放眼望去，到处是绿色、到处是生态，形成了舒适、阳光、自然的景象。同时小区与海印生活广场和绿地缤纷广场隔邻相望，临近轨道交通 16 号线和 18 号线，有良好的交通优势和便捷的生活配套设施。中金海棠湾小区内设有集散小广场、喷水池、儿童乐园、宝宝屋、老年活动室、文体活动室、图书阅览室及公共活动区域等设施，为不同年龄段的居民提供了休闲娱乐场所。自从 2018 年成立居民区委员会后，小区被光荣评为全国综合减灾示范社区、上海市美丽家园建设特色示范小区、上海市提高级妇女之家、浦东新区消防工作先进单位、浦东新区流动人口计划生育示范村居、浦东新区周浦镇新时代文明实践示范单位等光荣称号（图 2）。

图 2

根据有关绿色示范社区日常管理的要求，小区积极开展绿色社区建设工作。从创建到现在，我们居委班子成员上下一心，努力整合小区资源，特别是创建初期由居民区志愿者设计的绿色理念社区 LOGO，图片中海棠花的三色花瓣形状寓意着凝聚力，相互团结协作，花蕊代表着在绿色社区建设中不同领域的核心人才相互拥抱，相互学习，为社区带来核心的价值。同时，党建引领下绿色社区的建设协调了小区各方力量，通过开展各类活动，提高居民环境意识，引导居民树立良好的环境道德和行为规范，进一步改善社区环境，努力为居民创造一个“低碳、环保、健康、宜居”的绿色生活环境。

## 特色工作

### （1）党建引领，形成合力

为牢固树立“人民城市人民建、人民城市为人民”新一轮精神文明管理目标，发挥中金海棠湾党总支“领头羊”的作用，组建了以社区党员、居委会、业委会、自我孵化的“本土化”社会组织以及居民代表等共同参与组成的“绿色社区”管理工作小组，明确职责，形成每季度一次的议事协商机制，层层分解任务、责任落实到人。同时发挥社区党员作用，参与制定“绿色社区”的工作计划、提升目标、实施方案、管理方案和改进计划，成为各项工作计划实施的骨干，形成“创绿”工作管理网络，让尽可能多的社区各方人员参与到绿色社区的创建中来。同时健全联席会议制度，实行每季度召开一次联席会议，来协调日常工作中遇到的各项问题，并研究下一步改进措施，达到形成合力，提升绿色社区管理的工作目标（图 3）。

图 3

在党建引领下，社区党员共同参与，引导社区居民共同参与绿色社区日常管理工作，不断更新传达市级、区级等上级部门对绿色社区持续管理的文件精神。同时结合我镇具体工作要求不定期更新制定小区的实施方案，并根据绿色社区日常管理工作进程，常态化组织城管、市监所、物业公司、居民代表多次开展“绿色社区”活动、讨论、协调会，自觉形成小区居民“全民参与，保护环境”的创绿氛围。

### （2）四轮驱动，长效管理

“绿色社区”的持续打造，各级管理部门必须具有很强的绿色管理意识和绿色环保理念。居委会、业委会、物业、社会组织“四轮驱动”坚持把“绿色社区”的日常管理工作纳入小区的各项建设当中。

① 辖区物业管理方采用一套较为严格、规范的管理模式，并配备了一支专业技术较强的保洁、保绿、保修、保安四保队伍，为小区“绿色社区”日常管理提供了良好的基础及有力保障加大环境建设投入，督促物业定期对小区内路灯、草坪灯进行检修，以及小区内受损道路、门禁、楼道走廊里损坏的地面等进行全面整治，并开展海绵化改造和建设，在道路两侧增加植草沟、改造雨水花园、河道增加水生植物、对渗水砖进行定期维护、建设下沉式绿地系统，利用开放空间承接和贮存雨水，达到减少径流外排的作用。特别是针对社区绿化建设的提升，通过居民区妇联的牵头，由妇女议事会讨论提议物业方绿化养护单位统筹实施，在小区河岸建成“药你动心”绿化改造，通过草本植物的种植来科普社区居民对植物药用价值的认识，在美化环境的同时给居民营造健康养生的社区氛围。

② 为了保持小区内垃圾投放和分类的整体覆盖和规范，由居委牵头携手业委会和物业，通过召开听证会的模式，针对一期和二期不同的特性情况，依据现有的智能化设备确定了不同的垃圾分类方案，垃圾分类集中投放，有效保证了整个小区的干净整洁（图 4）。

③ 绿色能源打造，社区推广推动太阳能光伏发电系统进社区活动，结合小区内别墅的特性，在征

图 4

图 5

得业主同意的情况下，广泛推广屋顶资源建设分布式光伏，有利于削减电力尖峰负荷、优化配电网投资，引导居民绿色能源消费。另有一部分居民已采用了地源热泵，基础功率达到 12.5kW。空调地暖和生活热水等均由地源热泵提供能源。整个系统是由这些管道连接后组成一个换热器，由集中的水泵通过介质（水）与室内的地源热泵机组构成闭合的循环，从而在夏季把室内的热量储存在土壤内，而在冬季再把热量从土壤里取出来提高室内的温度。

④ 在保障原有公共绿地的前提下，规划合理地利用公共区域，精心布局广场绿化，添置健身器材，休闲椅等 40 多个，向居民倡导“健康养身、环保同行”的理念。建成中金海棠湾社区独有的“绿色低碳的幸福家园”，形成绿化好、低碳活动丰富、绿色出行的绿色美丽家园。

⑤ 社区停车有序管理，对机动车和非机动车各个区域进行划线、编号，针对特殊人群的车辆进行人性化的措施和停放引导。消防通道是“生命通道”，只有让“生命之路”时刻保持畅通，居民安全才能有保障，社区加大打通“生命通道”专项行动宣传力度，引起广大群众重视，不断提高安全意识，确保“生命通道”畅通无阻（图 5）。

⑥ 打造智能化社区，四大安防系统：可视对讲系统、监控系统、电子围栏防范系统、电子巡更系统，定期进行维护保养，报修不超过 24 小时完成。保持安防系统 365 天无障碍运行，保障社区绿色安全。资源整合——联勤联动特色化工作站进社区，增强与环保、工商、卫生、城管等部门联系，对社区商铺实行门前三包，增强商户业主的责任感、使命感，形成创建合力。针对小区内各种违规现象进行整治：公共通道乱堆物、别墅区装修破坏绿化现象进行整治、非法地下食品加工等。业委会牵头下人车分流的实施以及对物业特色化的管理，防治噪声源规定进入社区的车辆一律不准鸣号；18 时以后，一律停止各类装修工作等工作的落实，增加了社区整体的和谐度。

⑦ 组织小区居民共同参与树木挂牌和植物认养活动，在花坛中设置文明警示牌。居民自筹购买小树苗种植于河道边，打造美丽的樱花步道。这都是在党建引领下的居民自治，为人与人沟通、交流、相处建立了一个突破家庭的新空间，当所有人参与到社区的建设中，千条线拧成一股绳在美好愿景的引领下心怀坚定，执着向前。使小区内的草坪常绿、鲜花常开，绿树成荫，真正达到了“黄土不见天，点上有景、面上有绿”的绿化格局（图 6）。

⑧ 通过引导居民积极开展自我管理、自我服务、自我教育和自我监督的自治互助模式，实现绿色社区治理精细化、服务群众零距离。让社区每个居民都参与进来，点滴力量的聚合，和谐共建美好绿色社区，实现助力社区自治时代的进步。

图 6

## 创建成效

### （1）倡导绿色理念达成低碳生活成效

通过营造“人人关心环境、家家注意环保”的氛围，增强居民环保意识和文明意识，进一步美化、绿化、净化、亮化社区环境；拟定新版业主公约，共同探索全新的小区自治模式；创建绿色社区，更好地建设我们的家园，及时地跟上时代的变化。通过我们的共同努力，让中金海棠湾能够在周浦地区，甚至在浦东新区、在上海成为标杆。

居委通过绿色社区宣传栏、电子屏幕、微信公众号、楼组微信群、开设讲座等多种途径，为居民朋友们建立一个良好的环境保护平台，在潜移默化中提高居民对生活垃圾分类意识，养成分类投放、资源循环的好习惯（图 7）。2018 年，智能垃圾分类回收机进驻中金海棠湾小区，参与百万家庭低碳行活动，居委每半个月联系旧衣回收公益组织，到目前为止，共收获再利用废旧衣物 700 多斤，不仅带来了良好的经济效益和社会效益，而且可以大大减少城市垃圾，真正实现低碳环保。同年，在中金居委的支持、协调下，成立了“小雏鹰俱乐部”自治组织；一年后，2019 年 4 月，小雏鹰青少年服务中心正式注册为民非社会组织。绿色理念从娃娃抓起，倡导绿色低碳生活，打造家庭式的绿色生活意识。同时，我们还在小区阅览室增补环保图书 50 余册，使居民在无形中受到教育（图 8）。

图 7

图 8

### （2）精心组织，注重实效，绿色家园工程建设成效

为了营造更加安全舒适的小区环境，在中金海棠湾党总支的引领下，居委、业委会、物业、自我孵化的“本土化”社会组织四轮驱动齐驱并进，同向发力，开展社区“三美丽”建设实施（图 9）。

① 安全、有序、洁净

· 安全发展和综合减灾进社区，完善社区安全设施。

图 9

· 辖区管理有序，“四轮驱动”齐发力，解决地面人车分流。

· 垃圾分类持续推进、智能回收设备助力小区洁净再升级。

② 高效、便捷、智慧

· 党建引领、提高治理效率，组建不同类型的志愿者团队，打造美丽中金有特色的“家门口服务站”。

· 自治、政策联手打造 15 分钟生活圈，成立老年人助餐室，帮助社区老年人不出家门就能吃上实惠美味健康的饭菜。

· 多部门联手打造智慧社区，网格化平台系统开设“一标三实”、一人一档、一房一档、信息采集、智慧登记、智慧家园等功能，实现大数据分析管理。

③ 天蓝、地绿、水清

· 整治商铺油烟、管道，净化小区空气环境。

· 物业规范管理，加强社区绿化美化的规划工作，提高小区环境质量。

· 通过制定“河长章程”“河长工作方案”“综合整治协议书”“例会制度”等各级河道整理制度，为小区环境添砖加瓦。

绿色社区利大家，社区绿色靠大家。在镇党委的正确领导下，在相关职能部门的指导下，在社区广大人民群众和社区各类志愿者的大力支持下，中金海棠湾居民区创绿活动的开展，不但取得了显著的成效，更重要的是提高了居民的环保意识，文明素质，美化了社区的居住环境。通过创绿活动，使生态文明理念在社区进一步深入人心，推进社区人居环境建设和整治，解决了居民的操心事、烦心事、揪心事，把社区打造成安全健康、设施完善、管理有序的完整绿色居住社区。我们真正让创绿思想融入每位居民心里，让居民感觉到绿色环保的价值所在，我们也将把创绿活动作为社区环境保护的长效管理机制，再接再厉，将绿色环保理念传播到社区的每一个角落（图 10）。

图 10

# 2

# 黄浦区

## 优秀示范案例

# 守护红色初心　共建绿色社区

## ——黄浦区淮海中路街道新天地居民区

### 社区概况

黄浦区淮海中路街道新天地居民区辖区东起吉安路、自忠路、济南路，西至马当路，北起太仓路，南到复兴中路，面积约0.25平方千米，因辖区内有著名的红色地标“中共一大会址”以及上海时尚地标新天地而得名。辖翠湖御苑、翠湖嘉苑、翠湖雅苑、经纬公寓、巴卡拉8号5个住宅小区。辖区内公共绿化面积达41 000平方米之多，住宅小区绿化覆盖面积高达40%。2020年新天地居民区党支部荣获上海市抗击新冠肺炎疫情“先进集体”，2021年被评为上海市绿色社区创建示范单位（图1）。

新天地居民区毗邻中共一大会址，有深厚的人文底蕴，每年吸引了众多游客前来参观游览，是每个共产党员必到景点。一年来，为把绿色社区理念渗透到基层社区工作的方方面面，新天地居民区结合现实情况，坚持以人为本原则，以服务社区居民为目标，以提升居民幸福感为中心，努力营造一个绿色环保、环境优美、治安良好、管理有序、文体丰富、人际和谐的新时代社区（图2）。

图1

图 2

图 3

## 特色工作

### （1）精细化管理，不断提升整体环境

新天地居民区是党的诞生地所在居民区，始终坚持以“打造新天地精细化管理新高地新标杆”为目标，不断推进整体环境水平更新升级。近年来，在街道党工委、办事处的坚强领导下，在相关部门的共同努力下，市容环境管理在各级测评中名列前茅；编制了《新天地地区精细化管理三年行动计划》《新天地地区城市精细化管理标准》《迎建党百年社区发展三年行动计划》等多套“施工图”；相继创成湖滨路、黄陂南路等 10 条“三零三无四规范”示范道路；在环一大会址区域安装智能传感设备，实现智能物联场景应用；推动“党群服务站、平安工作室、人大基层立法联系点”等建设，形成商圈自治。

### （2）绿色升级，丰富一大周边景观绿地布局

建党 100 周年，为大力改善“一大会址”和新建的中共一大纪念馆核心区域的整体氛围和环境，对辖区内的太平桥公共绿地进行了整体提升，优化绿地布局完善绿地类型，涉及面积 41 000 平方米，并于 2022 年 6 月全部完成；太平湖进行了湖底修整及驳岸改造，丰富了太平湖本体景观形象，为迎接建党 100 周年营造浓厚的节日氛围（图 3）。

### （3）合杆整治，清“网”行动还市民以蓝天

2022 年以来，在区建管委指导下，新天地区域加快架空线入地和合杆整治工程，通过对原有的线、杆、箱、牌、头进行全要素综合整治，实现“线清、杆合、箱隐、景美”。区域内共实施架空线入地和合杆整治路段 31 条，长度 12.705 千米，共拆除电力、路灯、监控、信号灯、标志牌等各类杆件 1 331 根，合杆整治后新建“综合杆”387 根，减少 944 根，减杆率达 71%，合杆率达 100%。原来分散的各类标志标牌杆、信号灯杆、照明灯杆、监控设备、5G 设施等杆件设施全部整合到新设的黑色亚光多功能综合杆上，提升了道路的美观度，将清朗天空还予市民群众，得到了辖区内居民的一致好评（图 4）。

### （4）街区共治，引导红色文化与绿色社区相融合

居民区党总支与党建联建单位一起，开辟了“移动党课”的学习形式，让党员和广大青年走进社区，聆听历史，一起沿着总长 7.1 千米“红色经典步道”漫步红色资源，更好地推进红色文化资源的传播。在这其中，还发掘热心党员居民组建“初

图 4

心守护”志愿者队伍参与居民区值守任务，将传承红色文化和文保巡逻检查工作结合起来，不断推进社区建设（图 5）。

图 5

## 创建成效

（1）党建引领凝心聚力，多方参与共建共享

① 坚持党建引领，“三驾马车”紧密配合

新天地居民区针对辖区特点，坚持党建引领，居委会、业委会、物业公司“三驾马车”无缝衔接、相互配合，形成了新天地居民区小区自治的最强“马力”。居委会和小区物业是城市建设管理的最基础落脚点，在社区治理工作中有许多交叉点和重叠面，为了促进社区和谐发展，2021 年起新天地居民区试行错时工作制，周末由“值班”升级为“上班”，形成了“6+6&5+2”工作模式。将走访居民作为周末主要工作内容，走访中同步完成政策宣传、信息采集、矛盾调处等工作，提升服务精准度、便捷度（图 6）。

图 6

② 坚持群众参与，夯实社区自治共治

新天地居民区在创建“绿色社区”过程中汲取广大人民群众智慧，充分利用已有的“1+4+N”社区自治共治机制，即：1 个由居委会和居民代表等组成的联席会议平台，加上翠湖雅苑、御苑、嘉苑，经纬公寓 4 个业委会，以及社区居民全民一道参与，积极参与社区治理项目，为社区环境改造建言献策（图 7）。

零距离家园理事会作为新天地居民区居民协商议事阵地，建立了配套的议事机制，为更多热心社区事业的居民提供了平台。在这里群众可以将想法与人大代表、政协委员交流，也可以转化为议题在

理事联席会议上讨论。通过共同努力化解了困扰居民多年的流浪猫事件和电力井压断污水管等他们“急难愁盼”的问题。

（2）齐抓共管内外兼施，营造舒适宜居环境

① 完善基础设施，提升居民获得感

新天地居民区内商品房多建于 20 世纪 90 年代末，每个小区的消防通道、绿化、地下车库等基础设施配套齐全，严格按照标准化建设，有的还进行了个性化的设计。比如，翠湖御苑、嘉苑、雅苑，更是聘请了专业团队对小区绿化布置进行了专业设计，并雇佣专人进行修剪和养护，绿化覆盖率达到 40% 左右，为居民打造了“园林式”的生活环境。

随着新能源车辆的增加，小区地下车库陆续加装了充电桩和非机动车充电桩，为业主们提供了便利，但对物业安全管理提出了新的要求，因此物业公司加强了巡逻和安全检查的次数，保证了小区居民的安全（图 8）。

为了防止外墙面的脱落，2022 年 6 月，新天地居民区拆除了近 200 个卫星锅。“前业主的锅能不能拆”“业主一直没有给明确答复怎么办”“物业公司员工没有资质进行拆除”等问题大大降低了卫星锅拆除的速度。经过街道管理办、居委会和物业多次协调和沟通，短短一个月内，小区内的所有外挂式的卫星锅清零，降低了高空坠物的风险，这一系列举措提升居民居住的安全感（图 9）。

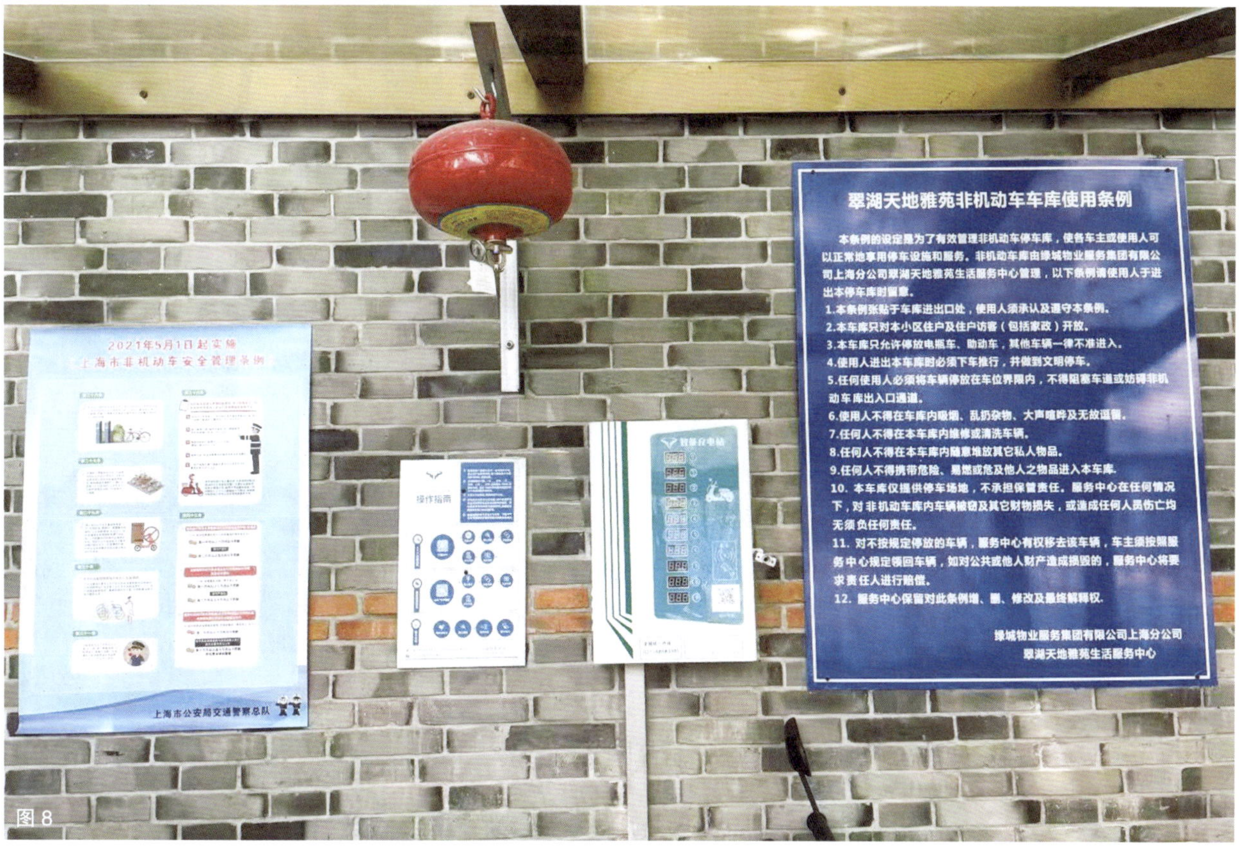

图 8

图 9

为进一步营造宜居环境，提升居民获得感，居民区干部多方调研走访，结合实际情况，在居民区内进行适老化改造，规划建设无障碍通道，方便行动不便的居民上下楼梯。为破解经纬公寓无健身场所困境，年中，在各方努力洽谈沟通下，经纬公寓拥有自己的健身角，并增添了一个红色文化隅，小区的居民纷纷表示幸福感指数明显上升（图 10）。

图 10

② 传递绿色理念，倡导绿色生活

为在新天地居民区内传播绿色文明理念，鼓励居民们走出家门，参与绿色社区活动。新天地居民区组织居民参与绿植 Diy 活动、文明养宠、小区零距离示范楼组创建等活动，培养居民参与社区治理意识，创建和谐文明的社区环境。

除了社区居民参与度大大增加，还吸引了小朋友们的加入，节假日会有小朋友来拿上水壶为花坛浇水，或在园艺专业人员指导下用小剪刀修剪枯枝。现在的小区里，飘着金桂的香味，小区灌木丛中开着枚红色的月季花，显得格外美丽，引得社区居民连连赞叹（图 11）。

在垃圾分类方面，居民区百分百覆盖垃圾分类箱房，通过电子投屏、张贴海报、讲座讲解、微信公众号等渠道向居民传授垃圾分类知识，提升居民垃圾分类的准确率（图 12）。

未来，在上级部门的关心下，在街道领导的带领下，新天地居民区将以打造绿色社区为契机，推动高品质生活宜居建设，不断增强居民舒适度、体验度，锻造成为一张代表上海国际化社区的亮丽名片。

图 11

图 12

# 创绿色社区　享宜居生活

## ——黄浦区外滩街道虎丘社区

## 社区概况

虎丘社区位于外滩街道的东北端，四川中路以东，黄浦江以西，南起南京东路，北至苏州河。占地面积6.8万平方米，常住人口3 300人，外来人口1 871人。房屋类型为混合型，有一个石库门小区腾凤里，周边有多处独立大楼分布于滇池路、四川中路、北京东路、虎丘路、圆明园路，以历史保护建筑居多。物业由外滩街道物业服务中心管理，其中圆明园路24号一幢部队居民楼无物业、无业委会，已纳入2023年度住房更新改造计划。社区排水、防污系统完备有效，消防喷淋及水喉完好。社区设有健身器材、老年活动室、志愿者服务站、未成年人活动室、家庭教育指导站、社区综合服务中心配套设施等。小区内无环境污染、无扰民环境、无群租问题。2018年北京路沿线、滇池路相关大楼完成大修，面貌修缮一新，结合苏州河沿岸综合整治，社区公共空间有了很大提升，不仅有闻名遐迩的外滩风景线，更有苏州河畔的小花园，给社区居民提供更好的生态环境与舒适的居住氛围。

## 特色工作

2021年，虎丘社区积极推进绿色社区创建工作，根据《外滩街道绿色社区创建行动实施方案》的总体部署和要求，切实提升社区环境、全面发动居民宣传、联动组织整治活动，基本实现社区人居环境整洁、舒适、安全、美丽的目标。

（1）建立专项小组，制定创建计划

居委成立专项工作小组，科学制定创建“绿色社区”活动计划。一是根据上级的精神，结合虎丘社区实际，制定了创建绿色社区实施方案，并召开动员大会，进行部署和发动。二是成立创建绿色社区领导小组，组建创建绿色社区管理工作网络。物业公司成立相应的组织机构及环保志愿者队伍。三是社区根据街道部署和要求，结合社区实际情况制定创建绿色社区工作计划分解工作指标、责任落实到人。

（2）立足社区优势，开展宣传活动

虎丘社区工作具备党员管理、居民自治、社会管理和劳动保障、民政民生、文体娱乐等多方面社区服务功能。虎丘社区共有400余家企业，其中包含个体工商户、产业单位等。社区共建单位包括：中石化上海石油本部团支部、中国农业银行外滩支行、惠罗公司、上海清算所产品开发支部、中国建设银行上海第四支行、外滩邮政支局等，社区共建单位经常参与社区活动，为社区提供活动场地。同时，利用社区活动室、小区活动场地，根据不同节日和条线要求，开展形式多样的文化活动，例如“学雷锋活动纪念日”期间，护河队志愿者们和共建单位志愿者们在苏州河沿岸开展垃圾清理和公共设施擦拭行动，弘扬学雷锋精神，以实际行动引导社区居民从身边小事做起，积极参与垃圾分类、呵护水环境质量，投身到保护“母亲河”的行动中来，共建美丽家园（图1）。应居民要求，虎丘社区利用公共空间添置了绿色植物，在美化社区环境的同时，给社区居民创造了更优良的绿色生活环境。开展文明实践活动，“清明”前夕，制作“文明、绿色”祭扫的宣传，倡导“文明祭扫”，鼓励居民采取网络、电子祭扫方式，减少焚烧现象。连续十多年，组织社区“重阳节”尊老活动，邀请80岁以上社区老人一起过节吃长寿面，提升老人们与社区单位的融入度（图2）。

图1

图2

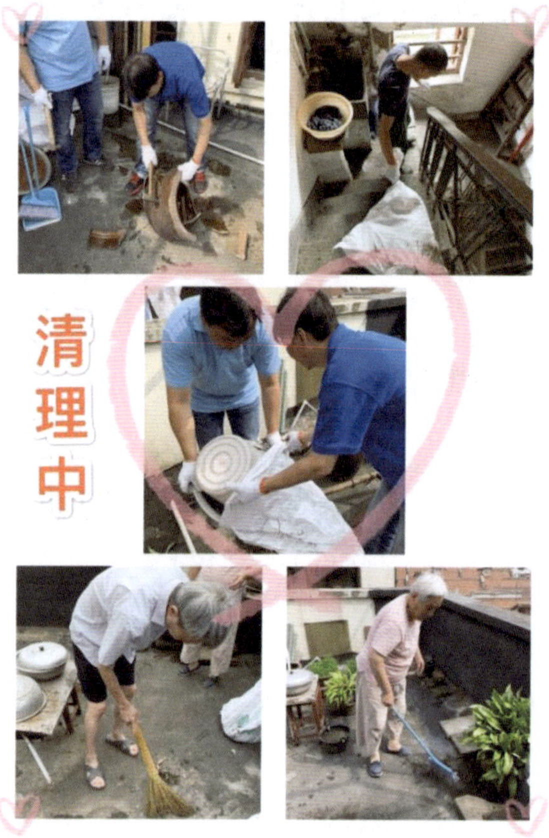

图3

（3）大力开展整治，优化居住环境

开展以楼道“零堆物”为目标的楼道整治行动，党总支大力宣传，张贴消防安全倡议书，挨家挨户发放楼道“零堆物”告知书，同时成立了由居委干部、党员、楼组长、居民志愿者组成的楼道清理小组，共同参与楼道整治，2022年共拆除、清理居民搭建在楼道内的堆物垃圾50余车，还居民一个宽敞、安全的环境（图3）。

虎丘社区大部分房子房龄偏老，漏水、无独立卫浴、灶台间公用等一直是困扰居民的问题，通过走访居民了解到漏水导致顶部墙面剥落，居民烧菜时顶部就有片状石灰粉掉落锅内，为了改善这一情况，虎丘党总支利用党组织服务群众项目，试点在8个公用灶头间进行改进，安装吊顶扣板，一方面防止顶部剥落物影响烧菜，另一方面本来油腻不堪的厨房焕然一新，惠及60余户。针对部分居民区楼道内黑暗、影响安全的情况，开展党组织服务群众项目为楼道安装声控照明，服务居民142户，约481人，安装后召开了项目评议会获得居民好评（图4）。

（4）推进社区自治，创建绿色社区

虎丘社区通过居民听证会、协调会、评议会，不断完善社区自治项目，引入两个第三方社会组织项目——创建美丽和谐家园和文明养犬，吸引热心居民走出家门来到社区参与自治，很多居民爱好绿植，一起为居民区绿化出力、出主意，采用居民认养形式（图5）。通过文明养犬，改善了弄堂

图 4

图 5

里粪便随意拉、狗咬人等不文明、安全隐患现象，由点带面推进文明养犬行为成为居民共识。结合文明城区创建，腾凤里虎丘小区集中开展废弃车辆乱停放整治，在街道自治办、管理办等多部门的大力支持下，采取废旧车辆换购方式，处理僵尸车 20 余辆，美化环境的同时，给小区腾出了更多的共享空间。

（5）借力党建共建，提升社区服务

在党建引领下，连续两年开展了“科技伴我行、邻里更有情”的自治项目，借助华为旗舰店、移动营业厅等社会资源引入项目服务居民，利用“黄浦计划”三期平台，拓展延伸项目内涵，引入“黄浦计划”的华东理工大学在读研究生，作为指导老师参与项目运营，并通过《上海老年报》的相关报道，更是吸引了更多外区老年人参与，让老年居民在数字化智能上的需求得到满足和提升。

## 创建成效

虎丘社区设有交通志愿者、文明志愿者、平安志愿者、苏州河护河队志愿者、美丽家园护绿队、文明养宠俱乐部等自治团队，居民整体环境意识较高，积极主动参与守护绿色社区。

在创建绿色社区的道路上，小区居民积极主动参与，纷纷建言献策，让环保理念根植每个人心中，切实增强社区的凝聚力，创造出环境友好、邻里亲密和睦相处的社区氛围。

# 共创绿色社区　共建和美家园

## ——黄浦区五里桥街道龙华社区

## 社区概况

春江小区（龙华社区中山南一路1048弄）始建于20世纪80年代，是一个有着近40年历史的“高龄”售后公房小区，由8栋小高层和1栋高层组成，共有383户居民，有1 000余人。其中老年群体占比较大，为40%，老龄化程度较高。由于年久失修，小区内许多公共设施承载社区公共活动的能力大幅降低，存在诸多治理顽疾，给人留下了“破旧、无序、安全隐患重重”的不良印象（图1）。

图1

20世纪90年代末，“三会”制度在上海市黄浦区五里桥街道诞生，有效提高了基层民主自治水平。2017年，“三会”制度被写入上海市居民委员会工作条例当中，成为上海解决基层治理“难点、堵点、痛点”的重要法宝。执剑也需砺剑，五里桥街道在基层治理上的深耕从未止步。2019年起，通过街道实事工程、党组织服务群众及居委共建单位捐赠等经费，运用党建引领居民自治的“三会”制度，拉开了推进春江小区人居环境整治工作的帷幕。随后以精细化管理为目标，以“美丽家园”建设为契机，持续推进改造工作，着力打造绿化、美化、智能化社区。

## 特色工作

社区建立、健全党组织领导的社区协商机制，搭建沟通议事平台，引导居民全程参与绿色社区创建。对于涉及社区与群众切身利益的重大事项，广泛听取群众意见和建议，有效对接群众需求，共同参与社区人居环境建设和整治工作。

### （1）“三会”引领，践行全过程人民民主

小区老龄化程度高，老人们喜欢聚集在楼道口和小区花园内进行交流互动。有热心居民们把旧沙发、椅子摆放在小花园，供老人们休息聊天。但由于小区花园年久失修，道路空间狭小及障碍物的阻挡，居民们的公共活动空间非常有限，尤其刮风下雨天时，对老人的交流活动产生了很大的阻力。因此经过民主协商，充分运用“三会”制度，在各方联动下，建设了“春江议事亭”，成为社区居民的打卡胜地。

此外，为进一步推动居民参与社区治理，在硬件改造的同时通过为老服务，建立服务型自治团队，取名“春江自管队”，深化睦邻互动活动、综合为老关爱服务、亲子家庭融合活动、小区议事平台等服务功能，积极参与社区各类治理工作并形成合力，充实居民们的精神文化生活，提振了生活质量。

为老尽心，不吝气力。通过团队引入了各方的

人力资源，先后挖掘了社区退休医生定期为社区老年人测量血压、开展健康讲座，提高居民区老人的健康防护意识；挖掘居民区职业人员，按季度为居民区老人进行义务理发，对于行动不便的老人，进行上门理发服务；引入专业社会组织，为居民区普及垃圾分类基本常识，以互动培训形式加深记忆；邀请专业人员进行普法宣传，提高老年人的金融、电信诈骗防范意识等（图 2）。

环境。

同时，居民区积极发挥党建引领作用，建立了联动联建机制，以党建引领整合资源，将共建单位的资源引入“美丽家园”建设当中，共促“美丽家园”建设有序推进，与共建单位黄浦区科学技术协会合作将葡萄架打造成科普走廊，并绘制了“二十四节气”墙绘（图 3）。

图 2

图 3

这个以社区党员、楼组长和志愿者骨干组成的自管队后续便一直以居民的视角在社区中发现问题、组织协商找到解决问题的方法形成一个社区自治共治的“闭环”，先后破解两处治理问题，为社区居民创造更文明和谐的生活居住环境。

（2）宜居生活，促进人与自然和谐发展

居民积极参与美丽家园清洁行动，每周四上午对楼道、车棚、绿化等地进行清理整洁，优化小区

过去小区内的非机动车棚未达到国家消防规范要求，消防基础设备严重缺失，未安装喷淋、灭火器、烟感等火灾防控基础配套设施，且“飞线”充电问题严重。针对这些问题，自治家园理事会拟订方案，改造后的车棚安装了智能充电桩、配备灭火器、安装喷淋、设置门禁卡等，既利于解决“飞线”充电问题，也利于提升非机动车棚的安全指数（图 4）。

图 4

（3）科技赋能，着力提升生活品质

由于老旧小区水泵房建设年代久、运行时间长，供水管道老化，为持续推进美丽家园建设，2020 年上海市城建水务公司来访龙华居民区将春江、龙华小区作为供水设施优化改造试点，来改善居民用水质量。使用德国进口材料、水箱顶部改造为不锈钢顶，泵房内使用食品级瓷砖，彻底改善居民区二次用水质量并将水表置换为智能型水表，拥有 24 小时的水质监测系统、水箱液位监测系统，会分析居民的用水习惯，并以此为依据为每户人家个性化供水。对于长期未用水的独居老人、大量用水住户进行追踪等，方便照顾老年群体（图 5）。

2021 年，五里桥最小管理单元项目以春江小区为试点，针对居民关注点，结合 AI 技术、BIM 技术，初步打造小区管理数字孪生应用，目前已开始试点垃圾分类管理、高空抛物、电动车棚充电安全监管场景，初见成效。

2022 年，小区将在现有“最小管理单元”建设基础上，持续进行应用场景建设。一是扩大高空抛物场景应用范围；二是建设周界安全，消防通道畅通、非机动车进电梯等日常管理应用场景；三是依托小区通应用建设老年人服务、居民报修、意见收集等居民服务渠道，先行尝试探索基于日常管理和居民服务的两网融合场景提升小区综合品质。

## 创建成效

创无违期间，居民区协同城管、城运、物业等相关部门进行公共区域整治。不久，部分居民将已拆除的违章车棚，变成了堆放杂物、建筑垃圾的区域，不仅破坏了小区环境，也影响了居民的出行和日常生活。2020 年，居委组织党员志愿者开展调研，收集居民自治想法，结合街道自治项目微创投要求，最终以需求为导向，居民提出的议题——改造“杂物间”成为春江小区新一期自治项目。在爱心企业资助、自治团队主导、居委会协调的三方合作下，历时半年完成的改建，改造后的“春江小巷”利用建筑围墙，打造文化墙。在美化墙面的同时，宣传小区零堆物、关注小区环境，把公共空间激活起来，营造和谐小区氛围（图 6）。

此外，社区文化中心惠空间的老师们参与助力小区美丽家园建设，为非机动车车棚外墙绘制涂鸦墙，营造绿色社区氛围（图 7）。

图 5

图 6

图7

目前，春江小区正开展“美丽家园”项目二期建设，进一步打造园林社区。建设内容包括道路及管道改造、绿化提升、小区内外围墙改造、门头改造、垃圾箱房改造、景观改造、排水工程、灯光工程、架空线落地等项目。开展道路改造及绿化重新布局，对小区重要节点区域的绿化进行整体的提升。在改造时，选用易养护、打理的乡土树种，增加层次及色彩上的变化，提升小区的形象；增加夜间照明性灯光，保障小区夜间道路明亮的同时不影响周边居民的晚间休憩；对小区内现有的晾晒设施重新规划区域，进行合理放置。对现有的凉亭、廊架、儿童游乐、晾晒设施等进行功能上的保留，场地则进行重新规划；对小区内现有的垃圾箱房进行外立面以及功能上的提升，并在小区内新增一处建筑垃圾堆放点；对小区两个出入口进行形象提升，增强其标识性，形成良好的小区“名片”形象。

建设完成后，春江小区也将充分发挥红色物业联盟平台作用，进一步完善精细化管理制度，例如对名贵树种挂牌，引入社会机制认领等，加强绿色社区长效管理。

# 落实绿色发展理念　打造共享绿色社区

## ——黄浦区淮海中路街道复兴社区

## 社区概况

复兴社区，东至黄陂南路，西至淡水路，南至合肥路，北至复兴中路，面积26 813.39平方米，辖区内房屋以新式里弄、旧式里弄为主，有少量花园住宅、石库门住宅等历史保护建筑。目前，本辖区户籍户数1 025户，户籍人口2 907人；常住户数475户，常住人口1 003人。其中，人户分离的有505户、1 806人，占户籍人口62.1%；实际居住外来人口416人，占实有人口23.4%。

振华里小区位于马当路301弄，小区房屋类型为新式里弄，是三级示范亮点小区，2018年度获得上海市物业管理优秀示范项目（图1）。

图1

## 特色工作

（1）构建完善小区治理组织，形成合力有序推进

建立住宅小区综合管理工作例会制度。由党总支牵头，以党建联建为纽带、居委为主导、业委会为主体，组织民警、业委会、物业、房管办及居民骨干共同参与的每月的例会制度，协调推动小区内各类矛盾的解决，提升老旧小区管理水平，打造绿色社区建设。通过加强业主的小区综合管理意识、引导业主监督机制、自我约束机制的建立，对住宅小区综合管理重要性的认识不断提高，为创建绿色社区奠定了良好的基础。

（2）齐心合力清楼道，打造绿化种植晒台

在“三微”项目的治理下，复兴社区成功打造了“绿兴坊”社区品牌。通过居委干部与居民协商，组织居民自治，先进党员作表率等方法，充分发挥两委班子和党员干部的骨干带头作用，齐心协力、共同合力整治小区楼道，争取做到始终保持晒台干净整洁，楼道零堆物。

2017年8月，上海永民置业管理有限公司出资对环境逼仄的振华里小区进行整体规划，中心小花园及立体绿植是亮点，居民区党总支多年来通过坚持不懈的组团式服务，了解到许多居民希望小区能成为绿树成荫、花草成片的宜居社区。此外，小区里有不少绿化爱好者和手工能手，为此复兴党总支动员志愿者认领花园绿地。确保树木花草成活率的同时，配合社区垃圾分类活动，引领居民自治，期望打造出社区环保绿植的生态环境，营造生态角、垂直绿、立体窗的绿色氛围。

（3）持续推进垃圾分类工作，培养居民自律新习惯

复兴社区自2017年末开始宣传有毒有害垃圾知识，2018年9月对垃圾箱进行了改建。除了增加

干湿垃圾分类的标识外，社工们还开展了“百分百入户”宣传、分两批上门投送湿垃圾桶、组织垃圾分类积分卡换购等各项新活动。2019 年 7 月，复兴居委正式开始实行垃圾分类工作。

为了让居民能便利地处理湿垃圾，复兴居委的郝副书记创造了木质的“垃圾神器”，但木头的材质不耐雨水侵蚀，且锯齿朝外翻，老年人不注意的话极有划破手的可能。在听取了居民的反馈后，郝副书记又制作出了第二代不锈钢材质的“垃圾神器”，耐寒抗雨不容易变形，锯齿处改成了不锈钢的钉耙，且尖头朝下，呈四十五度倾斜，使得湿垃圾袋更加贴合锋利钩爪，从而获得轻松破袋的效果，减少了划破手的风险。居民只需将湿垃圾袋在“破袋器”的前置钩爪处，向上轻拉，能更容易破袋。创造了“神器”的郝副书记还通过街道申请专利，并且申请成功。湿垃圾破袋不脏手更是提高了居民对垃圾分类的信心，也更有利于帮助居民将“要我分”的态度转变成“我要分”的习惯。

### （4）创建绿色自治环保生态链，厨余垃圾资源化再利用

通过群众自治，与专业环保老师合作，在垃圾分类多样化上下足功夫，对社区活跃居民们进行厨余垃圾再利用的方法培训，再引入专业设备，设置了针对厨余垃圾再利用的“堆肥桶”，发挥老式小区居民带动邻里的优势，有效进行绿色社区宣传。居民们每天将果皮、菜叶等厨余垃圾存积在桶内，再掺入椰壳进行发酵处理，形成土壤营养有机肥，社区志愿者再将居民们产出的有机肥用于小区内的绿化蔬果的种植，通过群众自治的方式，形成一条完整的变废为宝的绿色环保生态链。

### （5）链接社会组织资源，打造多种绿色主题活动

利用辖区单位，党建联建单位的优势，多方位多角度地宣传绿色社区氛围。一是利用小区宣传栏进行海报张贴，安排志愿者定期在社区内开展主题宣传活动；二是利用社会组织资源，通过开展绿植养护、晒台美化等活动，由专业老师带领，提高居民对绿色社区的认知；三是积分扫码，实物兑换活动。例如：居民投放分类垃圾时会进行扫码积分，社区与环保机构设摊宣传相关绿色知识，用趣味游戏的方法推进宣传，相应积分换取实物。以服务换服务，以爱心传爱心，希望能帮助每位有需要的居民享有更健康、更幸福的社区生活。

## 创建成效

从 2018 年起，复兴社区开始与上海市黄浦区文化公益促进会合作，共同维护社区环境，营造绿色氛围，引导小区居民积极参与绿化养护自治活动。经过两年的培训和活动开展，居民现已可以自行独立简单操作（种植、养护花草）等相关事宜。项目期间，团队定时定点对绿植进行养护，平均每两个月一次更换花草、营养土，并进行施肥驱虫以及养护指导。绿植志愿者每日进行浇水、看护。同时也有园艺师进行日常指导以及平均每年两次的培训授课（图 2）。绿植志愿者中的领头人——复兴居民张冠群、戴昌泗还结合了生活垃圾分类工作，与环保老师合作，创建了群众自治环保生态圈，实现了厨余垃圾资源化再利用。他们在小区内设置了针对厨余垃圾再利用的“堆肥桶”，将果皮、菜叶等厨余垃圾存积在桶内，再掺入椰壳进行发酵处理，生产出土壤营养有机肥，用于小区内的绿化种植养护，形成一条完整的变废为宝的环保生态链。

图 2

为配合社区垃圾的分类，志愿者通过认领和门前养护两条途径，发动家家户户参与创建最美楼道、最美晒台。聚集小区绿化爱好者和手工能手，动员志愿者认领花园绿地，将湿垃圾再利用的同时，自产自用确保了树木花草的成活率，打造社区环保绿植的生态环境，营造生态角、垂直绿、立体窗的绿色氛围，形成中心小花园的天然氧吧（图 3）。

图 3

# 自治共治共享　宜居绿色社区

## ——黄浦区淮海中路街道瑞华居民区

### 创建概况

瑞华居民委员会南到合肥路，西到济南路、复兴中路、黄陂南路，北至自忠路，东至吉安路、济南路，面积 51 496 平方米，户籍人口 7 559 人，实有人口 686 人。辖区内有两个小区，翠湖四期隽荟都小区和翠湖五期瑞苑小区，均为高档商品房。辖区范围内有中共区委党校旧址、又新印刷所旧址、黄浦区党建中心、复兴风雅颂 6 处文物保护点（图 1）。

图 1

为进一步培育生态文明理念，倡导绿色文明，完善社区基础设施，瑞华居民区按照街道管理办的工作部署，通过党建引领，自治共治，倡导“科学、环保、健康、文明”的生活方式，扎实有效地开展绿色社区创建活动，打造一个绿色和谐宜居家园。

### 特色工作

（1）党建引领，各方同促绿色社区

为将“绿色社区”创建工作落到实处，瑞华居民区坚持党建引领下的居委会、业委会、物业公司“三驾马车”协同治理，在居委原有的零距离家园基础上，进一步深化推进，打造零距离家园实体阵地——“隽邻荟客厅”，以居民区党组织为领导，组长为居民区书记，副组长为居委会主任，其他组成人员包括：机关联络员、社区民警、市场监管所联络员、城管联络员、房办联络员、绿化市容所联络员、网格中心联络员、综治网格联络员、社区卫生服务中心联络员、业委会主任代表、物业公司经理代表、“两代表一委员”代表、居民代表、驻区单位、共建单位代表、社区法律顾问等，为顺利创建“绿色社区”提供了有力的组织保障和人力保障。同时运用零距离家园理事会、三会制度以及居民代表、志愿者微信群等线上线下平台，开展多种形式基层协商，统筹协调社区各单位，共同参与绿色社区创建，实现决策共谋、发展共建、建设共管、效果共评、成果共享的局面（图 2）。

疫情封控期间，“三驾马车”各司其职，志愿者踊跃参与，认领任务，小区团购、结对助老、核酸检测等各项工作有条不紊地展开，在小区物业出

图 2

现阳性减员后，志愿者们挺身而出，承担起物资发放的工作，艰难的两个月封闭期，正是有了大家的同心协力，才顺利通过难关。

儿童友好社区创建期间，专业规划师进社区辅导居民谋划儿童活动场地建设，在翠湖四期设计了“瑞智童心”儿童之家，每个楼梯角都包上了保护贴，确保小朋友们安全地驰骋在儿童乐园里。

### （2）完善设施，打造社区绿色环境

瑞华居民区所辖两个小区的消防通道、地下车库等基础设施配套齐全，小区地下车库设有充电桩和残疾人停车位。泳池具有循环换水系统，以及污水处理功能，专业人员定期进行维护和保养，确保设施设备正常运行。同时小区还配有雨水收集设备，具有小区海绵化功能（图 3）。

居委会联动小区物业人员定期开展高空坠物、消防安全进行常态化检查，发现隐患及时协同物业整改，确保辖区安全。对小区装修进行监管，事先告知，事中巡查，发现有违章搭建的现象及时制止，并上报城管。

在垃圾分类方面，居民区百分百覆盖垃圾分类箱房，通过电子投屏，张贴海报，讲座讲解，微信公众号等渠道向居民传授垃圾分类知识，提升居民垃圾分类的准确率。四期隽荟都小区内有两网融合回收服务点，现场处理干垃圾和可回收垃圾，绿色理念深入人心。

图 3

### （3）布局规范，营造社区宜居家园

两个小区绿化率都达百分之三十以上，更是聘请了专业团队对小区绿化布置进行了专业设计、修剪和养护，为居民打造了“园林式”的生活环境。在复兴中路上，复兴风雅颂，四期外围，区委党校旧址周围是布局雅致的口袋花园，为往来的行人提供赏心悦目的休憩场所。

社区内公共活动空间充足，有影音室、宴会厅、游泳池、健身房、瑜伽房、儿童活动室、空中花园，为各类人群提供休闲娱乐的场所（图 4）。各处还设有无障碍设施，方便残障人士出行，有序管理，确保消防通道通畅。

居民区停车区域明确划分，方便居民停放，非机动车设专门停放区域，物业保安每日车库巡逻道和救护通道畅通无阻。

图 4

图 5

（4）智慧管理，提高社区智能水平

小区拥有智能管理系统：全方位监控系统、车辆出入车闸系统、全套 BA 系统、门禁管理系统、可视对讲系统，电梯门禁系统、周界报警系统、消防控制显示系统等，全域覆盖。所有出入口，包括客运电梯均需要刷门禁卡，每张门禁卡均作了设定，除物业专人通用卡外，其余居民都只能刷开自家大门，刷到自家楼层。两个小区内共有摄像头 483 个，监控室 24 小时全天候工作人员值守，保障小区安全（图 5）。

2020 年 8 月居委辖区唯一符合组建业委会的小区隽荟都小区，启动业委会组建工作，同年 12 月选出了 5 名业主担任小区第一届业委会委员，学历均在本科以上，其中研究生 2 名，业委会组建率 100%。

（5）广泛宣传，培养社区绿色文化

居委广泛开展宣传教育，利用电子屏、宣传栏张贴绿色环保宣传画、开展垃圾分类培训，组织“小手拉大手，分类一起走”“一米天地”自治种植等生态环保知识普及和社会实践活动，带动社区居民积极参与垃圾分类，节约能源，爱护环境，营造浓厚的“创绿”氛围。把共建共治共享理念融入社区居民公约，倡导居民选择绿色生活方式，形成富有特色的社区绿色文化（图 6）。

位于复兴中路济南路的风雅颂三栋建筑，以及复兴中路黄陂南路的区委党校旧址，又新印刷所和黄浦区党建中心均为文物保护点。2020 年起，上海启动了对这两处旧址的修缮保护，由专业团队上海先为土木工程有限公司负责，董事长尹天军带领团队负责对两处旧址进行平移，曾经的老旧石库门，经过平移修缮，如今焕然一新，成为重要的红色文化基地，宣扬红色文化的同时，老建筑也得到了有效的保护（图 7）。

图 6

图 7

## 创建成效

通过绿色社区的创建，瑞华社区形成了自治共治共享的社区氛围，养成了“科学、环保、健康、文明”的生活方式。2021 年瑞华居委被上海市妇女联合会列为“上海市妇女之家示范点”。同时作为街道儿童活动分站点，为街道儿童友好社区的成功创建贡献力量（图 8）。居委所辖翠湖天地四期隽荟都小区继 2018 年后，2020 年再次荣获年度“上海市物业管理优秀示范项目”称号，成为广受欢迎的宜居社区（图 9）。

图 8

图 9

# 3

# 静安区

## 优秀示范案例

# “绿”+“幸福邻里” 共建共享幸福美好生活

## ——静安区石门二路街道新福康里居民区

## 社区概况

静安区石门二路街道新福康里居民区东临石门二路、南临新闸路、西临泰兴路、北临武定路，面积约 43 000 平方米，下辖新福康里小区、中泰小区、振安广场 3 个居住小区，居民实有户 1 504 户，实有人口 3 039 人，60 岁以上老年人 1 200 多人，社区内嵌综合为老服务中心、社区康护服务站、社区卫生服务站、老年人日间照护中心、长者照护之家、乐龄家园助老服务站、儿童之家等（图 1）。新福康里小区是回搬小区，也是一个汇集石库门文化和现代居住理念于一身的新型绿色居住小区，小区绿化面积约 10 000 平方米（图 2）。近年来，新福康里小区开展了“美丽家园”“智慧警务”等建设，改善了社区人居环境，提升了小区安全指数，增强了社区居民的幸福感和获得感。小区先后荣获“全国和谐社区建设示范社区”“全国示范性老年友好型社区”“全国侨联优秀‘侨胞之家’”“全国计划生育协会工作先进单位”4 项国家级荣誉，“上海市自治家园示范点”“上海市党支部建设示范点”等 49 项市级荣誉以及“五星党群服务阵地”等多项区级荣誉，并被评为上海市首批健康居（村）委试点单

图 1

图 2

图 3

位，小区物业被授予“上海市物业行业首批党建品牌”“先进基层党组织”“最美物业服务企业”等称号（图 3）。

新福康里居民区党总支坚持“民‘声’有响应、环境更整洁、人宠更和谐、邻里增温情”的发展理念，将独创的“5H”工作法，即“HEAR——用心聆听，问需于民；HELP——诚心帮助，用心服务；HEALTH——倡导健康，文明生活；HARMONY——邻里和睦，守望相助；HAPPINESS——幸福美满，和谐安康”践行于社区建设中，大力倡导生态文明理念，以“绿 +”模式全力推进绿色社区创建工作，各方共建共治共享新福康里 · 幸福邻里的美好生活。

## 特色工作

### （1）“绿” + 多元共治

为把创建绿色社区的各项工作落到实处，新福康里居民区党总支坚持以基层党建引领社区自治，从抓组织建设和健全完善制度着手，成立了由居委干部、党员骨干、相关对应设置部门专管员等共同组成的创建绿色社区工作领导小组和工作小组，并依托区域化党建、网格化党建等工作平台建立联动机制，将辖区共建单位纳入“创绿”的合作参与机制中。同时，充分发挥党总支的组织发动作用，利用居民代表大会、楼组长会议等现有沟通议事平台以及业主、楼组微信群等线上渠道，召开绿色社区创建例会、开展专项讨论，共商共议解决居民群众的操心事、烦心事、揪心事，推动党群参与、资源共用，实现社区共建、成果共享（图 4）。

图 4

新福康里小区 60 岁以上老年人占比 40%，随着社区步入老龄化，加装电梯成为老百姓心中热切盼望的民生工程。新福康里居民区党总支通过“两代表一委员”将百姓的呼声传递，得到了相关部门的大力支持。同时，党总支充分发挥领导核心作用，推动居委会、业委会、物业公司社区治理“三驾马车”同向发力，探索形成了“党建引领、居民自治、多元协同”的工作模式，定期组织召开网格化党建联席会议，并约请两代表一委员、在职党员、有法律专业背景的居民顾问等参加议事协商，想方设法在有限的资源和空间内创造条件。2018 年 3 月，96 号楼组成为小区内首栋成功加装电梯的居民楼，为小区加装电梯按下了“启动键”，几年以来，30 号楼、106 号楼、126 号楼、11 号楼、124 号楼加装电梯陆续建成投入使用，为小区 70 余位 60 周岁以上老年人解决了“下楼难”问题，使得素有“小区万难事”第一名的既有多层住房加装电梯之梦在这里得以实现（图 5）。小区还携手社区单位开展“为老助衣”项目，设立“幸福助老代洗点”，为社区高龄老人提供代洗大件物品服务，切实解决老人生活中的“急难愁盼”事项。

图 5

### （2）“绿”+ 设施提升

新福康里居民区积极改造提升各类配套基础设施，在改造中采用绿色产品、材料，并开展安防系统智能化建设，推进基础设施绿色化、智能化。一是实施集水排水综合利用改造，推动雨水收集回用，为绿化、景观水体、洗涤及地下水源提供雨水补给，达到综合利用雨水资源和节约用水的目的；二是新增 111 个地下车库电瓶车扫码充电桩，安装 8 个新能源车充电桩，更新 15 个太阳能灭蚊灯，推广清洁能源使用；三是在小区架空层安装光感式照明灯，既保障了环境照明亮度，又减少了照明能耗；四是开展“智慧警务”建设，通过设置人脸识别系统，在社区内安装防尾随跟踪系统、车辆进出管理系统、地下车库烟感系统、水箱水盖开启报警系统等智能化安防设备，提高社区管理效能；五是拓展两个公共服务空间，即“工青妇”新时代文明实践站和“静邻一家”党群服务站；六是建设“文明养宠示范站”，配套专门设施，维护良好的公共秩序和环境；七是围绕适老化要求，对小区住房坡道、楼梯、扶手应建尽建，在楼道内设立折叠休息座椅，为老年人家庭实施居家环境适老化改造等（图 6）。

### （3）“绿”+ 共建共享

新福康里居民区坚持从居民最关切的问题出发，积极引导居民投身于社区公共环境建设，推动社区居民同心协力改造维护社区环境。新福康里居民区有一片空地，因树木过于茂密，地面鲜有阳光，地被植物难以存活，住在旁边二楼的住户也因窗前阳光被遮挡苦不堪言。居委会联合物业，约请社区园艺师，发动居民自己“改造家园”，通过移栽树木，铺设草皮，种植孔雀兰、羽衣甘蓝、翠竹等花卉绿植，新建透水小路，并组织社区小达人在废弃轮胎上作画，变废为宝制作“轮胎花盆”，将此处改造为“童心花园”。小区还以家庭为单位开展绿植认养，由社区园艺师提供绿植养护指导和技术支持，以“小手拉大手”的形式，一家老少齐上阵，撬动家庭参与社区治理的新格局（图 7）。

图 6

### （4）“绿”+ 楼组自治

新福康里居民区注重发挥居民楼组在基层民主自治中的基础与支撑作用，充分激发居民自治意识，培育居民自治能力，成功创建“宁馨楼”“天香楼”“福泰楼”等多个特色楼组。148 号楼组“天香楼”是小区内最高、体量最大的一栋大楼，有着一套成熟的楼组自治管理模式：4 位楼组长分工合作，保证每个条线的工作都有责任人；成立大楼自治小组，由颇有管理经验的 9 位成员组成，经常不定期碰头研究大楼的各个自治项目；充分发挥五大员的作用，保持相互联系沟通；在每层楼面设置一位联络员，起到上传下达作用；同时分别组建各类微信群，建成一个不留死角的网格化分级管理体系。39 号楼组“福泰楼”是新福康里居民区内为数不多的一幢高层商品房，楼内 80 余户居民经过协商，一致决定自筹资金成立楼组“自治基金”用于楼组公共事务。居民们共同出资聘请楼道保安人员，“升级”了居住安全系数，并修缮大堂顶棚、粉刷楼道、布置大厅，美化了楼道环境。96 号“圆梦楼”加装电梯启用后，楼内业主讨论决定自主保洁管理、自筹楼组自治金，还自主协商制定了《楼组电梯公约》，约定楼内全体业主于每周一上午开展电梯和楼道保洁，在楼内业主的精心呵护下，电梯建成使用多年依旧崭新如初（图 8）。

图7

图8

（5）“绿”+文化培育

新福康里居民区于16年成立了“幸福绿社”公益项目，开展了“传播环保理念　共建绿色家园”的芽菜种植、水培绿植、酵素培育等专题特色活动，成员们积极利用废弃饮料瓶、厨余垃圾制作酵素，种植水培植物用以装点楼组，善用身边随处可见的落花落叶落枝制作手工作品点缀公共空间。“幸福绿社”公益项目不仅弘扬了绿色生活理念，扩大了

图 9

适度简约、绿色低碳生活方式的受众群，而且充分激发了居民参与社区活动的热情，深受居民群众欢迎（图 9）。

新福康里居民区是上海市首批健康居（村）委试点单位，健康自管小组是新福康里居民区的自治团队，成立于 2008 年，曾荣获上海市 A 级小组的称号，十多年来坚持定期活动，形成了组长引领、组员自治、医生指导、居委和第三方社会组织保障的机制。社区卫生服务站点医生作为家门口的健康守门人，定期为居民开展健康讲座、咨询，建立家庭健康档案等，倡导健康生活理念。小区内还设立了医疗康复门诊和社区健康管理站，配备专业医师、康复治疗师，为社区老人提供中医理疗、康复治疗、健身指导等服务，健康管理站则配备了量子测量仪、健康一体机（图 10）。

图 10

新福康里居民区还特别注重发挥“名人效应”在绿色社区创建中的作用，邀请社区名人上海市社会学会会长邓伟志和著名书画家“牡丹大师”汤兆基共同参与绿色文化宣传培育。如牡丹画大师汤老将艺术理念散发到自己所居住的楼内，创建了“牡丹文化楼组”，并主动为其他楼组题名书写楼牌匾，弘扬和谐邻里情；邓老和汤老都热心参与街道新增休憩座椅的公益项目，积极为座椅题字寄语。在社区名人的带动下，新福康里小区居民热衷于参与各项社区文娱活动和科学宣教活动，自发组建了红太阳健身操队、健身气功小组、排舞队等文化运动队伍，每年举办“新春联欢会”“中秋重阳联谊会”等，定期开展“微公益 · 爱心义卖我参与”活动，并在各项活动中大力宣传绿色低碳、节能环保的理念（图 11）。

图 11

## 创建成效

在新福康里居民区“幸福邻里”党建品牌工作的引领下，独创的“5H”工作法开拓了党建引领居民自治的有效途径，展现了党建引领聚人心的丰富内涵，实现了社区治理新理念、新方法、新经验的有力探索，使得社区环境更加美好，居民生活更加和谐。

### （1）社区环境显著提升

随着小区的基础设施更加绿色、智慧、环保，社区环境日益整洁、舒适、安全、美丽，俨然一座人与自然和谐共处的“大花园”，生态文明理念也进一步深入人心，在居民生活圈形成共识、相互促进（图 12）。

### （2）自治活力显著激发

通过推行居民自治、楼组自治民主协商的治理方式，探索并形成了居民自我组织、自我管理、自我服务、自我教育的自治模式，崭新的社区治理局面逐步迈向良性循环，小区居民也有了更多的获得感、满意度以及参与自治的积极性（图 13）。

### （3）社区治理显著增能

在创建绿色社区过程中，更多的年轻人加入志愿者队伍中，更多的党员、在职党员身份亮了出来，作用发挥了出来，同时通过挖掘社区里不同行业的资源链接，激发出企业参与社区服务的积极性，他们的优势与价值得到充分发挥。社区的基层组织力得到了提升，政治功能得以生动体现，社区治理能级也显著增量（图 14）。

图 12

图 13

图 14

下一步，新福康里居民区将继续深化党建引领基层治理，充分发挥自身优势，进一步提升社区生活环境品质，擦亮共建共治共享“幸福邻里”党建品牌，努力让新福康里成为更加安全、绿色、幸福、和谐的品质社区，让群众更有获得感、满足感和幸福感。

# 创建人人共享的绿色社区

## ——静安区曹家渡街道达安花园居民区

为实现社区人居环境整洁、舒适、安全、美丽的目标，达安花园居民区在曹家渡街道党工委、办事处的正确领导下，积极学习贯彻开展绿色社区创建行动，努力将绿色发展理念贯穿社区设计、建设改造、管理服务等治理的全过程，推动社区最大限度地节约资源、保护环境。

## 社区概况

达安花园居民区成立于2002年4月，辖区范围长寿路以东，武宁南路以南，余姚路以西，万航渡路以北，面积约160 000平方米。达安花园居民区由达安花园和三鑫花苑两个商品房小区构成。达安花园占地面积约11万平方米，绿化覆盖率近45%，39幢高层共有2 937户；三鑫花苑占地面积17 878平方米，绿化覆盖率约36%，13幢高层共343户。小区内设有会所、网球场、羽毛球、健身房等场馆，各期均设有中心花园、两个小区各有绿化长廊和景观喷泉等设施（图1）。

图 1

## 特色工作

（1）党建引领，多主体激发创建活力

根据街道绿色社区创建行动实施方案，居民区成立了以党总支书记为组长，居委主任为副组长，社区管理专职干部、小区物业经理、业委会主任等成员组成的创建工作领导小组。领导小组组长定期召集召开创建工作例会，传达相关创建要求和目标，组织成员积极参加区、街道各类培训，并结合居民区实际情况，分析重点难点问题，共商治理举措。

达安花园小区针对小区停车难等矛盾问题，业委会于2019年年末修订表决通过了小区机动车管理新规约，并与物业规范了路面临停区域的划线和编号，物业对新进机动车进行排队登记等管理措施，有效改善缓解了小区停车难问题，基本保障了业主首辆车的有序停放，同时也规范了小区消防通道等禁停区域的长效管理。

图 2

三鑫花苑小区是人车分流管理，小区路面整洁无机动车，非机动车停放有序。小区内健身苑点、网球场、篮球场、儿童乐园等场所一应俱全（图2）。小区业委会于2019年年底换届成功，新一届业委会带领小区完成了三个规约的修订、物业管理公司续聘等几项重要工作，小区管理平稳有序。在小区“三驾马车”的共同努力下，2021年还为三鑫小区争取了一处用于居民开展自治活动的小区睦邻点，在此除正常开展居民喜闻乐见的各项文娱活动的同时，也与街道司法所合作，建成了法治宣传阵地，定期举办各类法律法规讲座，由律师接待居民的相关法律咨询，得到了居民的一致好评。

社区物业在管理中也不断建立健全相关管理制度，如结合垃圾分类实效管理工作中，达安花园是施行了楼层撤桶，三鑫花苑则是保留楼层垃圾投放，两家物业公司分别根据自身小区投放模式，制定了小区垃圾分类规范清运管理办法和制度；三鑫花苑物业管理公司根据居委会和业委会的日常监督反馈，优化了现有装修管理制度，完善后制定了新版小区装修户管理报备流程和物业专职巡查制度，以及相关的生活噪声、施工噪声等管理制度（图3）。

图 3

（2）主题宣传，多渠道开展绿色活动

居民区利用黑板报、宣传海报、小区电子大屏、居委公众号、小区业主群等宣传阵地，经常性开展科普环保、健康养生、绿色文化等主题宣传。结合两个小区的特点，分别组织开展科普讲座、绿化楼组活动、环保家庭评选、青少年爱绿护绿行动等活动（图4）。

图 4

图 5

物业公司在日常管理中也积极参与各类环保行动，如达安花园物业管理处每年会举办一场旧物回收公益活动，社区学生、小朋友将旧课件书或闲置读物进行捐赠换物，兑换学习用品，既增添了孩子们的爱心也增长了环保理念。三鑫花苑 12 号楼在楼组几位爱绿护绿居民骨干的牵头下，于 2018 年创建了绿化示范楼组，成立了居民自治小组，修订了楼组居民公约，将绿化环保、科普种植等元素融入其中。绿化楼组活动不但吸引了更多喜欢花草绿植的居民走出小家参与其中，通过开展各类主题活动还辐射到更多其他楼组和居民。

### （3）志愿先行，用热心培育社区氛围

居民区充分以志愿者队伍为依托，加强宣传和引导居民行为规范，培养良好的生活和行为习惯。同时，注重发展和扶持好不同年龄、不同效能的环保志愿者队伍：如垃圾分类志愿者，通过在垃圾投放点位的驻点值守和宣传，指导居民分类投放和误时投放处的引导；小区物业和业委会还有一支志愿者队伍，他们不定时地巡查或发现小区内未按规定乱丢垃圾的居民，先通过劝说纠正其行为，不予整改的情况会及时向居委会上报，协助开展上门宣传教育工作；辖区共建单位七一中学，每逢周五下午放学后，还会有一支学生志愿者队伍前往社区开展各类清洁家园、文明养宠宣传等行动（图 5）。

### （4）设施改造，全方位提升社区环境

居民区还统筹协调小区业委会和物业公司等单位共同参与绿色社区创建，利用好互联网 + 共治共享的多渠道的议事平台，开展社区治理协商沟通工作。积极配合市政设施等改造工作，如二次供水改造、生活垃圾分类箱房更新、节能照明节水设备更换、适老化无障碍通道设置等。达安花园业委会积极推动小区云梯和电梯阻车模块的安装，同时物业公司加紧安装了地下室电瓶车充电装置，有效杜绝了电瓶车上楼道阻碍逃生通道和楼道充电的火灾隐患。三鑫花苑积极推动试行了海绵化改造，利用景观喷泉水池收集利用蓄水辅助绿化养护工作。同时由于小区绿化面积较大，生态环境优良，因此物业在公共区域和垃圾投放点上增设安装了太阳能灭蚊灯，有效利用资源（图 6）。

图 6

## 创建成效

2021 年，达安花园居民区成功评选为上海市绿色社区创建示范单位。

2022 年在本市全面疫情防控的大环境下，达安花园居民区在继续做好绿色社区全面建设基础上，重点发动居民参与到防疫抗疫的各项工作中，涌现出了大量志愿者，在居委会的组织下，形成了楼栋与区块的志愿者团队，特别是党员志愿者充分发挥了先锋模范作用，使居民区的各项防疫抗疫工作得以较为顺利地开展。同时，由于达安花园居民区中居住有不少港澳台与外籍人士，在疫情防控期间，居委会也能与他们积极沟通，关心他们的生活起居，他们中的一些人也成为小区志愿者团队中的一员，为居民区的建设贡献力量（图 7）。

从社区秩序到宜居环境，从服务提升到智慧生活，从宣传动员到共享共治，绿色社区创建行动事关到每家每户每人。居民区将进一步加大环境整治力度，把创建绿色社区引向深入，让绿色理念、绿色生活根植于达安社区。

图 7

# 根植绿色发展理念　推进构建绿色社区

## ——静安区大宁路街道慧芝湖花园社区

## 社区概况

慧芝湖花园居民区位于上海市静安区大宁路街道平型关路1083弄，成立于2012年8月，辖区范围东临俞泾浦河，南临广中路，西临宝华现代城居民区，北临灵石路。慧芝湖花园居民区包括慧芝湖花园小区（商品房小区），分为一期、二期、三期，由37幢高楼组成，辖区实有户数3 429户。社区占地面积15万平方米，总建筑面积约40万平方米，绿化覆盖率达50.3%。慧芝湖花园居民区被评为2020年上海市先进基层党组织、2015—2018年市级文明小区、2013年首批市级自治家园、2022年区级绿色社区示范单位、2016年和2021年区级平安示范小区、2018年静安区“无违建先进居村”，居民区书记何静是静安区人大代表，荣获2020年上海市先进工作者、2021年静安区优秀党务工作者。居民区包含1个区级示范楼组、28个区级美丽楼组。

自启动绿色社区创建工作以来，慧芝湖居民区以建设美好家园为目标，努力打造新时期优美人居环境，贯彻落实以人为本的管理理念，大力开展环保工作，做到有方案、有部署、有检查、有考核、有成效，使环境管理深入社区生活实践。

## 特色工作

社区党组织是引领社区共建共治共享的组织载体。慧芝湖花园居民区设居民区党总支1个，党支部6个，党员295名，有37个居民小组，居民区楼组长85名，居民代表100名，志愿者队伍15支200余人。在绿色社区的创建过程中，将“慧声慧色”慧芝湖社区治理品牌和团队，融入绿色社区的创建中，形成具有慧芝湖特色绿色名片。积极倡导居民积极主动参与社区创建，增强环保意识，践行绿色发展理念，将空地打造成绿地。居民区通过实际行动，探索具高层特色的垃圾分类工作新格局、打造绿色发展的生态阵地。

（1）倡导绿色健康生活，打造绿色名片

慧芝湖花园居民区具有多处功能性空间，如老年活动室、青春社区活动室、科学宣传活动室、文艺活动室、康复训练室等9个活动室。结合绿色社区创建工作，居民区进一步整合活动室资源，打造绿色发展的生态阵地（图1）。

依托“慧声慧色”慧芝湖社区治理品牌，成立党员志愿者团队、清清护河志愿者团队、群防群治志愿者团队、慧夕阳为老服务志愿者团队、垃圾分类志愿者团队、慧青春青年志愿者团队、交通安全志愿者团队等多支团队，共计志愿者150余人，为绿色社区创建活动提供了有力的组织保障和人力保障，确保了绿色社区工作的顺利开展。

例如：社区开设了“周五公益集市”，由志愿者为居民提供理发等便民服务，发扬“奉献、友爱、互助、进步”的新时代文明精神；清清护河志愿者每日开展河道巡逻，对小区周边河道环境整改，使居民深刻认识到优美环境的重要性；通过每周四开展爱国卫生运动，倡导“做文明市民，创绿色社区”的思想；通过学习专题讲座、专栏宣传组织居民群众学习相关环保法律法规知识、学习绿色社区要求、居民公约增强居民环保意识（图2）。

此外，为丰富社区群众文化生活，激发健康向

图 1

图 2

上的精神风貌，社区组建慧芝湖舞蹈队、合唱队、戏曲队、口琴队、旗袍走秀队等群众喜闻乐见的群团组织。每周开展团队活动，在社区重大节日期间，社区发挥其宣传作用，寓教于乐，广泛向居民宣传绿色生活理念，培养居民绿色文明的生活习惯。广泛开展社区关怀、绿色环保、学习雷锋、助老助残的志愿者服务，开展丰富多彩健康向上的社区文化活动，力争活动形式、内容创新。

通过生态阵地让社区居民能在慧芝湖花园这个大舞台，展现自己的才能，释放自己的力量，树立一种乐意为人、无私奉献的精神，为自己美丽的家园做出贡献。

（2）开展垃圾分类全覆盖，营造生态社区

慧芝湖居民区于 2019 年实现垃圾分类全覆盖，设有垃圾箱房 2 个（一期、二期 1 个，三期 1 个）。自 2019 年 7 月《上海市生活垃圾管理条例》实施以来，通过听取政府工作指导、第三方专业意见，慧芝湖居民区通过社区实践，探索具高层特色的垃圾分类工作新格局。

在垃圾投放上，慧芝湖一期、二期采取的是楼层加桶的分类管理方式。垃圾分类实施以来，居民区多次组织楼组长、志愿者，按楼层巡查楼道垃圾分类情况，对于分类有误的楼层第一时间上门劝阻，并引导其正确投放。慧芝湖三期采取的是定时定点投放的分类模式，每日由社区工作者、志愿者团队到投放点位巡查垃圾分类情况，并收集居民意见，以及时改进工作中的不足之处（图 3）。

图 3

（3）推进楼组建设品牌，打造绿色楼组

自推行美丽楼组建设以来，慧芝湖花园的颜值在悄悄提升，走进楼组大厅、楼道都能倍感温馨。经过长期探索，居民区组建形成了具慧芝湖特色的楼组建设品牌——公共客厅·楼群“治慧”。

小区楼栋之间两两相连，对于“姐妹楼”的创建有着得天独厚的优势，这个启发源于最活跃的楼栋 11、12 号楼。逢年过节，楼里就开展包元宵、包粽子、包水饺等活动，香味四溢；睦邻点里经常围坐一团，话话家常谈谈心。此外，楼组群里也是热闹非凡，对于楼里发生的事情和发现的不文明现象，居民积极讨论，表达态度。在慧芝湖党总支领导下，居委会组织楼组居民首先从共同修订居民联合公约开始，在两栋楼大堂，开展了“我承诺、我遵守，美丽楼组我守护”的签名活动。居民对于“高空禁止抛物”“文明养犬”“垃圾分类”等内容都纷纷点赞，并承诺自己会遵守公约。目前 11、12 号楼的《联合居民公约》醒目地耸立在两个楼的公共空间，成为居民共同行动的新纲领。

有了 11、12 号楼的典型，慧芝湖居民区进一步延续这一楼群模式，依托楼组自治会，以建设个性化楼组，打造楼群共享空间的模式，实现阶梯式自治。在此基础上，以 10、18 号楼为试点，探索楼组公共厅建设。首先，明确公共客厅主题、特色等；其次，根据楼组需求制定客厅公约；最后，结合公共客厅布局，增添便民角，根据便民人员安排表提供个性化的服务，包括便民理发、调解邻里矛盾、孤寡老人送快递等服务，使服务群众更加便捷。

公共客厅不仅为该楼组的居民开放、使用，同时也对其他楼组开放，不仅为居民提供了活动的场所，丰富了居民日常生活，而且还通过各种协商活动、自治活动，将其打造为楼群、社区居民共享的自治空间（图 4）。

（4）空地变绿地，社区圆梦微改造

慧芝湖居委会门前有一块空地，小区分期建设中，被开发商用来堆放建筑垃圾，后面小区全部交付使用后，又被开发商借给物业作为小区废旧垃圾回收点，严重影响环境和市容市貌。后在居民的强烈反对下，这块空地被收回，但由于地面坑坑洼洼，又不是特别规则，一直没有派上什么用场，不仅光秃秃的与小区整个环境格格不入，还经常被快递小哥占用分拣快递，偶尔还有流浪人群过夜，带来了极大的安全隐患。居民们个人或者通过团队活动都提到了这个问题，希望这块空地能够尽快改造，提升品质。

街道根据进一步提升微改造建设的需求导向和过程导向，开展“我的社区我的梦”微改造创意设计大赛。慧芝湖花园居民区通过走访，排摸居民改

图 4

造意愿，收集改造建议，多次召开听证会与联席会议，在充分征求居民意见基础上，大家一致敲定：将空地变绿地，增加人文、绿色气息。第一时间申报了门前空地作为改造需求点位。

在街道的大力支持和联系下，和区绿化局形成共建关系，统筹资源，整合力量，由绿化局带资为老百姓促成了这个项目的落地。现在，这块绿地，路过，是一道美丽的风景，休憩，是心灵放松的港湾，更是室外公益活动的首选场所。

## 创建成效

慧芝湖居民区围绕绿色社区创建工作，完善了“绿色社区”管理网络，实行了分块责任制，抓好了生态环保工作，建立了长期保持社会环境管理体系和环保公众参与机制的制度，从而为生态文明建设提供保障，有章可循，有序开展，形成人人参与、人人健康、人人安全的良好氛围。

在垃圾分类工作中，通过慧芝湖居民区的宣传推广，积极引导，营造出了人人关心垃圾分类、践行垃圾分类的良好氛围，让“绿色、低碳、环保”的理念深入人心，促使小区内每一个居民都能够积极参与到实践垃圾分类的行动中来，从而不断提高小区居民自觉爱护环境卫生的意识，养成垃圾分类的好习惯，使垃圾分类行动渐渐走进千家万户，走进居民的心里。

在针对全人群服务中，小区内还有这样一群来自五湖四海的老人，他们急于融入小区但因面临语言不通、文化差异、习俗不同、社会网络缺失等原因而却步不前。居民区党总支以党员志愿者为主体，开展了与“漂老族”结对服务的“睦邻共治情系漂老族”“快乐一家人”的项目活动，为“漂老族”提供各种互助服务，举办各类活动与讲座，让他们了解上海、熟悉环境，增进了对小区的认同感、归属感，尽快融入社区。而小区里的年轻家庭会前往慧芝湖居民区静邻一家党群服务站推出的如“烘焙小课堂”“自然课堂”“情商训练营”“绘本阅读”“科学养育吧”等一些创新十足的活动，让社区各年龄阶层都能在社区获得高质量的服务，增加对社区的感情，为他们参与社区治理打下基础，营造良好的社区环境。

# 秉持为民服务理念　打造高品质绿色社区

## ——静安区临汾路街道临汾路 375 弄居民区

## 社区概况

临汾路 375 弄居民区是建于 1987 年的售后公房小区，由临汾路 375 弄和阳曲路 181 弄两个居民区组成。临汾小区是一个有着光荣历史的小区，1996 年以来，江泽民、胡锦涛、朱镕基、乔石、丁关根等多位党和国家领导人先后视察临汾小区，江泽民同志为小区亲笔题词，黄菊、徐匡迪等数任市委市政府领导多次来临汾小区视察指导工作。1995 年 3 月临汾小区成为上海市首批文明小区延续至今，2012 年至今被评为市级平安小区，2021 年被评为市级绿色社区（图 1）。

## 特色工作

（1）建设和谐人居环境

多年来，居民区党总支、居委会始终秉持为民服务理念，积极发动社区党员群众骨干，特别是发挥楼组党建的力量，为群众搭建发挥自我管理能力的平台，提高居民自治意识。坚持楼组建设不放松，通过“星级楼组”“美丽楼组”等创建工作，逐步培育居民的自治能力，营造和谐的社区氛围，树立“小区是我家，建设靠大家”的理念，做到了临汾小区 46 个楼组“美丽楼组”创建全覆盖。

在“美丽家园”项目建设中，临汾小区的自治

图 1

平台——“红星微论坛”先分别听取社区各类人群的不同需求，然后汇总、沟通、分析、确立社区居民需求。同时为进一步改善居民的居住环境，结合社区居民的需求协商研究，确定小区目前急需的改造内容，通过楼组长每家每户上门意见征询，将征询结果通过居民代表会议讨论并形成决议，在社区里进行公示，真正做到“美丽家园”建设，居民百分百知晓，百分百参与。

图 3

### （2）推进基础设施绿色化

在“美丽家园”项目中实施雨污水分流改造，雨水可以通过雨水管网直接排到河道，污水需要通过污水管网收集后，送到污水处理厂进行处理，水质达标后再排到河道里，这样可以防止河道被污染。大大提升城市的环境质量、城市品位和管理水平，切实改善广大市民群众的生存环境和生活质量。架空线入地整治，还小区道路整洁，使老小区告别空中“蜘蛛网”，小区环境更加赏心悦目（图 2）。

图 2

### （3）营造社区宜居环境

2020 年，临汾路 375 弄居民区以“美丽家园”项目建设为契机，对绿化进行了更为合理的布局，增添了绿化小品，四季花开，绿树成荫。对健身设施进行了全面的更新，增加了休闲座椅，吸引了老年人走出家门，晒晒太阳，唠唠家常。铺设了柏油路面，重新规划机动车停车位，新增停车位 10 个，车辆停放更有序，缓解了老小区停车位紧张的问题，确保消防通道畅通（图 3）。

临汾路 375 弄居民区对党建引领下的自治创新作出积极探索，在小区推行批量加装电梯，解决悬空老人上下楼难题，进一步改善居住条件，提升生活品质。目前，临汾小区投入使用的电梯共有 23 台，正在施工的有 4 台，已经进入审批流程的 5 台，全小区 35 个具备条件的楼组，已有 32 个达成加装的共识，预计加梯比例超过 90%，越来越多的居民享受到了电梯带来的便利（图 4）。

图 4

2022 年，居民区内还有了上海第一个社区不打烊服务区（图 5），在小区里就能遇到 15 平方米的空间“数字小屋”，家门口就可以办理个人业务的“一网通办”自助机、AI“一分钟诊所”线上找名医、水电煤缴费一体机、网上图书馆以及受家长和孩子们欢迎的共享打印机，这些都是面向居民 24 小时开放（图 6）。还有沉浸式“家庭养老样板间”，如可以记录老人生命体征的智慧床垫、在厕所间触手可及的“救命铃”、可以声音控制的房间开关，可

图 5

图 6

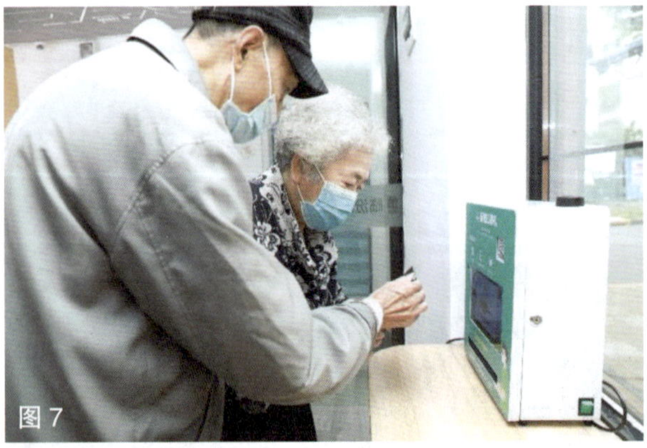
图 7

以手写的电脑，以及烟感、气感、水浸感应、一键呼叫 SOS 等“智能七件套”（图 7）。

（4）培育社区绿色文化

为让孩子们也能充分感受“城市，让生活更美好”，从小培养参与社区治理意识，临汾路 375 弄居委会妇女之家开展了亲子活动——小小园艺师体验之旅。

社区内的绿植品种共有四十余种，其中，小区内种植的槭树更是格外有特色。在活动中，上海自然萌教学总监、自然讲师、自然导赏员李蒙羽首先以“我的植物邻居”为主题，通过做游戏、自然导赏的方式向小朋友们一一进行了介绍，希望孩子们可以爱护每一株植物，与它们交朋友，从而共建绿色社区、美丽家园（图 8）。

图 8

## 创建成效

临汾路 375 弄居民区将绿色发展元素融入社区建设，让居民真实感受到环境更美了，生活更便利了，越来越多的居民践行文明、节约、绿色、低碳、循环的生活方式，人人都是生态环境的保护者、建设者、受益者，实现了社区人居环境整洁、舒适、安全、美丽的目标（图 9）。

图 9

# 践行“四个特别”精神 打造宜居绿色社区

## ——静安区彭浦新村街道彭三社区

彭三社区认真贯彻执行市级、区级及街道关于绿色社区创建的工作要求，结合彭浦新村街道城市精细化管理相关制度，发扬彭浦新村“四个特别”的精神，积极推进绿色社区创建工作。

## 社区概况

彭三居民区成立于1959年，辖区范围：共和新路以东、临汾路以南，平顺路以西，闻喜路以北，面积10.72万平方米。包括彭三小区（北安物业服务）一个自然小区，辖区单位4个。现有72个居民小组。居民实有户2 684户（户籍2 684户），实有人口2 787人（户籍8 018户），低保195人，残疾421人，侨联50人，优抚15人，精神病患者71人，失独家庭22户，60岁以上老人3 935人（90岁以上108人、100岁以上2人），独居老人家庭299户，纯老家庭234户（图1）。

彭三社区始建于20世纪50—60年代，起初建设的都是二至三户居民合用一套厨卫的非成套公房，当时是工人模范代表才能住进来的“好房子”。

图1

但随着时代变迁，历经半个世纪的时间，这些房屋面积狭小、阴暗潮湿、破损老化，部分房间常年晒不到太阳，每逢大雨，住在五层顶楼的居民家屋顶经常渗水，住在底层的居民家则地势低洼、下水道堵塞而经常“水漫金山”。邻里之间煤卫合用，经常因鸡毛蒜皮的小事发生矛盾（图2）。

2007年10月，在区委区政府的关心支持下，彭三社区旧住房成套改造启动立项，分五期建设：一期为改扩建改造，其余四期为拆除重建改造，实施让“旧房变新楼”的“拆落地”措施。到2022年3月彭三五期按照计划回搬，实现了老百姓“独

图2

门独户”“旧房变新楼”的美好愿望。

目前彭三社区共有多层住宅 65 幢，高层住宅 12 幢，新房在环保、节能等方面严格遵照现行建设行业规范，百姓生活质量大大提高。彭三的发展充分体现了党和政府把满足人民日益增长的美好生活需要当作我国发展的首要任务，也满足了居民对绿色、环保和可持续发展生活状态的追求（图 3）。

图 3

## 特色工作

### （1）完善社区各类基础设施，营造社区宜居环境

彭三社区旧住房成套改造项目在设计初期就坚持“以群众为主体”的理念，改造完成后，社区供水、排水、供电、弱电、道路、供气、消防、生活垃圾分类等基础设施全面提升，社区内消防、救护通道通畅，各类社区绿地、公共活动场所、小型运动场地和居民休憩点布局合理。机动车和非机动车停车管理有序（图 4）。同时，彭三社区依托社区内部的彭浦初级中学、静安图书馆、彭三老年食堂和彭三睦邻中心这些便利条件，打造了 15 分钟社区生活圈。彭三社区还积极发动热心居民参与志愿活动，成立了彭三护绿队、核酸检测志愿者团队等特色自治团队，小区居民有了从未有过的获得感和幸福感。

图 4

### （2）积极开展社区垃圾分类全覆盖，夯实绿色社区生态底色

彭三社区自 2018 年 8 月以来为开展垃圾分类成立了一支 20 人的社区志愿者队伍，最多时达到 32 人，其中三分之二是社区党员。按轮班制度进行垃圾分类的督导和扫码值班工作，总计服务了约 26 万个小时，绿色账户积分达 350 万分，先后 4 次开展线下社区绿账积分兑换工作（图 5）。

2018 年 2 月以居民区党总支为主干建立垃圾分类组织架构；3 月起试点第一个分类投放点位，开启宣传发动、推行绿色账户，安排志愿值守；6 月完成室外投放点位归并和撤桶，纳入定时定点投放

图 5

点；2019 年 6 月完成高层的楼道撤桶，引入两网融合；9 月完成中心小花园智能细分垃圾分类投放点和大件垃圾及装修垃圾箱房建设。垃圾分类工作推进过程中，注重人性化便捷化设计，“环境洁、无异味、投放便、不绕路”是街道和居委会一直坚持的准则。2019 年 9 月引入除异味装置，从压制型药剂升级到降解型植物提取液，从可见药滴喷洒升级到极细雾化飘散，从手动开机喷洒升级到自感应喷雾，从人工检查装置升级到“一网统管”远程监测。异味扰民已经趋于无，箱房的环境越来越好，老百姓的满意度越来越高，垃圾分类的实效也随之步步提高。同时引进第三方爱芬环保。在听取各方意见的同时有序开展各项工作。

### （3）着力打造社区自治品牌，营造宜居温馨彭三

彭三社区作为旧改小区，硬件设施的不断完善让居民们感受到了宜居家园，如何更好地提高居民们日益增长的生活需求是社区工作的重点。因此，历年来不断向居民强化“共建共治共享”的社区治理理念，以美丽楼组建设为载体，加强居民自治共享的意识，激发居民参与社区自治的热情，截至目前彭三社区美丽楼组已建成四十余个，更多的居民愿意主动参与到社区事务的处置中来（图 6）。

随着居民自治热情的上升，更多以前不容易开展的工作也不断推进，2021 年 6 月在社区和街道的共同努力下，经过居民意愿征询彭三社区增加了 6 处非机动车充电车棚，共 70 个充电点位，大大减少了居民楼道充电的安全隐患。

2022 年 10 月，在区房管局的支持下完成了针对彭三社区 1 ~ 3 期已旧改完成房屋的 17 项修缮意愿征询工作，征询同意比例远远高出生效要求。目前彭三美丽家园项目已经立项，于 2022 年上半年开工。该项目的落实将继续提升 1 ~ 3 期旧改居民的生活品质，打造一个更绿色更宜居的彭三社区。

### （4）完善为老服务设施建设，营造社区宜居环境

彭三社区旧住房成套改造共分为五期，由于一期最早只是改建了煤位独用，大多数还是 6 层楼的房屋结构，为了让居民们早日圆了加梯梦，彭三居民区党总支、居委会秉持业主自愿、政府扶持、能装尽装的原则，先后多次召开楼组长会议、党员大会、居民代表大会等，逢会必讲，积极宣传相关加梯政策，同时要求广大党员带头，争做楼道加梯小组的带头人。彭三社区于 2021 年 1 月召开整小区征询，经过反复沟通已达成 4 台电梯加装意向，其中已经开工 2 台。此项民生工程得到了广大居民的认可与支持（图 7）。

同时，彭三社区自筹自建，自养自管对社区公共空间的扶手围栏和绿化带进行整修，增设无障碍坡道，优化无障碍通行路线，在社区活动室安装爬楼机，让更多行动不便的居民享受到了社区环境提升带来的生活品质的提升。

图 6

图 7

（5）充分落实“林长制”各项制度，推动绿色社区高质量发展

彭三社区积极落实街道于2021年发布的“林长制”实施方案，认真对照方案开展各项工作。首先，对照街道实施方案明确了物业公司、业委会等各方责任。其次，把“林长制”巡察与社区日常网格巡察相结合，发现问题及时整改，整改有困难的及时上报职能部门进行处置。再次，加强绿化建设工作，结合彭三五期居民回搬，在社区周围沿路设置七十个花箱，既方便了社区精细化管理，又提升了社区整体环境。最后，持续加强“林长制”工作宣传力度，通过楼组长会议和党小组会议等多种渠道，向居民宣传“林长制”政策、普法《上海市绿化条例》，科普野生动物保护等绿色发展知识，同时接待居民问询，为居民解答大树扰民修剪、绿化病虫害防治、小区绿化调整、家庭养花诀窍和家养野生动物保护等具体问题。彭三社区通过积极踏实的工作，激发了“林长制”的制度活力，也推动了绿色社区工作的高质量发展（图8）。

图8

## 创建成效

（1）注重示范引领，坚持党建引领

彭三居民区党总支充分发挥战斗堡垒作用，发扬彭浦新村特别能吃苦、特别能奉献、特别能战斗、特别能忍耐的“四个特别”精神，带领212名党员和10名居委干部以高度的责任感、使命感，满怀深情为政府分责、为群众解忧，努力完成建设美丽彭三的工作，向社区群众交出了一份优秀的答卷。

（2）利用现有沟通议事平台，提升社区自治能力

彭三社区坚持把楼组自治作为自治工作的最小单元，通过做实楼组，凝聚居民共识，强化社区参与。此举较好地培养了居民主人翁意识，既有助于社区环境综合整治，又有助于住宅电梯加装等各项重点工作的推进。同时，彭三社区经过多年自治探索形成了“深耕”式自治模式，逐步建立了自己的自治平台项目和品牌，为形成社区共识提供了概念基础，为社区自治常态化提供了环境支持，为社区的持续发展提供了机制保障。

（3）树立绿色社区理念，培育社区绿色文化

彭三社区积极向社区群众宣传绿色社区理念，依托党建引领下的居委、物业、业委会和志愿者团队的“共治”模式，结合基层党建共建垃圾分类工作新格局，从而形成了具有本居民区特色的社区垃圾分类工作联盟体系。同时，彭三社区通过垃圾分类科普培训、培育社区园艺师、小手拉大手、带领居民前往生活垃圾处理终端参观、开展两网融合回收活动、开设酵素制作课程、推进小区开展绿色种植活动、开展社区堆肥等各式各样的活动，积极宣传社区绿色文化、树立绿色社区理念，使居民群众更好地享受绿色生活。

# 4

# 徐汇区

## 优秀示范案例

# 建设美好家园　创建绿色社区

## ——徐汇区华泾镇徐汇臻园社区

## 社区概况

徐汇臻园居民区成立于 2007 年，辖区面积 11.4 万平方米，居民住宅高层 22 栋，叠加 27 栋，别墅 163 栋，住户 826 户，户籍人口 1 649 人，流动人口 343 人。徐汇臻园党支部现有支委 5 人，其中书记 1 名（图 1）。

图 1

## 特色工作

### （1）建立健全社区人居环境建设和整治机制

为推进徐汇臻园小区生态环境保护绿色可持续发展，不断满足社区居民对美好环境和幸福生活的向往。推动社区最大限度地节约资源、保护环境。徐汇臻园社区居委创建了以居委书记担任组长的绿色社区创建工作领导小组负责组织协调绿色社区创建行动，统筹推进绿色社区创建。居委会同物业及时研究、协调解决绿色社区创建行动，确保行动落实落地。细化社区人居环境建设和整治机制、推进社区基础设施绿色化、营造社区宜居环境、提升社区信息化智能化水平和培育社区绿色文化 5 类标准要素，确保责任落实到位、任务按期完成。

### （2）推进社区基础设施绿色化

在小区的东西门处设置小花坛，摆放造型各异的小绿植，在小花园处设置网格支架，种植攀爬植物，把因综合治理减少的绿化通过垂直绿化的方式进行补充。还将在小区的角落进行适当的补种绿化。结合垃圾分类，把厨余垃圾变废为宝，作为花肥，减少垃圾的运出量（图 2）。

图 2

（3）营造社区宜居环境

徐汇臻园社区居委通过小区综合治理改造因地制宜地开展了社区人居环境建设和整治。合理布局和建设各类社区绿地、公共活动场所、小型运动场地和健身设施。合理配建停车及充电设施，优化停车管理，畅通消防、救护等生命通道。进一步规范管线设置，加强噪声治理。针对新冠肺炎疫情，补齐在卫生防疫、社区服务等方面的短板。

（4）提高社区信息化智能化水平

在以往居委护绿宣传常采用线下开办讲座、张贴海报等传统方式。现如今居委干部们也充分利用线上、多媒体平台来开展活动。居委通过建立骨干志愿者微信群，把所有活跃的志愿者和党员都加入微信群中，社区各类事务及时发布，让他们对小区动态有一个直观的了解。同时将社区议事的环节穿插在活动中，让活动的内容变得更加丰富，并且让居民乐于参与到社区治理中来。

（5）培育社区绿色文化

徐汇臻园社区居委邀请居民骨干为大家讲授绿化的种植、养殖方法技巧。以座谈会的形式促进小区花迷之间的经验交流。并依靠这些花迷将爱绿、护绿的理念传播给更多居民。在暑假通过“美丽楼道”装饰画征集活动等以“绿色”为主题的活动，让小区内的孩子们亲近大自然、感受大自然，培养孩子们的绿色环保意识与动手能力。通过海报宣传、开展普及绿化知识，凝聚小区居民的护绿理念（图 3）。

（6）创新特色项目

徐汇臻园社区居委开创了“花迷会”的自治项目，围绕“爱绿、护绿、创绿”的总体目标，通过居民行动共建绿色社区，针对小区因停车矛盾问题在综合治理中减少的绿化进行合理优化。并通过树立美丽楼道的典型，以点带面，带动居民参与，培养社区自治意识（图 4）。

图 3

图 4

## 创建成效

徐汇臻园社区居委在绿色社区创建活动中，投入了大量的人力、物力和精力，也取得了一定的成效。我们将以考评验收为新的起点，相信在各级政府的领导下徐汇臻园社区居委的绿色社区创建一定会成功，今后我们居委工作更要跨前一步，跟上华泾镇“十四五”规划发展建设的新机遇，把社区建设的步子迈得更大、走得更快，切实加大环境治理力度，继续实施绿化美化、绿色社区、文明形象等系列民生工程，把创建绿色社区工作引向深入。

# 贯彻绿色发展理念　携手共建绿色社区

## ——徐汇区湖南街道新乐居委社区

### 社区概况

新乐居民区东临襄阳北路、西达富民路和新乐路、南至东湖路、北接长乐路与静安区相邻，占地面积为 95 400 平方米。除了有高档的涉外楼盘、商品房小区、售后公房，其余均是煤卫合用的花园洋房和里弄房屋，是一个标准的混合型小区。辖区内有 6 处文物保护建筑、5 处优秀历史保护建筑，其中东湖宾馆、东正教堂、首席公馆等建筑驰名中外。永不拓宽的新乐路、层出不穷的买手店，孕育了这片区域新潮又中古的文化氛围。整个居民区特点是老年居民多、外来人员多、驻区单位多（图 1）。

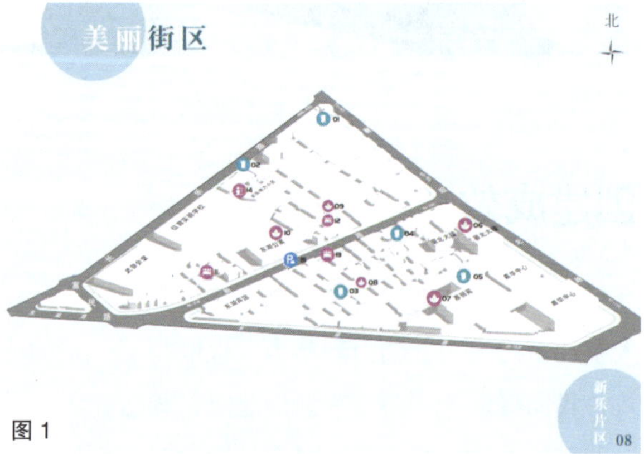

图 1

### 特色工作

新乐居民区在湖南街道党工委、办事处的指导下，以小区为单元划分网格，用党建这根“红线”把各方主体贯穿起来，为绿色社区的创建打造“主心骨”。新乐居民区注重挖掘“能人”“牛人”参与家园治理，成立民主议事决策机构，并形成“1+1+X”工作法则，即党建引领“1”个宗旨贯穿始终、建章立制“1”套制度落实到位、群策群力“X”方联动协商共治。成员由居民区党总支书记、居委会主任、社区能人达人、骨干志愿者、楼组长、物业经理、业委会主任、弄管会主任、街道联络员、群文团队负责人、社区单位和商铺代表组成，负责居民区重大事项的决策、项目跟踪、服务质量的评议与监督等。居民的事有了大家管，在常规会议和诚邀会议的平台上，通过充分的民主议事、民主协商，将民生实事议题进行梳理，实现了党建引领下的社区治理创新模式（图 2）。

图 2

### 创建成效

**（1）多方并举焕新力，居民自治共创绿色社区**

颐德坊始建于 20 世纪 30 年代目前是邮电物业委托衡复物业代为管理，由于没有门卫，五道铁门成了守护居民安全的硬件设施。然而从早到晚总会有叫卖、收废品、酒醉闹事等闲杂人员进出小区，进出不关门，加上铁门年久失修破旧不堪，容易造成生命财产安全隐患。加之疫情防控工作常态化需要，小区是否能够实现封闭管理模式不仅是居民的强烈期盼，也成了居民区党总支和居委会精细化管理上的痛点。

为了解决这一痛点，居民区党总支主动跨前牵头召集居委、物业、弄管会成员和社区商铺代表召开老旧铁门升级改造议事会并成立工作小组，协商决定将老铁门拆除，安装新式密码门禁铁门，费用实行“政府出一点、居民出一点”的方案。工作小组主动作为积极开展征询工作带领楼组长们利用晚上和周末时间挨家挨户上门告知和征询意见。经过一个月的努力，征询同意率达到90%以上，新铁门于2021年3月15日正式运行。此次颐德坊旧铁门升级改造作为新乐居民区党总支积极发掘和培育居民自治能力的生动实践，扩大社区党员、楼组长、弄管会成员和社区商铺的自我管理规模，通过社区党员带动作用，活化社区参与氛围，引导居民和商铺参与小区公共事务，搭建小区多元主体的沟通和参与平台，协力提升居民公共意识和治理能力，在居民区内营造共同价值观、规范和氛围（图3）。

图3

### （2）同心合力换新颜，争创老年人宜居的绿色社区

电力小区是一个建成于1997年的钢混结构老式房屋小区，小区内60岁以上的老年居民占比达到90%以上，居民区党总支和居委在长期的基层工作中已经对电力小区的需求了如指掌，在街道相关科室和房管所的指导下，依托基层党建引领，成立了以居委会、业委会、物业及部分居民党员代表组成的加装电梯工作小组，作为街道加装电梯的首吃螃蟹者，新乐居民区加装电梯工作小组，总结分析了反对加装电梯的居民的意见，先做好知己知彼的准备。工作小组在征询意见时坚持不“道德绑架”、不破坏邻里关系的原则。对个别反对强烈的住户，一人一户优化工作方案，由所在楼组长、志愿者等带领工作小组上门，动之以情晓之以理，耐心劝导居民，针对加装电梯的方案，多方携手，听取不同意见，优化设计方案，打消居民顾虑，现已正式交付使用。同时，电力小区也迎来十年大修的好日子。新乐居民区坚持党建引领，充分发挥多元主体作用，搭建相关平台，诚邀物业、业委会、施工队、监理、学校代表协商。工程队对建筑屋面、天沟、外立面、给排水和小区附属设施等进行了全面改造提升。项目充分尊重了居民和辖区单位的意见与需求，在方案设计、施工监督、项目验收、长效管理等各个方面都确保了各方全程参与，最大限度与大家达成共识，离绿色社区的目标更近了（图4）。

图4

（3）齐心协力破难题，共享和谐绿色家园

“老小区停车难，难于上青天。”随着新乐片区一体化物业管理的落地，由于物业管理服务能级的提升导致公共空间多了，环境优美了，停车位问题又成了大家热议的话题。在一次工作例会上，居民提出了关于东湖路56弄的停车问题，经东湖宾馆、新花城餐饮、物业、弄管会代表和居民代表共同参与，协商出台《东湖路56弄停车管理及收费方案》，有效减少“僵尸车”，增加“换停效率”。经过公示后，目前该停车管理和收费方案正顺利实施并为其他小区解决停车难提供可复制的样本。通过集众智、聚众慧，解决了老旧小区停车管理难的问题。

（4）用现代化科技打造安心、省心、暖心的绿色社区

互联网时代，智能元素随处可见，就连社区管理也走起了“科技范”。社区智能安防系统的安装升级，提高社区信息化、智能化水平，为小区平安夯实基础，并积极搭建社区公共服务综合信息平台。推动多层和高层住宅安装智能化门禁系统，保障居民进出安全；为辖区内部分无人看守的弄堂安装监控探头，设置公共服务设施智能化网络，助力社区平安管理，保卫居民人身财产安全。各小区出入口的“数字哨兵”系统为筑牢疫情防控提供了首要的安全保障。从而，让“人防＋技防”对绿色社区的创建起到了关键性作用。

（5）强化宣传，助推绿色社区创建

在社区内积极宣传生活垃圾分类、节能减排、光盘行动、食药安全、清瓶行动等相关知识，通过出黑板报、张贴宣传画、邀请社会组织以及共建单位等举办专题知识讲座等传统方式，同时利用互联网新媒体途径，通过微信居社互动平台发布信息，整合传统媒体、新媒体宣传方形成合力，大力宣传动员绿色生活新理念（图5）。

图5

# 根植绿色发展理念 推进绿色社区创建

## ——徐汇区漕河泾街道馨逸公寓社区

## 社区概况

馨逸公寓位于上海市徐汇区漕河泾街道，是市级公租房项目，紧邻上海南站，南至南宁路，西至宾南路，北至宾阳路。小区总建筑面积20万平方米，共计32个门栋、3 065套房源，其中一房占比45%，每套41～49平方米，二房占比55%，每套51～63平方米，车位600余个，社区内多以公司租户为主，如机场、法院、学院、医院等单位。入住社区的单位多，人口复杂，具有明显的“低利益关联、高流动性、高异质性”特点，租户对公寓的归属感低，是公租房治理面临的难题（图1）。

一直以来，漕河泾街道馨逸公寓社区依托公租房党支部、申城物业、城方租赁住房运营公司的各方合力，在漕河泾街道的关心指导下，推动公租房社区治理体系建设，不断提高社区治理能力，把联系服务社区居民作为馨逸公寓社区工作的重点，共同建设绿色文明和谐的社区。

图 1

## 特色工作

（1）建立健全社区环境建设的整治机制

建立、完善绿色社区创建的长效管理机制。馨逸公寓社区为市级公租房社区，将社区治理能力建设融入绿色社区创建全过程，以党建引领为抓手，以社区三会制度为着力点，积极探索以共商共建共治的工作思路，建立以党支部牵头，居委干部、物业公司、经租管理公司、住户单位代表、社区志愿者代表等成员组建的绿色社区创建工作小组，融合公租房社区治理特点开展绿色社区创建工作（图2）。按照上海市绿色小区创建新版标准，在漕河泾街道管理办的领导和指导下，充分发挥社区居民公约、社区三级议事协商制度开展、提倡“社区环境的长期建设需在每位社区居民的身边”。结合社区疫情防控工作，将物业服务真正引

图 2

图 3

领至社区居民前，由社区志愿者组建的各支楼栋志愿者及时反馈社区居民的各项问题，真正做到每位社区志愿者时刻肩负“美丽馨逸”任务。

### （2）打造社区宜居环境

多方建设，全面保障馨逸公寓社区环境品质。社区基础配套设施完善，在基于社区反馈机制上，开设绿色社区创建工作小组会议，将社区居民热烈反馈的议题放在首位讨论，如馨逸公寓在首次实行生活垃圾分类后，将原先的32个投放点调整为两个时段、两个临时投放点。为方便租户分类投放生活垃圾，经与会商讨并同意，漕河泾街道与经租中心、物业联合推出“社区垃圾分类巡游销销车”，每天下午增设1.5小时的临时垃圾投放时间，深受社区居民的喜爱，邀请青年社区居民拍摄社区垃圾分类主题海报，丰富社区环境保护宣传形式，使垃圾分类理念广为传播，管理更为精准有效。联动社区智能安防系统，提高技术防范和管理服务水平，提升社区居民的幸福感与安全感（图3）。

馨逸公寓社区各楼组美丽楼道建设更是融入社区居民智慧，如社区内的4号楼不仅是社区内首个收获“美丽楼道”称号的楼组，还具有海纳百川、人才辈出特色，在楼栋组长付玉珍的带领下，不仅组建、带领楼栋志愿者团队，更是有青年志愿者踊跃加入，为社区居民保驾护航；考量增设公共设施的便民性，为此增设楼栋“馨愿椅”，方便社区居民停留片刻，提升社区居民凝聚力，推进美丽楼道建设。

### （3）培育社区绿色文化

构建社区绿色文化，倡导社区居民选择绿色生活方式。依托馨逸公寓社区志愿者团队、自治团队，定期组织绿色生活专题讲座、专栏宣传学习相关的环保法律法规知识、学习绿色社区居民基本要求、居民公约等，宣传垃圾分类、低碳行动，倡导居民家中都要自觉使用清洁环保能源，增强节水、节电的意识（图4）。

把解决公租房社区的治理难点和满足租户群体的现实需求作为工作的出发点，按照集约、融合、灵活的原则，漕河泾街道创新建立以公租房租户群体为主要服务对象的馨空间党群服务站点，以站点为导向，积极开展各项主题宣传教育活动，按照“灵活机动、错峰就近”的原则，组建青年力量参与清洁家园活动，让绿色理念扎根到每位社区居民心中，积极倡导绿色、环保、健康、友好的社区生活（图5）。

图 4

图 5

## 创建成效

馨逸公寓将绿色发展理念贯穿社区设计、建设、管理和服务全过程，以简洁适度、绿色低碳理念，推进社区人居环境提升。同时，馨逸公寓社区居民积极投身社区的各项建设，提高了参与社区事务的主动性，许多居民自发成为小区志愿者，垃圾分类、维持活动秩序、布置馨空间、整理书籍、清洁家园等，志愿服务的主力军不再是老年人，这群充满活力的年轻居民俨然成为馨逸公寓社区一道美丽的风景线。

馨逸公寓将继续以站点为导向，积极开展各项主题宣传教育活动，按照“灵活机动、错峰就近”的原则，组建青年力量参与清洁家园活动，让绿色理念扎根到每位社区居民心中，积极倡导绿色、环保、健康、友好的社区生活（图 6）。

图 6

# 增进民生福祉　提高生活品质

## ——徐汇区斜土街道肇清居民区

## 社区概况

肇清居民区位于斜土街道西北部，东起大木桥路，西至小木桥路，南临医学院路平江路，北达肇嘉浜路，占地面积9.06万平方米。居民区由外销房、商品房、售后公房、私房、单位房等不同居住性质的13个小区组成，10个小区成立业委会，有6家物业，2个小区（嘉乐公寓、香樟苑）实行业委会自管。

肇清居民区党总支在街道党工委的领导下，成立绿色社区创建工作小组，为创建绿色社区提供强有力的组织保证。坚持将绿色发展理念贯穿社区治理全过程，动员社区党组织、业委会、物业、居民等多方力量共同参与社区人居环境建设和整治工作，条块结合、多元参与，推动居民在绿色文化培育、绿色环境营造、绿色社区建设方面自觉参与、共谋决策、共享成果。

## 特色工作及创建成效

（1）培育绿色文化，探索党建引领下的居民自治新模式

为秉承习近平总书记“推动形成绿色发展方式和生活方式，是一场深刻革命”的理念，斜土街道肇清居民区充分发挥基层党建的引领作用，不断探索工作创新的驱动作用，积极发动居民参与的群众力量，以居民自治新模式培育绿色文化。

①搭架构，建立绿色动力“蓄水池”

居民区党总支坚持通过党建引领推进各小区人居环境建设和整治，不断实现人民群众对美好环境与幸福生活的向往。一是划定治理单元。在“建设新徐汇、再造新徐汇”工作要求和斜土街道党工委、办事处的统一部署下，肇清居民区根据小区面积、居民户数、房屋结构等情况，划分5个微网格、74个楼组，形成“街道－片区－居民区－微网格－楼组”5级纵向小区治理体系。二是重建组织关系。全面调整党员的支部隶属关系，确保居住在同一治理单元的社区党员隶属于同一党支部，并建立新的党小组，形成“街道党工委－居民区党总支－党支部－党小组－党员”的连贯性组织动员体系。三是顺畅运转模式。在建立三人工作小组的基础上，党员代表作为牵头人，定期或按需召开线上或线下会议，居民小组长和业主代表分别负责居民动员和业主动员，形成相对自主的精细化管理模式。

②作表率，点燃绿色动力“强引擎”

以嘉乐公寓为例，因历史原因、大楼规划、公益收入等问题，一直存在着环境脏乱差、管理弱软散等小区综合治理难题。以韩东萌、张均华等“核心党员”为代表，发挥关键性模范表率作用，实行由物业公司托管、业委会自管的党建引领居民自治新模式。肇清居民区党总支发挥组织优势，引领党员深入思考、凝聚共识、引领群众、树立信心，以党员的主动作为、攻坚克难来影响群众、感动群众、激发群众，同时以嘉乐公寓为起点，总结可复制、可推广“嘉乐+”模式，在香樟苑、平华大厦等小区推广运用，促进创建绿色社区的良性循环（图1）。

③广动员，打造绿色动力“核心源”

围墙内，依托“街道党工委－居民区党总支－党支部－党小组－党员”的连贯性组织动员体系，

图 1

将社区党员作为创建绿色社区的第一中坚力量，注重发挥基层党组织的战斗堡垒作用和党员先锋表率作用。有力推进团队建设，充分调动居委干部作为社区治理推动者的工作积极性和主动性。促成“乐龄先锋”离退休老干部志愿服务队与肇清居民区开展“老少结对”活动。不断挖掘楼组长、热心志愿者充实绿色社区创建力量，组织群文团队共育共宣社区绿色文化，确保发挥各方主体优势。围墙外，依托肇清片区党支部、党建联建会议、区域结对共建等机制平台，统筹协调肇清居民区内区域单位、两新组织、沿街商户等，开展多种形式基层协商，贯彻落实“15 分钟生活圈”提升计划，让居民群众共享创建绿色社区的美好成果（图 2）。

图 2

### （2）围绕绿色理念，营造绿色宜居的社区环境

结合绿色社区创建，探索建设安全健康、设施完善、管理有序的居住社区。因地制宜开展社区人居环境建设和整治，提升社区宜居水平。针对新冠肺炎疫情暴露出的问题，加快社区服务设施建设，补齐在卫生防疫、社区服务等方面的短板，打通服务群众的“最后一公里”。

① 破垃圾分类难题

垃圾分类工作推行伊始，为解决肇清居民区三无问题（部分小区无垃圾库房、无物业公司管理、无业委会），居民区党总支以党员发动带动群众动员，没有业委会，就充分发挥党员、老干部、热心人等关键少数人的社会影响力，挨家挨户宣传垃圾分类工作，因势利导，提升居民对垃圾分类工作的认知度和参与度，树立一起做好垃圾分类的信心。通过民主协商，居民意见征询，因地制宜确定库房建造位置，最大限度化解了“邻避效应”。为落实垃圾分类常态长效管理，党员带头、小区热心人参与组建了垃圾分类志愿者队伍，同时居民区建立评比监督机制，对做得好的居民充分肯定，对做得有瑕疵的居民及时上门指导。目前肇清居民区实现了垃圾库房小区全覆盖，库房管理员全岗通，宣传告知全动员，并在 80 次全区垃圾分类第三方测评中全部达标，51 次获得满分（图 3）。

图 3

② 疏小区治理顽疾

肇清居民区内的平江路 2 号多年来存在违章成片、安全隐患突出、无物业管理等系列问题，为改善小区面貌，街道重拳出击抓整治先行。成立攻坚小组，街道党工委书记、办事处主任为双组长，下设四个工作小组，一个办公室，分管领导、机关干部下沉一线。通过实地排摸，对居民建立一户一档，充分把握居民住房情况、家庭收入、社会关系等情况，并以情理法相结合形式进行集中约谈，最终 15 天内完成小区 38 处违法建筑的全部拆除，充分利用社区规划师制度赋能社区更新，提升小区颜值（图 4）。在拆除违法建筑工作的同时，街道联合居民区邀请社区规划师，对小区进行布局规划，并通过议事平台向居民代表反馈后续的美丽家园建设，听取居民意见，让居民代表充分参与小区规划设计，为小区增加绿化面积，解决停车难题，并完成下水管网的更换，让小区整体面貌焕然一新。

③ 解加装电梯堵点

香樟苑为肇清居民区的一处多层老式住宅，共有 4 个单元门洞，社区老年人较多，加装电梯成了楼内老人的迫切心愿。为切实解决老年人的出行不便，居民区党总支第一时间成立了加装电梯临时党支部，把“三驾马车”与社区党员、第三方等专业力量吸纳进来，广泛研讨、率先谋划、积极探索。街道加梯中心会同临时党支部牵头加梯楼栋的业主召开会议，成立楼内加梯三人小组，搭建有序的沟通平台，把安装电梯的政策讲透、流程讲明、好处讲清，让居民对加装电梯形成共识，对反对加装电梯的部分居民做好思想动员、沟通解释工作。2022 年实现小区 4 个门洞加装电梯全覆盖（图 5）。

图 4

图 5

（3）蓄满绿色动能，全面落实绿色社区后半篇文章

① 发挥“彤心”业委会联合会的赋能作用，增强“绿色凝聚力”

在街道党工委持续优化党建引领“三驾马车”协同机制的作用下，肇清居民区涌现出了上海市优秀共产党员、徐汇区业委会共治沙龙召集人、嘉乐公寓业委会主任韩东萌等为代表的基层治理典型，建立“彤心”业委会联合会，通过平台赋能扎实推进绿色社区创建工作。围绕“彤心”业委会联合会的沟通交流平台，将街道 65 个业委会紧紧围绕在平台的机制作用下开展工作，并通过平台沟通协商，解决了困扰嘉乐公寓和香樟苑两个小区数十年的出入口改造问题，为小区居民消除了卫生死角的同时，拓宽了绿色生命通道。

② 激发“3+3工作法”的创新作用，打造“绿色新活力”

建立“党员代表+业主代表+楼组长”的三人工作小组模式，探索居民自治模式。激发老党员、热心居民的工作热情，争做绿色社区建设“领头雁”。居民区党总支引导各楼栋成立三人工作小组，成为绿色社区建设的“主心骨”，共享绿色生态理念，共商环境提升难题。

构建“指导员+宣传员+联络员”三支队伍，整合街道职能部门、机关联络员、专业社会组织、居委工作人员、业委会成员、社区志愿者等各方资源，让绿色文化沁入社区文化肌理，为绿色社区建设注入多元力量（图6）。

图6

③ 发挥宣传作用，提高“绿色影响力”

结合绿色社区创建工作，居民区也借此加大绿色环保理念宣传力度，采取线下张贴海报、组织环保公益活动、线上微信群、公众号宣传等形式，促进社区居民养成绿色环保的思想理念和生活习惯，居民区内乱扔垃圾、不文明养宠、破坏绿化等不良现象基本消除。为形成绿色社区建设形成长效机制，根据垃圾分类、疫情防控情况等制定更新版的居民公约，召集楼组长与居民代表审议通过，发放居民知晓、鼓励居民遵守。通过开展“小手拉大手”等生态环保知识普及和社会实践活动，带动社区居民积极参与。贯彻共建共治共享理念，倡导居民选择绿色生活方式，节约资源、开展绿色消费和绿色出行，形成富有特色的社区绿色文化。

## 未来展望

肇清居民区绿色创建工作，是在以人民为中心的发展思想下无数居民区工作成果的缩影，是发展全过程人民民主下社区工作思想的体现，更要以久久为功的工作定力探究绿色社区创建工作的深层含义。站在新的历史起点，肩负着新的责任使命。让我们以党的二十次全国代表大会会议精神为指导，奋力在新征程上当先锋、做标兵、建新功，攻坚克难、落地见效，创造新时代新发展。

# 虹亭汇聚七彩民智民力　共创共治共享绿色社区

## ——徐汇区康健街道长虹坊社区

### 社区概况

徐汇区康健街道长虹坊社区位于桂林西街 11 弄，建成于 1990 年。该社区位于康健街道中部，东邻长海坊社区、南邻桂林西街、西邻长兴坊社区、北邻钦州南路。小区建筑面积 41 152 平方米，绿地面积 16 732 平方米，绿化覆盖率 34.3%，内有思源广场、虹花园、翠竹园、儿童乐园四处微景观花园。2011—2019 年期间连续 5 次获评上海市文明小区、2014 年荣获“上海市自治家园示范点”、2011 年荣获“‘百万家庭低碳行、垃圾分类要先行’实事项目示范小区”、2012 年荣获“徐汇区环保绿色特色小区”、2014 年荣获“上海市自治家园示范点”（图 1）。

近年来，长虹坊居民区党总支、居委会在市、区相关部门的关心指导下，在康健街道党工委的领导下，依靠小区广大居民群众，坚持以习近平生态文明思想为统领，以“虹亭汇”党建自治品牌为抓手，以“红色引领　亭亭育礼　汇智共治”为口号，结合本社区现状因地制宜出亮点，共治共创显特色，积极创建文明绿化社区，让生态文明理念在社区进一步深入人心，打造绿色生态宜居居住环境，推动社区最大限度地节约资源、保护资源。

### 特色工作

长虹坊社区完善居民区治理架构，探索全过程人民民主，搭建“虹亭汇之楼组 - 网格 - 社区”三类沟通议事平台，引导居民全程参与绿色社区创建。利用“虹亭汇各居民微信线上互联网 + 共建共治共享”等线上和线下相结合的手段，开展多种形式的基层议事协商，对于涉及社区与群众切身利益的重大事项，广泛听取群众意见和建议，有效对接群众需求，共同参与社区人居环境建设和整治工作（图 2）。

结合绿色社区建立健全居民区党建引领下的居

图 1

图 2

委会、业委会、物业公司、党员、群团、居民骨干组成的综合治理联席会议，创建召开一年二次以上的居民代表大会、居务公开、党务公开月度例会、“三驾马车”三位一体月度联席例会；与此同时，“虹亭汇居民建议微信群”及“虹亭汇”各楼组微信群，线上＋线下齐商共治，探索“议题提出－议事讨论－方案确立－落地实施－实效反馈－复盘改进”闭环工作模式，营造“我的家园我做主 绿色生态益起来”的环保生活理念，让低碳节约、绿色环保深入民心。

### （1）坚持党建引领，“虹亭汇”自治品牌聚民心

长虹坊社区注重加强党建引领，注重绿色社区治理创新，积极推进“虹亭汇”品牌建设，通过创建“红色引领、亭亭育礼、汇智共治”自治口号，党员带头，推进长虹坊“党员示范楼”“党员责任区”等绿色生态网格、绿色生态楼组创建。

“虹亭汇”自治品牌现已形成“楼组－网格－社区”三类议事平台和“虹亭汇七彩之赤橙黄绿青蓝紫”七彩色自治志愿服务团队（图3）。其中“绿色环保”志愿服务团队下设“虹亭汇绿色有约垃圾分类志愿服务队”“两网融合进社区志愿服务队”“以物易物公益集市慈善义卖志愿服务队”“绿帐公益兑多多志愿服务队”等志愿服务团队。倡导居民在日常生活中践行垃圾分类，以物易物低碳环保理念等，每个人都是绿色生活的参与者和受益者（图4）。

图 3

图 4

### （2）理顺机制牵头“三驾马车”，老小区旧貌换新颜

长虹坊社区着手梳理“三驾马车”，完善居民区治理架构，并通过“完善硬件基础设施，小区面貌靓起来；完善民主协商机制，重大事项议起来；推进楼组空间自治，睦邻楼组暖起来；打造邻里公共客厅，共享平台建起来；树立党员先锋形象，志愿服务益起来；培育党建自治品牌，社区氛围活起来”的工作理念，结合主题议事，鼓励居民参与绿色社区建设（图5）。物业服务考核办法、美丽家园综合治理方案、停车管理新规、楼组公约等小区规范逐一建立完善，小区二次供水改造、楼道北窗更换、厨房污水管道改造、坡改坡二次综合改造、邻小汇建设等人居环境民生实事项目也顺利完成落地，居民群众的满意度和获得感逐年提升。

推进社区基础设施绿色化：通过开展“虹亭汇绿色有约”生活垃圾分类环保自治项目，普及环保知识，形成了浓厚的宣传氛围，使垃圾分类意识在居民心中扎根。长虹坊居民区设有1个垃圾箱房，

垃圾分类工作有序、平稳，作为生活垃圾分类试点小区，已实现生活垃圾分类居民 100% 全覆盖。既注重环境的舒适优美，也注重加大“环保节能”的宣传工作力度，增强居民的节能环保意识。丰富各类宣传形式向居民传递“环保节能”绿色理念，并征求居民意见，达到汇智共治的目的（图 6）。

图 5

图 6

（3）民主协商聚焦绿色生态，长虹坊故里书新篇

① 汇智共治，美好环境与幸福生活共同缔造

在居民区党组织引领下，通过打造“虹亭汇”党建自治品牌，以居民自治共治为中心，组织社区成员共同参与社区人居环境建设和整治工作。长虹坊居民区已形成每周四常态化的“爱国卫生日，清洁家园”活动，通过每周一次捡拾草坪内的杂物、清理卫生死角、铲除黑色小广告、清理楼道杂物等，使小区长年保持绿色、干净、整洁的社区环境。同时，搭建沟通“虹亭汇”三层一圈议事平台，“楼组－网格－社区”分层议事，“小事不出楼组，大事不出网格，难事不出社区”，充分利用各微信群、召开会议、组织活动等线上＋线下相结合的形式，开展多种形式基层协商，进一步落实“人民城市人民建，人民城市为人民”的理念，充分倾听居民的意见与建议，让居民充分参与小区建设，让居民做社区建设、治理的主人翁、参与者、建设者。

② 树立绿色环保理念，促进美好家园建设

环保创建活动也有力促进了小区的环境建设。近年来，长虹坊居民区通过 2019 年“七彩长虹”坡改坡综合改造工程项目和 2020 年“美丽家园”改造工程项目，老旧小区焕发出新生活力，居民群众的满意度和获得感逐年提升。结合绿色社区的推进，2019 年新建了 49 个户外电瓶车充电车棚，以缓解电瓶车充电难的问题（图 7）。

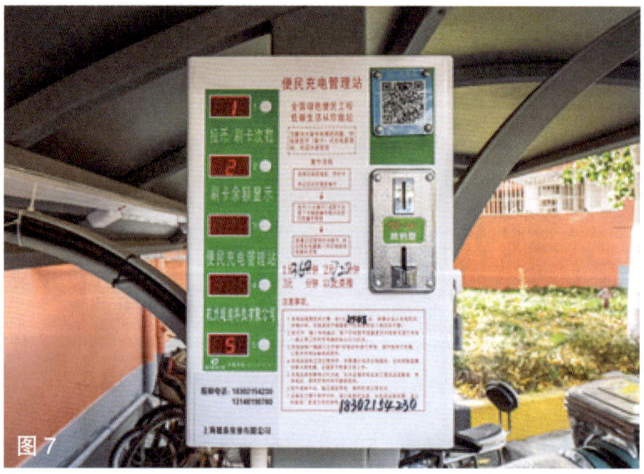

图 7

（4）片区治理探索街区建设，“一体化”开启新篇章

① 丰富社区周边环境，打造 15 分钟绿色生活圈

长虹坊社区周边生活资源充沛、文体设施齐全，步行 15 分钟内，桂林公园、康健园、康健街道社区事务受理中心、桂东市集、康兴菜场、康健社区体育公园、康乐汇党群服务中心等为社区居民提供沉浸式绿色环保生活和丰富多彩的文体娱乐活动（图 8）。

② 探索长虹街区建设，“一体化”开启绿色家

图 8

园新篇章

2021 年，康健街道以“生态街区，品质长虹”为目标，启动了“长虹街区一体化治理”项目。居民们与社区规划师一起，挖掘街区资源、开展状况分析、征集社区提案、进行“微更新”大赛，就街区共性问题、短板问题，进行汇总研究，落实解决措施。

同时，围绕街区背景主题、改善方向和远期目标，通过实地走访、现场勘察、网上评比，以及社区规划师专业指导、社区居民深度讨论，制定了“以人为本、绿色出行、优化环境”为主题的“长虹街区一体化治理愿景”蓝图，统筹街区小区、生态业态、路网水网全要素治理。

## 创建成效

长虹坊社区“虹亭汇”党建引领自治品牌，重民生、集民智、汇民力，树立了长虹绿色发展治理理念，“虹亭汇七彩”党建引领下的自治服务团队已达 19 支，志愿者 180 余名，年均开展各类公益志愿服务活动近千场次，惠及居民近 3 万人次，绿色低碳环保生活理念深入民心。近年来，结合社区治理热点，就 2019 年“七彩长虹”坡改坡综合改造工程、制定小区停车管理新规、党建引领下“两方案、三步走、全面沟通”长虹加梯模式、长虹坊街区参与式规划等社区热议治理问题，线上线下积极议事协商，求同存异，达到最大公约数（图 9）。

图 9

“长虹街区一体化治理”更是激发了党建引领下的多元主体参与社区治理活力，提升了居民自治议事能力，推进了街区智慧管理水平，实现了公共环境优化、公共景观提升、公共资源共享的绿色家园街区治理服务新模式。参与式规划实践案例、长虹坊“思源广场文化廊”顺利完成，长虹街区党群活动阵地、志愿服务基地、文化展示园地等功能进一步完善，从小区到街区，“街区一体化共享绿色生态家园”开启新篇章（图 10）。

图 10

# 构筑“红色党建 + 绿色服务”双模式 打好绿色发展“组合拳”

## ——徐汇区徐家汇街道虹二社区

## 社区概况

虹二社区位于徐家汇街道西北部，社区面积有14.8万平方米，虹二社区管辖虹二小区、鑫城苑以及龙德景苑三个自然小区，共1 324户，户籍人口3 214人，常住人口约2 315人。辖区内有鑫城苑、龙德景苑和虹二小区这三个居民小区，其中前两个为商品房小区，虹二小区为混合型老旧小区。

虹二社区坚持基层党组织建设、居民自治机制建设、社区服务体系建设有机结合，“线上 + 线下”搭建社区沟通议事平台；以小区综合改造工程、“美丽家园”综合治理等项目为抓手，切实推进雨污分流、节水型社区创建，以简约适度、绿色低碳的方式，推进社区人居环境建设和治理，不断满足人民群众对美好环境与幸福生活的向往。

## 特色工作

虹二社区始终坚持党建引领，推进社区精细化治理，倡导践行绿色生活理念，推动绿色生活方式。以社区综合改造为抓手，切实推进绿色基础设施建设、绿色空间环境营造、绿色文化氛围培育。在社区的建设治理各个环节中，始终坚持绿色理念，全方位提升社区治理的“硬实力”和“软实力”，打造宜居生活环境，不断提升人民群众生活的幸福感和获得感。

（1）党建引领，打造家门口的“汇”客厅

突出党建引领，全心全意为人民服务，将绿色发展理念贯穿社区规划、建设改造、管理服务等活动的全过程，以简约适度、绿色低碳的方式，推进社区人居环境建设和整治，不断满足人民群众对美好环境与幸福生活的向往，以丰富多彩的自治项目凝聚民心，促进自治共治。为了更好地凸显党群服务和全岗通服务的优化，更加强了基层党建的据点力量。充分利用区域内党建资源，让群众在家门口享受到便利服务。社区党群服务中心因需而生，结合片区人口结构、服务需求、公共配套等特色，打造虹二社区党群服务站，以党建引领打造自治共治阵地，吸引居民走出家门，为居民提供咨询和帮助。

（2）提档升级，改善社区基础设施建设

综合提升社区道路品质，消除路面坑洼破损，优化社区绿化环境。积极改造提升小区供水、排水、供电、生活垃圾分类等基础设施，因地制宜增设、改建电动自行车停放、充电设施，消除小区居住安全隐患。合理设置生活垃圾投放点、收集点，提高生活垃圾分类质量和回收利用率，实现生活垃圾分类社区全覆盖（图1）。

（3）共治共享，提升社区宜居环境品质

坚持美好环境与幸福生活共同缔造理念，各主体共同参与社区人居环境建设和整治工作，共同促

图 1

进绿色社区创建。将基层党组织建设、居民自治机制建设和社区服务体系建设有机结合。在社区公共场所实施禁烟、控烟，定期整治楼道、非机动车棚、小区绿化等环境，推动适老化改造和无障碍设施建设，维护公共活动场所、小型运动场地和健身设施，推动“党群服务站”包括骑士驿站、健康驿站、儿童友好等基础公共服务全覆盖，打造生态、宜居、环保社区。以“社区瓶子菜园”自治项目为载体，满足居民对都市菜园的向往，让参与者获得劳作和收获的喜悦，传播了“绿色、环保、睦邻”和“共建、共治、共享”理念，初步形成了社区内各类组织优势互补、良性互动、相辅相成的治理格局（图 2）。

图 2

（4）数字赋能，社区服务体系再升级

推进社区市政基础设施智能化改造和安防系统智能化建设，引导居民注册“社区云小程序”，创建微信群、关注微信公众号，通过智能手机让居民关注并参与社区事务。重点建设物业管理在线、员工在线、服务在线和业主在线“四个在线”，通过打造统一的物业、人行、车行、综合安防、环境、能耗、设备等综合管理系统，实现社区管理横向贯通、业务集中运营，实现物业管理全覆盖。

## 创建成效

（1）群策群力，打造多元共治新格局

发挥社区特色发展，吸引社区能人达人，以及区域单位、企业，协同“三驾马车”，共商社区治理，共话美好生活。运用传统的宣传栏、黑板报、入户宣传，结合运用居民微信群、社区云等云端线上媒介，引导社区居民制定绿色居民公约，培育社区绿色文化，传递共建共治共享理念，发动居民广泛参与，促进生态文明理念扎根。

（2）强化治理，助推市容市貌再升级

强化责任，提高标准，紧抓整治薄弱环节，从细节和小处入手，全力推进绿色社区创建。结合老旧小区改造、美丽街区等提升工作，引入专业团队力量，在建设中精益求精，充分满足人的居住、生活和使用需求，进一步改善市容环境秩序，营造绿色宜居环境，提升社区环境品质，确保环境“干净、整洁、有序”，大幅度提升市民群众的生活幸福指数。

# 5

# 长宁区
## 优秀示范案例

# 坚持人与自然和谐共生　奋力谱写绿色社区新篇章

## ——长宁区虹桥街道荣华居民区

## 社区概况

长宁区虹桥街道是全过程人民民主重大理念的首提地。虹桥街道荣华居民区践行全过程人民民主基层实践与人民城市建设有机融合，依托数字赋能，倡导绿色发展，拓展人民参与基层治理的渠道和平台，坚持人与自然和谐共生，奋力谱写绿色社区新篇章。2023年荣华居民区深化“创建绿色社区，建设美丽家园”行动，认真对照上海市绿色社区创建3.0标准，努力打造以“建人民社区、创美好生活”为目标的新时代社区典范。

荣华居民区辐射古北新区，是全国首个涉外社区，辖区面积2.02平方千米、有42个居民住宅小区，实有户数1.2万户，实有人口约3.2万人，其中51%为境外人士，来自50多个国家和地区，素有“小小联合国”之称。2019年11月2日，正在上海考察的习近平总书记来到古北市民中心（图1），考察社区治理和服务情况，坚持学习贯彻习近平生态文明思想，将“全过程人民民主”与人民城市建设有机融合，凝聚社区各方力量共建绿色社区，做到参与最广泛，过程最真实，效果最管用。

图1

## 特色工作

（1）宣传发动广泛参与，共商共治共享

坚持党建引领，以治理为魂，促进价值融合。聚焦绿色社区创建的难点问题，引导以民主协商、契约管理等方式达成共识，在解决问题中构建共同参与机制。荣华居民区的小区业委会组建率达100%，居住物业管理覆盖面100%，居委会以小区为单位，提升“三驾马车”共同参与，发挥协同工作机制，坚持“四位一体”会议机制，做到“三个必开”，即：每季度必开，业委会换届前必开、小区出现热点问题必开。聚焦问题，民主协商，形成共识。

通过“小区—片区—核心”三级议事会，按照“提、议、行、督”四个环节，促进议行流程规范化；结合“社区云”平台实现“互联网+”模式，约请物业、业委会、街区商户、“两代表一委员”线上线下参与意见征询。充分发挥市人大基层立法联系点和人民建议征集点等平台，中外居民广泛参与，形成有效的基层协商沟通机制。截至目前，通过市民议事厅、黄金城道共治委员会、人民建议征集、社区云线上云平台、居民意见征询会等多个渠道，对绿色社区创建提出35条建议，涵盖3个大类10个方面的议题，积极评估并采纳了12条建议。

（2）典型小区示范引领，让绿色成为社区鲜亮底色

古北华丽家族小区有 15 栋楼、457 户，共 1 200 多人，外籍居民占到 20%，该小区是上海市优秀住宅区和示范小区，是上海第一个通过撤桶完成“两定”分类投放的涉外商品房小区。2018 年作为国家住建部城市生活垃圾分类现场参观点（图 2）。

图 2

荣华居民区党总支引导业委会召开业主大会将垃圾分类增补写入小区管理规约，垃圾分类撬动了华丽家族小区绿色生态提升的活力和热情。园内的低碳环保宣传形式丰富，有科普画廊、楼组宣传板、双语宣传页等。包括大树谜语、种子传奇、鸟巢故事、零废课堂、池塘奇趣、昆虫酒店、秘密花园七个户外活动驿站和一个室内“博物小馆”互动空间组成身边的自然研习基地（图 3）。从社区建设、交通系统、能源系统、水资源利用、固体废弃物处理、环境美化、碳排放统计及管理等维度进行低碳节能建设。通过更换节能系统实现绿色发展。小区外墙

图 3

采用天然石材和面砖，搭配铝合金窗及双层中空玻璃，体现保温性能良好，公共区域照明系统已全部更换为节能灯或 LED。通过加大节水宣传力度，倡导节约用水，提升社区水资源利用效率。通过将生产直饮水产生的废水“二次利用”，用于景观用水，平均每年节约排水量约 800 立方米。有效推动了小区游泳池室内绿化利用雨水灌溉。

华丽家族小区辐射周边，国际花园和国际广场等小区也纷纷加快了绿色化社区建设的步伐。古北国际花园绿色宜人，有儿童游乐设施，基于社区亲子群体较多，国际元素多元化的特点，将“Fun Talk”理念（开放式讨论）融入绿色社区全过程的项目活动中，成立儿友荟，新建“多国屋”，成为各国文化交融与汇聚的地方。社区还围绕居民关注的文明养宠话题，搭建社区养宠群，联合宠物店等进行绿色社区宣传。联合耀中国际学校、建青实验学校等成立“绿色小清新”团队画环保彩绘墙，结合世界地球日、环境保护日助力绿色文化宣传。

（3）营造社区可漫步可互动的宜居环境

① 守土有责，筑牢社区防线

作为上海市疫情防控任务最重的国际化社区之一，荣华居民区所在的虹桥街道荣获了“全国抗击新冠肺炎疫情先进集体”。荣华居民区面对前所未有的“外防输入、内防扩散、复工复产”三重压力，通过协商制定封闭式管理“临时规约”，发布多语种法律政策宣传，还有近千余名中外志愿者走出家门参与战疫，确保疫情防控工作有序开展。自 2022 年 2 月 1 日至 12 月 3 日，累计居家隔离 145 人，社区健康监测 2 910 人。累计排摸核实数据 23 100 条。累计管控中高风险地区 267 人。2022 年 5 月接待了上海市委副书记、市长龚正，市委宣传部部长赵嘉鸣到古北社区和黄金城道视察疫情防控和复产复工情况受到肯定。

② 15 分钟生活“圈”起美好生活

古北国际社区是长宁区“十四五”规划海派风情国际风貌区的代表，荣华居民区以打造黄金城道步行街国际融情街区为目标，结合绿色理念，确定

了包括交通出行、服务、休闲、治理的“四大类、九个项目”的15分钟生活圈项目清单，将黄金城道步行街作为“三美”的实践基地。依托“黄金城道”街区共治委，由黄金城道步行街沿线6个小区业委会、200余户商家、古北集团等募集共治基金，针对公共设施维护、垃圾分类投放、非机动车通行、文明养宠行为，公共活动秩序等五大顽症制定街坊管理规约，整体提升街区一体化治理水平，推进社区基础设施绿色化，围绕城市数字化体检，完善街区各类基础设施的改造。

③ 提案计划，让绿色项目落地见效

在黄金城道上发起的“Knock Knock 计划”，收到黄金城道周边小区业主的积极反馈，共提议形成了16个项目和议题，通过线上线下以及共治委员会的征询沟通，最终确认了5个项目。通过引入设计师、规划师进行设计规划，有效提升街区环境，从而营造社区宜居环境。比如港湾式驻车就是由古北居民、华理设计学院的安大地结合绿色小美好和口袋微角缓解街区慢行而设计的。黄金城道步行街新设“融古北驿站”作为街区共享空间，光伏节能项目、黄金城道步行街自然研习小径等项目的实施。黄金城道步行街的绿地覆盖合理，四季的景色宜人，每年的“银杏文化节”也逐渐成为社区的重要文化生活节。为突出共创理念，美丽家园携手共创，引入专业团队打造居民区整体人居环境整治方案。通过大自然保护协会的规划设计师的整体设计，将“倡导国际化的‘无痕社区’理念及建设社区自然课堂”的目标变为现实，将自然研习项目延伸到黄金城道步行街，成为“绿色友好”街区典范（图4）。

④ 立足“法治＋绿色”，探索治理群租新模式

通过上海市人大常委会虹桥街道古北市民中心基层立法联系点倾听《上海市住房租赁条例（草案）》，通过线上、线下多种渠道公开征询意见，上报了26条建议。积极开展法律宣传，与城管等一起开展联合整治，与人大代表进行监督执法，更多无群租小区在社区开花。针对社区内的消防通道以及内部道路加强管理，通过规范划线、标识等措施，

图4

有效杜绝所属区域内车辆乱无序停放、占用消防通道等不文明现象的发生，有效地将消防通道、内部道路纳管到位，确保物业日常运行良好，道路整洁有序。

通过人民建议征集站和社区法治观察点广泛听取视障人士意见建议，由区建管委牵头，虹桥街道配合，永达市政作为工程实施方，以上海市盲童学校为第一排查点，展开盲道设施改造工程，优化了盲道设施。

### （4）智慧赋能绿色

注重数字化转型理念，建设街区智慧小站、步行街数字门洞牌、智能书屋、24小时智能药房等，形成四类智慧化项目，实现现代数字化街区的综合治理，共同打造街区的友好空间。以2021年城市空间艺术季项目落地黄金城道为契机，通过开展展示空间策划设计、实施国际社区TOD标识系统，提升黄金城道国际化街区艺术氛围。

### （5）培育社区绿色文化，让绿色浸润人心

共创虹桥绿色街区倡议行动，社区联合跨国企业俱乐部可口可乐公司发起饮料瓶回收活动，以探索R PET奥秘、饮料兑换福利、投票参与共创、花式投瓶挑战为宣传目的举办的活动（图5）。以“绿色家园”为主题收集绘画作用制作环保伞，摆放在街区友好商铺。举办“行走中的绿色”，结合黄金城道全域旅游示范街区，依托“融情四季”“银杏

图 5

艺术季”和“艺术家进街区”等特色文化演艺活动，结合 CITY WALK 微旅行项目，促进“商旅文”的有机融合。

下一步，荣华居民区将继续对照绿色社区创建 3.0 版 6 方面 29 项指标内容，进一步扎实开展绿色社区创建行动，践行绿色低碳生活方式，将绿色循环可持续发展理念贯穿社区设计、建设、管理和服务等活动的全过程，以简约适度、绿色低碳的方式，不断提升社区人居环境，创建更整洁、更舒适、更安全、更美丽的绿色家园。为满足社区群众对美好环境与幸福生活的向往、打造一流的绿色国际社区而不懈努力。

## 创建成效

### （1）增设宣传栏

通过绿色社区创建，增设了公共宣传栏，为社区提供最新的资讯信息，做好小区宣传的阵地，向小区居民宣传科技、文化、卫生等各方面知识（图 6）。

### （2）改造垃圾箱房

绿色社区创建前，小区里的简易箱房无法满足小区中每日垃圾的产生量，导致较多垃圾暴露在外，造成了环境、空气等严重污染。通过绿色社区创建，箱房周边环境得到了明显改善，同时也提升了居民规范投放垃圾的意识（图 7）。

图 6

图 7

（3）更新车辆道闸，有效管理小区车辆进出

建设了小区智能安防系统，更新了小区车辆道闸系统，更有效地管理小区进出车辆，每辆进出车辆都做好登记，保障了小区的安全（图 8）。

创建前

创建后

图 8

（4）小区绿化翻新改造

绿色社区创建前，小区的草坪被随意停放的电瓶车严重破坏。开展绿色社区建设后，通过围绕“党员亮身份、践承诺”作为社区党建载体，居委会、业委会、物业公司齐心协力，带领社区党员、志愿者参与到绿色社区创建的宣传工作中，挨家挨户宣传绿色社区创建内容，从源头提升社区居民们环境保护意识，积极响应环保倡议，做到绿色社区工作“从我做起，一呼百应”，鼓励倡导居民主动加入绿色社区创建队伍中来（图 9）。

图 9

创建前　创建后

### （5）小区停车规范

绿色社区创建前，小区非机动车停放不规范，停车线不清晰，导致小区停车区域十分混乱。开展绿色社区创建后，通过借助“三驾马车”的力量，在小区中制定了停车规范、文明停车条约，明显改善了“乱停车”的现象（图 10）。

创建前

创建后

图 10

### （6）小区路面更新

绿色社区创建前，小区道路破损严重，坑洼不平，有安全隐患。重新铺设道路后，路面平整，行走时安全性大大增加（图 11）。

创建前

创建后

图 11

### （7）街区非机动车安全管控

绿色社区创建前，非机动车肆意穿行，对街区的安全造成了不小的隐患，通过社区提案计划，由居民自主申报，并实地进行调研、深化设计。利用分区分流、疏堵结合的理念，设计更新玛瑙路沿街公共空间，重新规划的道路不仅色彩焕然一新，对非机动车管理也是锦上添花（图 12）。

### （8）街区的绿色社区创建宣传氛围（图 13）

图 12 创建前 创建后

图 13 创建前 创建后

# 全力打造绿色生态、和谐生态的宜居家园

## ——长宁区新泾镇绿八社区

### 社区概况

长宁区新泾镇绿八社区毗邻虹桥机场，东为福泉路，南沿甘溪路，西接上海最美河道南渔浦（图 1），北临周家浜休闲亲水带，辖有淞虹公寓、协和家园南北区等商品房、动迁房和白领公寓三种混合型社区。居民区总占地面积 20 万平方米，绿化占比 38%，总户数 2 331 户，人口规模 5 000 人，有居民楼组 89 个。

近两年，绿八社区按照习近平总书记“人民城市”重要理念，始终把建设绿色生态、和谐宜居的美丽家园作为工作重点。绿八党总支以“家园同心树”为党建品牌，以“七彩家园集结号”为抓手，构建了以一棵同心树 + 七彩集结号 + X 自治团队为治理架构的“同心树家园理事会”工作模式，并取得积极成效，在解决群众“急难愁”和“需盼求”问题的同时，逐步绘就了《绿八十景图》的民生画卷和《人文六脉》的精神家园，群众满意度大幅提升，信任感空前增强，社区也由此逐步实现了“善治”的良性循环。

图 1

## 特色工作

(1) 群策群力、和衷共济，建章立制推动社区人居环境建设

绿八社区以人为本、重心下沉，在社区层面广泛发动、深挖人才；内引外联、梳理资源，以党建带动社建，以党建推动团建，完善机制体制，在党群骨干中倡导“修身自家、管好小家、引导大家”，以一个堡垒、两委班子、“三驾马车”、“四位一体”贯彻“全过程人民民主”，全面推动社区基层创新治理。居民区始终聚焦困扰社区群众的停车管理难、宠物管理难、老人爬楼难和绿化布局乱等“三难一乱”问题，凝聚党群骨干和自治团队，展开综合治理并取得成效，成功实现了居民区从稳定下来，到和谐起来，再到提升上来的三个转变。

社区在具体工作中，始终注重将上级的要求与群众需求的实际结合起来。2017 年创无违建先进社区，两委班子同舟共济、通力协作，发挥社区老熟人、老邻里的优势，分片包干，落实到户，和居民区社工一起，硬是在短短 20 多天中，把淞虹公寓的 30 余户违章建筑全部拆除，并主动靠前，常态化巡视，确保违法建筑不再死灰复燃。这一工作的用时之短，效率之高，不仅得到了上级的嘉奖，更让社区群众看到我们推动社区人居环境建设的决心（图 2）。

(2) 深挖能人、内引外联，社区里的“四大名园”引领绿色社区营造

2018 年，绿八社区成为新泾镇首批试点生活垃圾定点定时分类投放的社区。因为白领公寓居民下班晚，为了宣传到位、确保成功，社区干部与志愿者们披星戴月，逐户上门，亲手把宣传资料和分类垃圾桶一个个地送到居民手中，让青年白领感动之余全力配合，仅仅 1 个月的时间，公租房小区就完全实现了两定的分类目标。随后分类工作又在另外两个小区全面推广，居民区发动志愿者 120 名组建“绿屋”志愿者团队，大家战严寒、斗酷暑，巡逻执勤、劝说引导，最终实现了垃圾分类由“要我分类”向“我要分类”的根本转变，市人大常委和外省市参访团多次莅临视察和学习（图 3）。

图 2

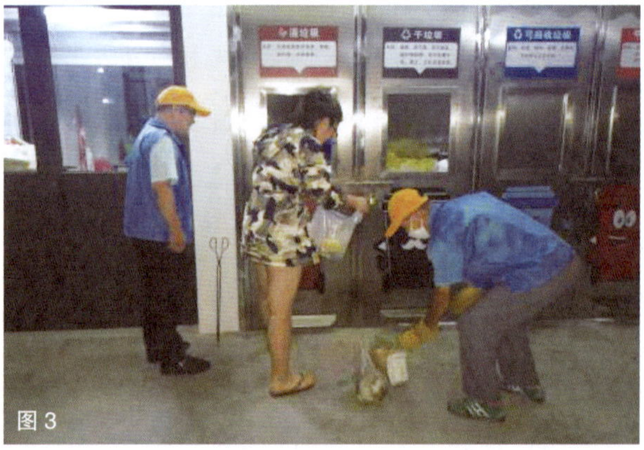
图 3

绿八社区通过挖掘社区中的能人、达人和领军人物，先后组建了隶属于“绿色家园集结号”麾下的“绿家园美化组”“爱宠自治管理组”“第五空间乐活秀”和“我爱我家守护组”，运用自筹 + 众筹，自转 + 公转，先后与上海农科院、上海动监所、上海动物园、基金会幼儿园、长宁区军休所、协和颐养院等单位共建共享，在小小的居民区里陆续打造了接地气的“绿乐花园”、通天线的“空中花园”、献爱心的“爱宠乐园”、亲自然的“生境花园”（图 4），这四座被社区群众称为绿八“四大名园”，全部由各个社区公益团队维护运营，且与共建单位“推倒围墙、共建共享”，俨然把社区与周边单位由物理上的连接转化为化学上的融合，构建了绿色健康、生态和谐的宜居环境。尤其是 2021 年建成运营的“乐颐生境花园”项目，绿八社区通过全过程人民民主的居民诸葛亮会、“四位一体”

图 4

协调会、生态专家专题会，把社区原本的卫生死角建设为老少咸宜、研学科普的自然生态活标本，荣获了上海、全国乃至联合国的诸多奖项，还代表上海向生态环境部领导做了专题工作汇报（图 5）。

### （3）以民为本、创新治理，“绿八十景图”绘就民生画卷

要治理黄土裸露、绿化杂乱，我们就发动能人成立团队，改造了“绿乐躬耕”；因小区水池脏乱、水体发臭，我们就带领业委会出手，绘就了“鱼戏碧莲”；见缺少儿童游乐设施，我们引进加装电梯企业赞助 20 万，建造了一座崭新的“童心乐园”；忧社区老人缺少锻炼健身场所，我们整合政府“适老性改造”项目，兴建绿色休闲的“老少同乐坊”广场；急小区流浪猫泛滥，我们的爱宠团队勇挑重担，用“七步法”解决了恼人的“猫患”……《绿八十景图》中的每一件作品，都是受启于民生问题而巧思实干绘就的美丽画卷，背后却是一个个实实在在的治理故事。经过数年潜心打造、聚沙成塔，覆盖绿八三个自然小区的《绿八十景图》全面建成，这里既有贯彻垃圾分类的《绿屋拢翠》，也有回归自然的《渔浦唱晚》，更有解决“三难一乱”问题的《爱宠森林》，2017 年上海首批加装的《电梯凌云》景观早已成为各方参访学习的典范（图 6）。

2021—2022 年，为了让社区群众共享社会发展成果，社区在上级关心下争取到《乐民同心树公益社区一街一品改造》和《智慧芯家园》项目。坚持“人民城市”发展理念，通过业主大会征询，撬动整合各方资源，建设了“七彩家园的幸福大道、公益广场的人文故事、角落庭院的升级换代、绿乐花园的森林氧吧、绿色能源的无忧之家、玉兰苑中的气象万千、非机动车的 100 计划、智慧导车的线上管理、智能梯控的人文关怀”等 12 个紧贴民生的子项目（图 7 ~ 图9）。在整个项目实施过程中，不

2022年12月16日 星期五

新民网 xinmin.cn

新浪 微信 登录 | 注册

本版 目录 往期 分享 客户端 历史数据

新民晚报 第3版：要闻 2022-12-15

## 15分钟生活圈，也有“诗和远方”

方翔

当地时间12月14日，在加拿大召开的《生物多样性公约》缔约方大会第十五次会议（COP15）上，上海主题宣传片向全球呈现了这座超大型城市在城市生态建设、河口生态保护、生物多样性保护等方面的生态文明建设探索和实践成果。

在上海，生物多样性正在与城市共融，尤其在15分钟生活圈内构成一幅美丽的生态画卷。像长宁区2019年起就在居民社区建设生境花园，目前已建成8座，总改造面积约3559平方米。其中，位于新泾镇绿园新村八社区的“乐颐生境花园”是已建的最大一处生境花园，它将“生境”（habitat）与“花园”（garden）融合，利用本土植物培植、还原土地原有生态系统，为野生动物提供适宜的栖息环境，通过架设在这里的红外摄像仪，能观察到黄鼬、刺猬、貉等野生动物在夜间出没。

近年来，复旦大学生命科学学院王放研究团队对上海的貉进行统计调查：2019年，上海大概有40—50个小区有貉的分布。到了2020年，提升到70个。今年，上海已有超过260个小区发现野生貉的足迹。

除了常见的野生动物，研究团队通过监测网，在上海杨浦区发现一个暂时维持稳定的小灵猫种群。小灵猫是国家一级保护动物，在上海地方记录中，尚无野生小灵猫的生

放大 读报纸首页 上一版 下一版 下载

新民晚报官方网站 xinmin.cn ©2019 All rights reserved Tech-4-4

图 5

图 6

图 7

图 8

图 9

等不靠、打破常规，把政府单一的资金来源，通过挖掘达人、党建联建、合作共建，吸引到业委物业、加梯企业、架空线工程等单位穿针引线、聚沙成塔，营建起一座精彩的人与自然和谐共生美好家园，切实将“民生问题”转化为“民生成果”。

## 创建成效

近年来，绿八绿色社区创建工作的持续进行改善了社区环境，给居民群众带来了可见可触的和谐宜居美好家园，老百姓的家园幸福感、获得感不断攀升。

绿八社区陆续荣膺国家和市、区级，乃至联合国等各类荣誉奖项：联合国人与生物多样性 100+ 全球经典案例（图 10）、全国老年友好示范社区、上海市绿色社区、上海市民园艺中心、上海市首批现代环境治理体系示范单位、上海市十佳公益基地（首个社区）、中国（上海）第三届创新社会治理实践提名奖、上海社区新基建试点示范社区、上海市民家门口的好去处 50 强、上海市节水型示范性单位（图 11）、上海市雨水综合利用二等奖、上海市文明小区、上海市平安社区、长宁区先进基层党组织、长宁区基层党建工作金奖。党组织书记荣膺上海市优秀党务工作者、上海市首届最美城乡社区工作者、长宁区治理百强能人榜等荣誉称号。绿八社区的治理成果也被中央电视台、上海电视台、人民广播电台，《人民网》《学习强国》《新华网》《中新社》《解放日报》《文汇报》《新民晚报》《支部生活》《澎湃新闻》等中央和上海媒体广泛报道。

中华环境保护基金会

The PARADISE 桃花源

证　书

上海市长宁区新泾镇绿园新村第八居民委员会：

贵单位申报的“会呼吸的城市社区生态系统——乐颐生境花园”案例在“生物多样性100+案例”全球征集活动中被评为：

生物多样性100+全球典型案例

该全球案例征集活动由《生物多样性公约》秘书处、《生物多样性公约》第十五次缔约方大会筹备工作执行委员会办公室指导，由中华环境保护基金会、桃花源生态保护基金会主办。感谢贵单位在生物多样性保护方面的努力和贡献，期待贵单位继续推动生物多样性主流化，支持全球生物多样性保护工作。

图 10

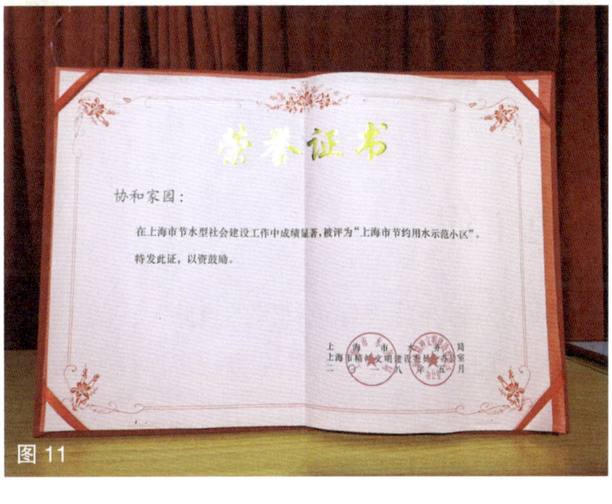
荣誉证书

协和家园：

在上海市节水型社会建设工作中成绩显著，被评为“上海市节约用水示范小区”。

特发此证，以资鼓励。

上海市水务局

上海市精神文明建设委员会办公室

二〇一八年五月

图 11

# 数字赋能　打造绿色新家园

## ——长宁区北新泾街道新泾六村

## 社区概况

新泾六村位于金钟路340弄，地处长宁区西部。该小区建成于20世纪90年代，属售后公房小区，共有57个楼组、1 100户居民，建筑面积将近6万平方米，绿化面积11 291.7平方米。自1997年以来，新泾六村连续保持市级文明小区称号；2017年新泾六村完成精品小区改造工程；2018年新泾六村开展AI+智慧社区建设，为全市社区数字化转型创造经验、提供样板。在市、区各级部门的大力支持下，2019年新泾六村参展世界人工智能大会。近年来，该社区获评首批“上海市智慧社区建设示范点”，作为全市唯一“AI＋社区”入选上海首批人工智能示范应用场景，建设成为高效、便捷、智慧、美丽的高品质绿色社区（图1）。

图1

## 特色工作

新泾六村在建设绿色社区的道路上，基于“四位一体”的社区服务建构，全方位多途径听取居民群众的意见与建议，贯彻落实中央、市、区各级政府文件精神，在街道党工委、办事处领导下，积极开展绿色社区创建行动，坚持以党建为引领，以志愿服务为载体，带动居民群众参与智能绿色社区设计、服务和管理的全过程。

### （1）AI赋能，提升绿色社区建设水平

新泾六村“乐爱家”居民活动中心是一个融

合线下居民需求与前沿 AI 科技的综合服务活动中心。各类基础设施完善，小区积极开展数字化体检活动。探索低碳绿色生活方式，围绕“新开门七件事”——数字康养、数字生活、数字文化、数字体育、数字商业、数字政务、数字安防，持续推进生活数字化、治理数字化、服务数字化（图 2）。

图 2

中心门口的智能问诊机把在线问诊、AI 诊疗、电子处方及医药智慧零售等功能集于一体，能够与上海市内各大医院的当值医生“连线”，进行在线问诊，24 小时为居民服务。中心地下半层是智能化的非机动车停车库，包括智能门禁、烟感报警、自动喷淋和充电设施，不仅能够满足小区居民停放需求，还大大降低了安全隐患；地上两层为居民活动区，包括标准化示范性文化站、多功能活动室、智慧健康小屋、老年人日间照料点、体质监测及健身房等公共服务空间。中心外侧，AI 步道贯穿小区内部，智能健身跑道通过人脸识别获取实时运动数据（图 3）。

新泾六村把“AI＋绿色社区”的理念向小区内外延伸，实现店招店牌的常态长效管理，实现更精细化、更智能化的管理工作。新泾六村居委会发挥“四位一体”作用，牵头新程物业对小区沿街面店铺的所有的 40 块广告招牌进行了拆除和更新，并积极引入中国电信店招店牌智能化监控系统，为每一块店招店牌都安装了监测传感器，通过手机 App 可以实时查看店招店牌的安全情况。从根源上消除店招店牌坠落伤人的安全隐患，营造安全稳定的生活环境。

新泾六村“AI＋社区”在医疗保障、教育服务、政务办理、设施设备等方面将人工智能技术渗透到社区居民的生活服务中，以 AI 技术高质量发展助力 AI 社区高品质生活，实现社区服务集成化、社区治理人性化和家居生活智能化的美好愿景，极大地增强了居民的生活幸福感（图 4）。

### （2）自治动能，打造绿色家园共同体

① 丰富自治载体

新泾六村居民区党总支发挥 AI 人工智能小区

一分钟诊所
平安好医生
问诊
求知丰富精彩人生
北新泾
智慧锻炼
健康生活
10:32:52
出口
长宁区北新泾街道社区卫生中心
新泾六村社区卫生服务站

图 3

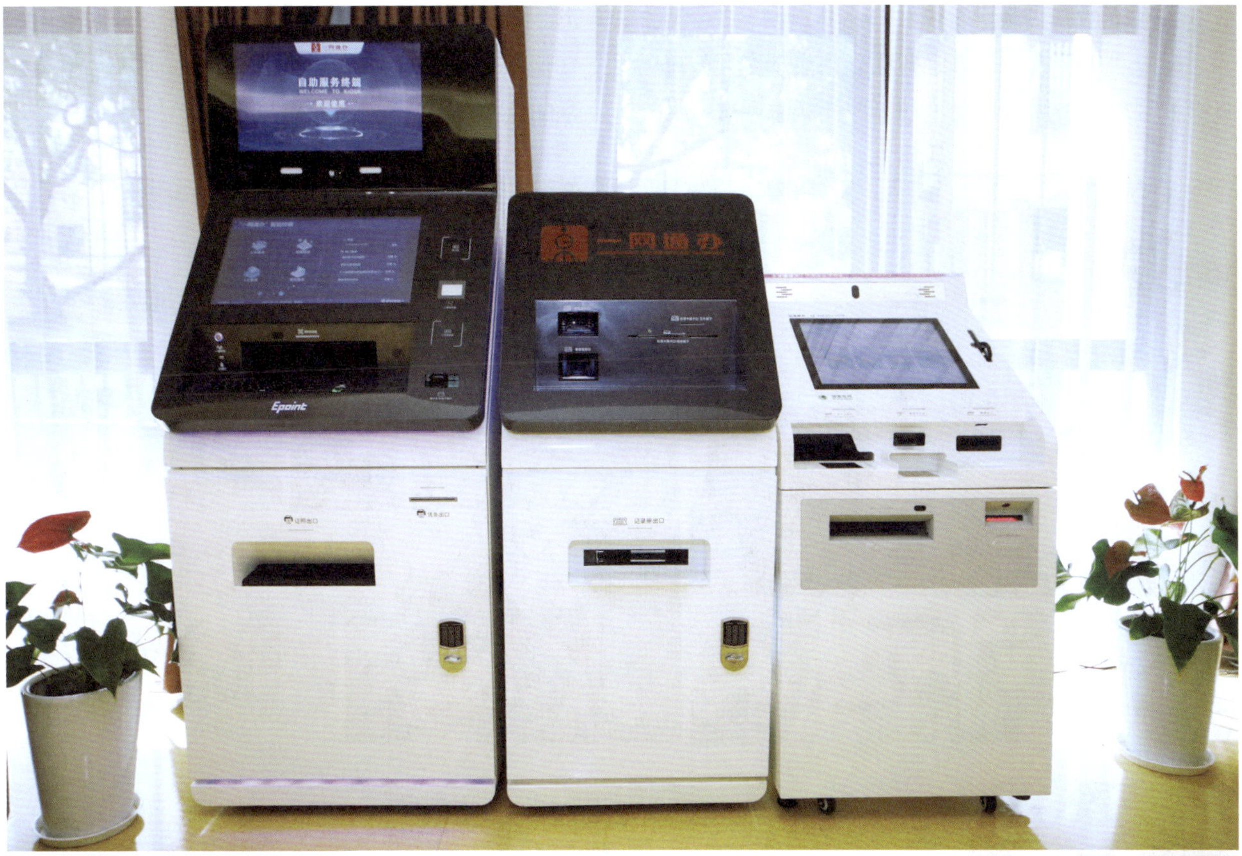

图 4

的优势，围绕与百姓需求有关的九大类 30 个项目，设置 AI 场景讲解员、运动设施指导员等 10 类志愿服务岗位，形成从预约到出门一站式志愿者引导、讲解、服务的常态参观使用模式，逐步提升社区综合软实力。

② 培育自治项目

立足社区实际，形成“清净在源头”垃圾分类、“益在节水”绿色环保、“蓝色 AI”青少年文明实践路线、美丽楼道小管家等项目，推动小区垃圾分类、节能减排、规范停车、文明创建等工作得到有效提升。

③ 建立激励机制

制定“乐爱家”志愿服务积分兑换制度，鼓励吸引社区居民、周边居民主动参与社区志愿服务并获得相应积分。志愿者既可用积分优先预约乐爱家AI服务，也可以兑换楼道硬件设施提升、环境美化等自治项目（图5、图6）。

图5

图6

## （3）管理效能，推进全域化绿色环境

① 党建引领创新路

新泾六村坚持以党建为引领，立足社区实际，倡导节能低碳生活，与新程物业党建联建，积极探索“物业服务+”新模式。以打造让人民群众满意的“红色物业”为契机，以满足百姓刚需为抓手，定期进社区开展电梯加装政策宣传和咨询活动，积极推进装加电梯工作。设立加装电梯应急指挥中心，加强电梯的安全和运行管理，为电梯在使用、维修、保养过程中遇到突发事故的应急处置提供有力保障。积极开展疫苗接种、疫情防控等各项工作（图7）。

② 优化社区内环境

结合精品小区推进老小区海绵化城市改造，针对各小区的实际情况出发，因地制宜地运用海绵改造技术，如：彩色透水地坪、生态陶瓷透水砖、墙体垂直绿化，打造宜居生活环境。积极落实社区控烟劝导、巡查和检查工作，组织志愿者做好每季度的控烟巡查并配备“控烟巡查员”工作牌，结合最新颁布的控烟条例，积极开展全方位巡察工作，在

图 7

图 8

巡查中要求控烟志愿者们对场所内的禁烟标识和监督电话的设置，禁烟区内的烟具摆放、违规吸烟和志愿劝阻情况进行详细记录，并定期上报，以实际行动营造一个无烟、清洁、健康、绿色的公共环境（图 8）。

③ 搭建沟通桥梁

为降低小区用电能耗，新程物业将小区 20 幢房屋 57 个楼门洞公共部位的白炽灯泡统一更换为能耗低、更环保的 LED 灯。同时新泾六村小区也被评为“上海市节约用水示范（标杆）小区”。为进一步使物业服务提质增效，提升居民对物业服务的满意度，新程物业积极以打造让百姓满意的红色物业为抓手，通过搭建红色物业“惠·议厅”作为与居民群众保持良性沟通的重要平台，收集居民的需求与建议。

## 创建成效

北新泾街道于 2018 年起便开始探索数字化手段赋能社区治理和民生服务，推进九大类 30 个项目，新泾六村小区率先实现集中应用，形成人人参与的智慧绿色社区。从“摇铃”时代到智能时代，从八百年古镇到高品质社区，新泾六村坚持美好环境与幸福生活共同缔造理念，运用全过程民主的理念和方法，凝聚居民需求和居民智慧，完成了公共空间的打造、完善和智能升级。逐渐解决了“老小旧”基层社区治理力量弱化的问题，激发了居民参与绿色社区创建的积极性，使居民获得感、幸福感和安全感持续提升。

# 6

# 普陀区

## 优秀示范案例

# 绿色科技与环保理念引领建设美好环境与幸福生活共同缔造

## ——普陀区万里街道凯旋公寓社区

### 社区概况

凯旋公寓居民委员会归属普陀区万里街道管辖，下辖中鹰·黑森林（新村路1717弄）和凯旋花园（新村路1759号）2个居民区，位于上海市政府首批确立的四大示范居住区之一——上海万里城的核心区域。

中鹰·黑森林以“森林生态、绿色科技、德国品质”著称，整个小区用11 000多棵树木形成约12万平方米的香樟森林海。采用世界级防水卷材的屋顶花园，为裸露在外的屋顶穿上一层天然的“保护服”，根除“水泥森林”的热岛效应之痛，促进气候循环，节约能源消耗形成的森林生态。以绿色建筑科技为核心，装配式建筑科技产业园为主体，将节能、环保、低碳做到极致的“绿色生态住宅”（图1）。

凯旋花园建于1999年，由中环集团开发，是上海万里城组成小区之一。位于主景观带西侧，总建筑面积8万平方米，共有776户，人均绿化率47%，小区内公共基础设施齐全。近年来，凯旋花园大力推进人居环境整治，在社区微改造，打造公共会客厅、社区微菜场、垃圾分类、创建安静小区等各项工作中，视绿色生态为社区重要的组成部分，不断提升居民幸福感、获得感和社区形象。着力推进综合修缮、加梯等公共设施场所建设，推动绿色低碳生活新风尚，以“低碳、节能、环保”为核心理念的绿色社区正一一形成（图2）。

图1

图 2

## 特色工作

### （1）建立健全社区人居环境建设和整治机制

① 党建引领共同缔造。各主体（机关、企事业单位、社会组织、居民等）共同参与社区人居环境建设和整治工作达 80% 以上。

凯旋公寓居民区党总支成立了“垃圾分类推进领导小组”，坚持党建引领垃圾分类“新时尚”，发挥居民区党组织的领导核心作用，党总支书记带动“两委”班子，通过召开“四个会”，营造“凝聚八方、人人参与”的宣传氛围，把小区的四梁八柱拧成一股绳，逐步建立健全相关管理体制，工作机制和工作责任制（图 3）。

② 搭建沟通议事平台。利用“互联网 + 共建共治共享”等线上线下手段，开展多种形式基层协商，实现决策共谋、发展共建、建设共管、效果共评、成果共享。推动城市管理进社区。

图 3

③ 推动设计师、工程师进社区。设计师和工程师们辅导居民谋划社区人居环境建设和整治方案，有效参与城镇老旧小区改造、生活垃圾分类、节能节水、环境绿化等工作。

为解决老旧小区上楼难、出行难问题，联合街道、业委会、物业、楼组等各方力量成立了一支党员、专家的加装电梯工作小组，为加装电梯事务提供政策、技术咨询服务（图 4）。

图 4

### （2）推进社区基础设施绿色化

① 结合社区综合修缮契机，以基础设施和公共服务设施维护等工作为抓手，积极改造提升社区供水、排水、供电、弱电、道路、供气、消防、生活垃圾分类等基础设施，在改造中采用节能照明、节水器具等绿色产品、材料。综合治理社区道路，消除路面坑洼破损等安全隐患，畅通消防、救护等生命通道。

② 加大既有建筑节能改造力度，提高既有建筑绿色化水平。在基础设施改造建设中落实经济适用、绿色环保的理念和建材（图 5）。

中鹰·黑森林是一个将节能、环保、低碳做到极致的科技住宅，项目遵照欧洲“三升房”节能标准，领先中国几十年达到世界节能标准，比中国普通住宅节能 7 倍。中鹰提倡的低碳节能是从根本上实现的，由于项目采用 19 项欧洲建筑科技系统，

图 5

102 个世界先进节能建材，使得中鹰 · 黑森林从根本上解决了房屋的能量流失（表 1）。

③ 综合采取“渗滞蓄净用排”等举措推进海绵化改造和建设，结合本地区地形地貌进行竖向设计，逐步减少硬质铺装场地，避免和解决内涝积水问题。

④ 大力拆除违法建筑。截至 2018 年已全面完成无违建居村创建，结合“拆建管美”，为垃圾箱房配置太阳能灯照明。目前万里街道正积极探索屋顶资源建设分布式光伏设施，结合园林创建与上海电力合作，拟在万里公园建设光伏类清洁能源，现处于调研阶段。

**表 1　中鹰 · 黑森林房屋节能标准**

| 传热系数 $W/m^2 \cdot k$ | 普通住宅 | 节能 65% 住宅 | 中鹰 · 黑森林标准 | 欧洲平均标准 | 美国标准 | 日本标准 | 备注 |
|---|---|---|---|---|---|---|---|
| 外墙系统 | 1.7 | 0.6 | 0.36 | 0.4 | 0.3 ~ 0.85 | 0.42 | |
| 外窗系统 | 4.0 | 2.8 | 2.0 | 2.0 | 2.04 | 2.33 | |
| 屋面系统 | 1.26 | 0.6 | 0.2 | 0.22 | 0.19 | 0.23 | |
| 建筑负荷 | — | $40W/m^2$ | $16.20W/m^2$ | — | — | — | |
| 结论分析 | 中鹰 · 黑森林的节能标准，高于我国现阶段推行的节能 65% 标准，相当于欧洲标准，处于世界领先水平 | | | | | | |

### （3）营造社区宜居环境

社区绿地布局合理，有公共活动空间和设施。布局和建设各类社区绿地，增加荫下公共活动场所、小型运动场地和健身设施。合理配建停车及充电设施，优化停车管理。进一步规范管线设置，实施架空线规整（入地），加强噪声治理，提升社区宜居水平（图 6）。

图 6

（4）提高社区信息化智能化水平

推进社区市政基础设施智能化改造和安防系统智能化建设。搭建社区公共服务综合信息平台，集成不同部门各类业务信息系统。整合社区安保、车辆、公共设施管理、生活垃圾排放登记等数据信息。推动门禁管理、停车管理、公共活动区域监测、公共服务设施监管等领域智能化升级。鼓励物业服务企业大力发展线上线下社区服务（图7）。

图7 改造前 改造后

（5）培育社区绿色文化

建立健全社区宣传教育制度，加强培训，完善宣传场所及设施设置。运用居委公众号和社区云等信息化媒介，定期发布绿色社区创建活动信息，开展绿色生活主题宣传教育，使生态文明理念扎根社区（图8）。

图8 培训 宣传栏 公众号 LED屏

贯彻共建共治共享理念，编制发布社区绿色生活行为公约，倡导居民选择绿色生活方式，节约资源、开展绿色消费和绿色出行，形成富有特色的社区绿色文化（图 9）。

图 9 活动 居民公约

针对小区缺乏年轻人参与社区自治的现状，通过开展趣味运动会，以“小手牵大手”的形式，由孩子带动父母共同参与活动，增进各家庭成员间的互动沟通，加深对彼此的了解和感情，在活动现场，有居民提出自发组织以物换物活动的想法，得到了其他居民的响应，为社区居民进一步参与社区治理打下坚实基础（图 10）。

图 10

（6）创新特色项目

根据创建要求，中鹰・黑森林已完成“三美丽”建设计划，即安全有序洁净，高效便捷智慧，天蓝地绿水清。道路纳管到位，日常运行良好，道路整洁有序（图 11）。

图 11

## 创建成效

绿色社区创建行动以来，在万里街道党工委、办事处的指导下，凯旋公寓居民区两委班子和业委会、物业公司“三驾马车”协同发力，结合本居民区综合修缮、垃圾分类、电梯加装等工作，秉持着“美好环境与幸福生活共同缔造”的指导思想，不断补齐短板、推广绿色社区理念，从增强小区居民环保意识，从倡导“科学、环保、健康、文明”的生活方式入手，使生态文明理念在社区进一步深入人心，以简约适度、绿色低碳的生活方式，推进社区人居环境建设和整治，着力解决一批居民群众的烦心事、揪心事，推动建设安全健康、设施完善、管理有序的居住社区，实现城市美好生活、人居环境与生态系统共生发展（图 12）。

图 12

# 创建绿色社区　打造品质生活

## ——普陀区石泉路街道品尊国际社区

### 社区概况

品尊国际社区建于2010年，位于上海市普陀区铜川路与岚皋路的交界处，小区东至岚皋路，南至铜川路，西至府村路，北至京沪高铁，紧邻和美商圈，靠近地铁7号线岚皋站，地理位置优越，交通便利。目前为止，辖区共计总户数1 484户，常住人口3 512人，现有社区工作人员8人为社区提供服务（图1）。

图1

为进一步打造绿色环保的生态文明环境，完善社区基础设施建设，在各级政府部门和领导的帮助与指导下，在党总支的带领下，品尊国际社区开展绿色社区创建工作，提升社区绿色宜居的人居环境。

### 特色工作

为进一步打造绿色环保的生态文明环境，完善社区基础设施建设，在各级政府部门和领导的帮助与指导下，在党总支的带领下，品尊国际社区开展绿色社区创建工作，提升社区绿色宜居的人居环境。

（1）规范管理，夯实基础，推进创建工作

创建良好的人居环境，是构建“和谐社会”的需要，是环境管理深入社区生活的具体体现，品尊国际社区把环境改善工作列入社区工作议程。

① 创建工作领导小组

成立以社区党总支书记为组长，居委会主任为副组长，社区干部、物业公司经理为组员的绿色社区创建工作领导小组，制定绿色社区工作计划和工作方案，同时还成立了35人的平安志愿者巡逻队、10人的垃圾分类志愿者队等志愿服务团队，为“绿色社区”创建活动提供有力的组织和人力保障，确保创建工作的顺利开展。

② 强化物业管理力量

小区的狮城物业管理有限公司，有多年的小区物业管理经验，是普陀区优秀物业服务企业之一。物业针对小区的实际情况，制订了绿化管理制度、小区宠物饲养管理规约、房屋出租管理规约、小区车辆管理细则等一系列管理制度，建立健全的管理模式，强化制度落实执行，提升整体的战斗力和执行力，以确保小区的整体环境的美观、和谐（图2）。

③ 团结各方主体

以普陀区创建全国文明城区为契机，品尊国际社区作为创全国检点位之一，团结各主体共同参与社区人居环境建设和整治工作，努力营造一个绿色、健康、祥和的高质量社区环境。

图 2

图 3

### （2）注重宣传，链接资源，提高绿色文化意识

品尊国际社区绿化率达到65%，为了保护绿化，社区进行了一系列护绿行动。

① 丰富宣传途径

通过在宣传栏、公众号、业主微信群等宣传阵地发布绿色环保资讯；在楼道张贴居民公约，让居民人人关心小区环境质量，积极自觉参与营造“绿色社区”的各项活动。携手辖区自治组织和共建单位开展绿色公益活动，让更多的人融入社区。每周四组织开展爱国卫生清洁活动，党员志愿者带头捡拾白色垃圾、整治非机动车乱停放、铲除小广告等（图 3）。

② 开展公益活动

发挥自治团队带头作用，节假日组织亲子清洁活动，通过“小手拉大手”的方式让更多的年轻人服务社区，传达爱护家园人人有责的讯息；利用与开发商支部共建，组织开展美丽庭院建设活动，由绿化工程师带领大家完成庭院测量、景观设计、土地翻新、景观造型搭建；植树节期间，通过护绿系列活动，增强居民环境保护意识，营造邻里和谐、互帮互助的良好氛围（图 4）。

③ 重视培训讲座

居委会不定期邀请街道讲师团等前来为辖区居民传授各类健康常识、防治知识、食品安全卫生知识、垃圾分类知识等，对居民提出的各类问题一一解答，深受居民欢迎。

### （3）加大投入力度，落到实处，严加监管

品尊国际社区创建“绿色社区”工作得到了街道主管部门及居委党组织领导的高度重视，成立一支由主要领导、分管干部、居委会委员、社区志愿者等组成环境保护工作领导小组，确保“绿色社区”工作有组织、有计划、有措施、有活动、有记录。

图 4

图 5

① 完善硬件设施

一直以来，品尊国际社区结合各种创建工作，在市政、环境基础设施建设上投入大量资金，逐步完善辖区硬件设施。我们抓住一期外墙修缮综合改造的契机，对社区 18 栋楼石材进行更新、对黄土裸露地方进行补种绿化、石材整修等改造工程，让社区变得整洁有序。为落实上海市“智慧公安”建设要求，在区委区政府的支持下，石泉路街道全力协助做好智能安防社区在石泉路街道的推进建设（图 5）。

② 维护社区环境

小区内绿树成荫，四季分明，在银杏、樱花树，雪松的映衬下，景色优美。物业公司定期对绿化树枝进行修剪、及时喷洒护绿农药，每年开展“除四害”活动、春秋季灭鼠活动和夏季灭蚊蝇活动，由除害站专业人员培训，做到放药到位，定期巡查及时补缺（图 6）；小区内消防设施齐全，每个楼道及地下室都设有灭火器，能够及时处置突发火灾等意外事故，定期开展消防安全逃生演习，让小区居民初步掌握遭遇突发火灾等意外事故的紧急逃生处理方法。

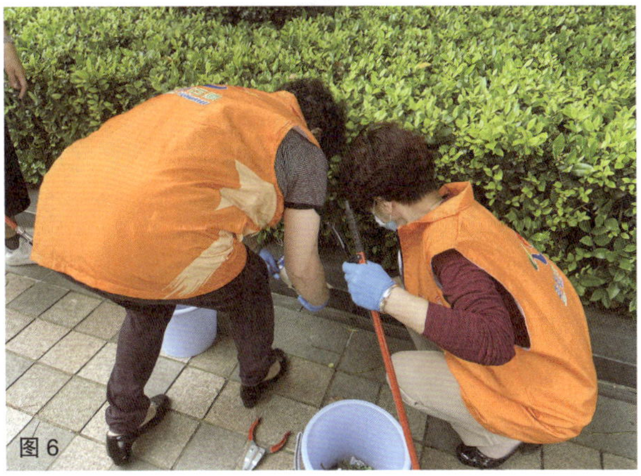

图 6

③ 打造绿色生活方式

小区内有两个比较宽敞的健身器材场地，一个网球场，基本满足小区居民的健身锻炼；乘着“我为群众办实事”的东风，经区政府拨款，街道主管部门打造了更加便捷的 15 分钟社区生活圈；街道主管部门对小区的美丽庭院进行再升级，架设太阳能环保节能灯，成了居民茶余饭后休闲的好去处；无障碍设施建设方便了小区肢体残疾的居民日常出行；对绿色垃圾堆放点的周围进行补种景观树，让堆放点与绿化融为一体，隐秘而整洁。小区积极提倡废电池回收、节能节水等低碳环保活动，垃圾分类工作有序开展（图 7）。

图 7

此外，社区定期组织召开居委会、物业公司联席会议，探讨小区管理的难点，交流管理经验，不断完善小区各项基础设施及绿化养护工作，宣传低碳环保生活，营造一个舒心、称心、安心的绿色小区居住环境。

## 创建成效

创建绿色社区的最主要目的是使公民能够认识和行使自己的环保权利和责任，通过政府与民间组织、公众的合作，把环境管理纳入社区管理，建立社区层面的公众参与机制，让环保走进每个人的生活，加强居民的环境意识和文明素质，推动大众对环保的参与。在建设绿色社区的过程中，增强社区的凝聚力，不断提高人们的生活质量，提升城市品位和环境管理水平，共建绿色和谐家园。

通过“绿色社区”创建工作，品尊国际社区的环境面貌有了很大的提升，同时在小区内，形成了一股居民共同参与创建绿色小区，共同营造宜居小区的全新风貌。我居委会将一如既往地做好各项绿色环保工作，维护小区的美好环境，凝心聚力打造一个绿色和谐的社区环境。

# 红色樱花共议事 绿色家园聚民心

## ——普陀区桃浦镇樱花苑社区

## 社区概况

普陀区桃浦镇樱花苑社区建于1995年，是商品房和动迁房组成的混合小区。小区行政面积40 500平方米，住宅面积44 938平方米，绿化面积9 500平方米，共有10幢41个楼组约950户居民，实有人口约2 100人，其中外来人员660余人，约占实有人口30%，60岁以上老人900余人，约占实有人口42%。小区设有党群服务站、助餐点、阅览室馆、健身广场、健身步道等设施（图1）。

图1

樱花苑党总支下设两个支部，四个党小组，共有党员65名，党总支始终坚持以党建为引领，增强“三驾马车”合力，提高居民群众自治、共治水平，齐心共建美丽家园。

2016年以来小区先后获得全国综合减灾示范小区、上海市文明小区、普陀区五星党支部、普陀区无违建居（村）先进单位、普陀区爱国拥军模范单位、普陀区平安示范小区等荣誉称号，2022年度获评普陀区最靠谱“红色堡垒”称号。

## 特色工作

樱花苑社区坚持健全完善党总支领导的社区自治、共治机制，搭建“红色议事厅”，引领居民全程参与绿色社区创建。在创建工作中，有效对接群众需求，广泛听取群众意见和建议，引导居民共同参与社区人居环境建设和整治工作。

### （1）扩车位、保绿化，综合改造解民需

樱花苑竣工于1995年，设计之初的规划车位只有50个，随着居民生活水平的不断提高，2016年小区的业主车辆就已经达到了150辆，溢出率200%，乱停车现象随处可见，绿化遭到严重破坏，小区环境每况愈下。居民间经常为停车发生矛盾，居委会、物业和公安局不断接到居民投诉。特别是乱停车造成小区道路严重堵塞，消防车、救护车不能进入指定地点，严重威胁到居民的生命财产安全。

为了解决居民停车难问题，社区党总支带领居民群众以“同心家园”建设为抓手，以桃浦镇国家卫生镇复审为契机，一方面积极与物业公司进行沟通，争取上海绿春物业公司对小区综合改造的资金支持；另一方面，党总支多次召开两委班子、业委会、楼组长、居民会议，分析上次改建失败的原因，了解居民对小区目前现状的态度。经过反复论证，最终决定以业委会为主，以“打通绿色通道 构建绿色同心家园”为主题的小区综合改造。

从2016年1月开始，业委会在小区告示栏内张贴“告居民书”把小区这次综合改造的背景和方案告知广大业主和居民，并希望业主提出宝贵意见。

业委会分成6个小组，在居委干部的配合下，逐楼、逐层、逐户地上门征询意见，对一些空关的业主，通过电话进行征询，对实在无法联系的业主采取公示的形式进行告知。通过近3个月的工作，走访征询90%业主，经过统计，已超过三分之二以上业主同意，为项目推进奠定了群众基础。充分体现了居民自治，真正让老百姓自己的事情交给老百姓自己决定。

在镇政府的直接关心和召集下，社区党总支于9月22日主持召开了由社区办、综治（信访办）、12345、规建办、社发办、绿化所、房管办、社区民警等相关职能部门参加的通报会。会上，业委会向上级部门介绍了综合改造的背景和征询结果，物业公司介绍了施工方案。各部门对改建方案给出了非常专业的意见，使小区综合改造更加合法合规。同时，在社发办的大力支持下，增设了一条健身步道，为小区爱好健身的居民办了一件实事。针对小区监控探头模糊的情况，镇综治办当场拍板，对小区的监控探头全部更新升级，为平安社区提供了技防保障。

在综合改造期间，党总支多次召开“三位一体”会议，互相沟通信息。业委会把居民提出的建议跟居委会和物业进行通报，在居委会的主持下，物业根据实际情况，多次修改施工方案，确保居民需求和小区总体规划完美结合。特别是配合健康步道，物业追加投资，把原来的平面绿化改成立体绿化，加装草坪灯，使小区环境更上一个层次。

通过这次综合改造，小区停车位从原来的50个增加到224个，停车位净增三倍多（图2）。在改造过程中尽管减少了2%的绿化面积，但通过向立体空间拓展绿化带的思路，实现了“还绿”，补种了2 500棵杜鹃，68棵樱花树，45棵桂花树，156棵红叶石楠球等相当数量的绿化，通过停车位下铺设草坪砖、打造3D绿化带等措施来提升小区绿化环境（图3）。

同时在阳台增设了污水管，实现了雨污水分流。

图2

图3

还增设了5个雨水收集器的点位，将雨水收集起来，用以供给小区绿化植被浇灌、垃圾房冲洗，实现了资源的循环利用。

### （2）加电梯、护孤老，合力共治暖民心

樱花苑小区房龄近30年，且小区内老年人口占42%左右，老年居民上下楼很不方便，居民的加梯呼声很高。为响应居民呼吁，践行“人民城市”重要理念，樱花苑社区积极推动老旧房屋加梯工程，推动桃浦镇第一台加装电梯成功落地建成。

社区首先向居民宣传本市既有住宅加装电梯的相关政策，并对居民加装电梯的意向进行了初步调查。随后对有意向的楼栋召集居民、居委会代表、业委会代表在一起开沟通会。由居民推举产生了电梯筹建管理小组，居委会为居民议事搭建平台，电梯筹建管理小组向居民答疑解惑，召开讨论会听取居民的意见和需求。为了方便沟通，专门建立了微信群，让居民们随时随地表达意见，了解加装电梯最新进展，合力解决难题。

老小区加装电梯不是“一句闲话”，需要一点一点谈出来。当多家电梯公司找上门时，到底如何选择？为此，电梯筹建管理小组进行广泛调查，收集其他地区的成功案例，并多次将居民们带到实地观摩，详细咨询电梯建造方式和使用情况。经过一番学习考察，最终选择了斯迈普电梯，电梯筹建管理小组从不专业到专业，走出了居民自治的新道路（图4）。

同时，樱花苑党总支在推动加梯过程中坚持主动发挥党建引领作用，动员群众自主参与、主动贡献，促进楼栋居民和谐共商，以和睦互助的邻里关系加速电梯落地建成。

目前樱花苑社区加装电梯已建成1台，在建4台，意向签约16台。今后工作中樱花苑将进一步发挥党建引领作用，带动居民自治，把惠民的好事办好、实事办实，不断提高群众的获得感、安全感、幸福感。

图4

### （3）强党建、共议事，党群服务察民情

樱花苑党群服务中心原地块由两部分组成，一部分是普陀区河道管理所设置河道泵站，另一部分是樱花苑小区建成后居民活动中心。在桃浦新村的开发建设过程中，泵站被闲置遗留下来。由于樱花苑原本的活动中心面积小，仅有6张棋牌桌，和一间会议室，缺乏制度管理，脏乱差现象严重，无法满足居民的文化生活需求。2016年，废旧泵站划拨给樱花苑小区，以打造全新的党群服务站，更好地服务小区里的党员和居民群众（图5）。

为了改造成居民满意的党群服务站，樱花苑党总支多次召开党员大会、楼组长骨干会议，将党员

图 5

和楼组长召集起来，发动党员力量，从思想上加深他们对党群服务站的认知。

在实施过程中，樱花苑坚持以居民需求为导向，共召开了 6 次居民听证会，分发居民意见征询表，收集居民意见。同时结合小区实际情况，居委会干部通过“四百”活动走家串户，问需于民，答疑解惑。根据意见征询表的数据统计分析，针对性设置服务项目，落实党群服务站的功能，真正做到“百姓点餐，政府配菜”。

结合党史学习教育，樱花苑党总支将党群服务站室内墙壁设计为青砖石库门，寓意着中国共产党从石库门出发。在党建文化墙上设置 7 个板块内容，让墙壁会说话，使得社区党员在氛围的感召之下铭记誓言，践行责任。

通过社区资源整合，经过一年的升级改造，党群服务站焕然一新。全新的设施，清晰的办事指南，干净整洁明亮的场所，居民可以根据自己的爱好与需求，选择下棋、阅读、法律咨询、养生讲座、亲子等活动（图 6）。

为了切实服务居民群众，解决“看病远”的难题，在党群服务站设置由桃浦健康共同体与樱花苑居委会联合打造的“健康小屋”，每天由健康联合体成员单位的医生轮流值班，为居民提供健康监测、针灸、中医义诊和配药等健康服务。

通过区域化党建这个平台，桃浦镇盈富公司党委为党群服务站捐赠 1 万余元的活动设备，镇相关部门为阅览室配送了大量的书籍。党群服务中心还设立了亲子活动室，发动居民将家中闲置的儿童玩具捐献出来，促进居民共治共建共享。

为了进行规范化管理和制度化运作，樱花苑党总支以 1+1 管理模式，充分发挥党员和志愿者的共同作用，每周制定排班表进行轮岗监督，保障常规工作的有序开展。

图 6

如今，党群服务站不只是面向党员、居民开放的共享空间，还是具有党建功能、服务功能、融合功能的“红色家园”，真正做到集党员群众教育、管理、培训、展示、服务和休闲于一体，为党员和居民提供综合性服务。

## 创建成效

樱花苑小区地处城郊接合区域、房龄老旧、老龄化占比高，是典型老小区。在现实的社区治理中，樱花苑党总支积极发挥党建引领，彰显党组织的领导核心，将群众的需求摆在首位，通过自下而上地征求意见，提高居民的自治积极性。“嫁接”上最新的绿色低碳理念，成功为社区车位扩容同时，基本保持绿化率不变，同时通过立体绿化等理念增加了绿色植物总数。在综合改造中推进加梯、建设新的党群服务中心，让社区环境更美，居民生活更绿色、方便。让居民切实感受到自治共治带来的成效，从而更进一步提高居民参与社区自治的积极性（图 7）。

图 7

# 群策群力打通苏河岸线最后“断点”党建引领打造绿色滨水两湾

## ——宜川路街道中远两湾城小区

## 小区概况

普陀区宜川路街道中远两湾城是上海中心城区体量最大的小区，总建筑面积153.4万平方米，96个住宅楼栋，11 599户居民，常住人口5万人……一度因业委会运作不畅、物业矛盾复杂、群租问题突出而全市“闻名”。近年来，中远两湾城开启了超大社区的“微治理”模式探索，践行“用脚丈量社情、用心丈量民意”的“丈量”工作法，坚持重心下移、力量下沉、资源下放，党建引领，汇聚力量，完成了业委会换届、物业选聘、苏河贯通等多项“不可能完成”的任务，不断推动这个特大型社区向着“美丽两湾、智慧两湾、活力两湾、平安两湾”的目标前进（图1）。

## 特色工作

（1）践行全过程人民民主，在协商共治中打通苏州河岸线最后的“断点”

2018年，上海提出了“一江一河”五年发展规划，42千米苏州河两岸岸线贯通至关重要，是前期开发阶段难度系数较高、耗时较长的任务。普陀区承担了贯通任务的“半壁江山”21千米，而其中有1.69千米位于中远两湾城小区内部。这样一个特大型社区，“众口难调”一直是常态。贯通工程先后历经三次启动。2020年初，苏州河沿线综合整治工程（中远两湾城段）项目启动宣传初期，区重大办和街道与居民代表开展多次对话。由于中远两湾城小区苏州河沿线土地为小区权属用地，业主对权

图1

属岸线开放共享存在较大争议，少数业主反对贯通且态度强硬，随后受疫情影响项目暂时停滞。2020年4月，街道多次组织专题会议推进，由于业主对沿河步道后续管理存在顾虑，各方诉求多元难以统一，无法达成一致。在此压力下，业委会对召集业主大会就贯通一事征询意见存在分歧，贯通启动未果。2020年10月再次启动贯通工程。宜川路街道深入践行“人民城市人民建，人民城市为人民”重要理念，贯彻落实“按照群众的想法办好群众的事”要求，秉持“丈量工作法”，广泛听取百姓心声，发动群众、依靠群众，保障群众的知情权、参与权、表决权和监督权，把民主协商、民主决策、民主评议、民主监督贯穿于全过程，积极探索全过程民主的有效实现形式和路径，在区委区府的坚强领导下、在各职能部门的通力合作下，街道上下300余名干部日夜奋战，秉持“人靠谱 事办妥”的精神，齐心协力打赢打好苏河贯通攻坚战，在共商共议、共建共享中真正实现了小区1 690米岸线的贯通开放。2020年12月31日中远两湾城召开业主大会，决议同意实施苏州河沿线综合整治工程（中远两湾城段），经过贯通提升，于2021年7月1日正式开放，实现还水于民、还绿于民、还岸于民（图2）。

图2

（2）多元筹资零投入实现乐园微更新，让小区更宜居

中远两湾城第三居民区区域内的三个儿童乐园已近20年，施均老化、破损严重，存在重大安全隐患，但使用率依旧很高。党总支将苏河贯通与民心工程齐推进，通过红色议事厅、民主圆桌会、社区云等线上、线下民主议事平台实地调研，确定乐园微更新项目（宜起来·童成长）。但如果动用维修资金，业主征询又是一道漫长过程。为了给孩子们一个安全的社区室外活动场地，尽快让项目落

地，党总支组建了一支多元化的微更新团队，广泛听取居民的意见建议；同时积极拜访辖区内的共建单位，获得了多家企业和社会组织的捐款，并以募款倡议书的形式号召社区居民共同参与建设儿童乐园，实现了未用一分一毫公共维修资金完成了修缮工程。在施工建设时期，居民区党总支、居委会邀请党小组组长、居民代表、业委会成员、社区能人达人等群众监督力量前往施工现场观摩参观，实现“程序、选材、进度”三公开，使社区居民感受得到“实实在在的变化”，油然而生“殷殷切切的期盼”（图3）。

图3

（3）打造中远万科满意物业，为小区绿色保驾护航

中远两湾城小区4个居民小区由一家物业公司管理，超万户的业主意见、巨额的业主公共收益、低质的物业服务，一度小区形成了“共识难、信任难、管理难”的治理乱象。“换物业”成为近年来百姓最强呼声。2020年10月，中远两湾城业委会终止与中远物业管理发展公司合作，启动公开选聘物业服务企业，经过公开招标和正式签约，2021年2月万科物业正式入驻中远两湾城，打造中远特色的“满意物业”是万科物业给百姓的承诺。物业管理处现有党员15名，成立了由物业经理任书记的中远万科物业党支部，推行“五心服务”“管家式服务”，实行绿化包干，责任到人，责任到管家，也为中远两湾城绿色小区的创建奠定了坚实的基础（图4）。

图4

## 创建成效

当前，中远两湾城正呈现出20年来最勃勃生机，小区在全体业主的共同支持下正向着更美好的未来不断迈进，中远两湾城已成为宜川街道一张闪亮的文化名片。接下来，中远两湾城居民区党总支将进一步发挥党建引领的作用，以苏河贯通为契机，依托苏河水岸党群中心“1690”的整体规划，在项目周边做足文章，坚持为群众办实事、办好事，不断探索具有普陀特色、宜川特点、时代特征的社会治理新模式，建设更多“小而美”的公共文化空间，将中远两湾城这个内环内的特大型社区打造成为党建引领下的市域城市治理的新典范！

# 传承历史文化留住美好记忆
# 共建绿色生态人居和谐环境

## ——普陀区曹杨新村街道源园社区

## 社区概况

源园社区（即曹杨一村）始建于1951年，是新中国成立后，全国大规模建设的第一个工人住宅社区，2004年获评第四批“上海市优秀历史建筑”，2016年入选首批“中国20世纪建筑遗产”。源园社区占地面积14.94万平方米，所辖3个自然小区，常住人口约5 600人（图1）。

源园社区在初建时，即根植了绿色“基因”。辖区内公共空间大、绿化覆盖率高、植被种类丰富，周边环绕有以“水下森林”建设实现自净功能的生态河道－曹杨环浜，并毗邻曹杨公园和兰溪青年公园。以“邻里单位”为理念的前瞻规划，将“人与自然和谐共处”作为重要原则，社区内基础设施完备、围墙外公共配套齐全，居民出行、购物、办事、休闲均十分便捷通畅，是最早的“15分钟社区生活圈”雏形，也是上海劳动模范、先进工作者的集中居住区，素有“劳模新村”美誉。

图1

2021年完成新一轮城市更新改造和优秀历史建筑保护性修缮，成为当年“上海城市空间艺术季”样本社区并向全国推广。源园社区先后获评“全国老年友好型示范社区”“上海市绿色社区”“上海市先进基层党组织”“上海市巾帼文明岗”等荣誉称号。

## 特色工作

面对“保护和传承工人新村建设发展历史”以及“回应和实现人民群众美好生活向往”两个重要“使命”，源园社区以全国“绿色社区”创建工作为契机和抓手，坚持“保留＋更新”“环境＋人文”“自治＋共治”，打造了兼具历史深度、时空跨度、人文温度、新时代高度的人民城市更新改造新样本，最老工人新村重返“青春”，焕发出全新的活力和生命力。

### （1）历保碰撞更新，让美好记忆历久弥新

始终把历史风貌保护放在首位，积极探索研究曹杨一村保护性更新方案，最大限度留存记忆。

①“巧心思”修缮历保建筑

立足居民群众对改善居住条件的迫切愿望，启动并完成历保建筑－曹杨一村修缮工程，坚持做到“三留三新”，即：留外观，新格局。完整保护保留曹杨一村原规划布局、原建筑风貌，向门洞间内嵌区域要“空间增量”，实现修缮前后外观基本保持不变。对内部格局进行更新，实现“非成套”到“套内成套”的目标，提升房屋居住条件和功能，让居民群众有切切实实的获得感。留工艺，新品质。坚持原材料、原工艺的技术原则，特别是在屋面的修缮工艺上，对修缮的屋面瓦特地采购了老的黏土机制平瓦，得以还原历史风貌。同步恢复了房屋南立面后期被拆除的大部分窗间墙，对北立面原有的木结构平瓦雨篷进行了重新拼装复原，并完整落架编号。留设计，新功能。加固原有外墙，对原大方脚基础进行置换，更改为承载能力更好的筏板基础。同时，增加了多道圈梁，并在墙体中增加了原先没有的构造柱，有效提升了房屋的抗震等级。在屋面增加6毫米厚气溶胶二氧化硅毡材保温层，所有窗户更换成中空玻璃铝合金窗，更加节能环保（图2）。

图2

②“靓颜值”美化风貌道路

坚持在修缮历保建筑的同时，加大对周边历史风貌街区的保护与更新，实施三项“美路行动”，即：“清网”行动。率先开展小区周边道路全域架空线入地、多杆合一、杆箱隐形化设计，清除空中“蜘蛛网”、消除街面“黑污染”，使道路环境更加整洁、街容街貌更加美观、空间视觉更加靓丽。“三化”行动。以根植生态本底为目标，始终秉持道路绿化与环浜滨水蓝绿交织的风貌优势，在最大限度地保留现状大乔木的前提下，针对中下层植被进行“绿化、彩化”，打造一街一景的主题风貌。同步设置景观灯光，实现曹杨环浜“亮化”，街区风貌更好保留、更优传承。“海绵”行动。在花溪路、棠浦路、枫桥路等市级林荫道路的修缮中，选择使用环保透水砖，既美观实用，又可更好蓄养水源，达到调节局部温湿、优化空气质量的效果。

③“显特色”塑优空间格局

始终对标建村时的“邻里单位”规划理念推进新一轮更新，竭力打造新时代“15分钟社区生活圈”样本社区，彰显三个“友好”空间格局特色，即：全龄友好。所有楼栋外改建了无障碍坡道、楼道内叠加了无障碍扶手工程，小区内增设多处休闲座椅，实施家庭提高型无障碍和适老化改造。增加停

车位及新能源汽车充电桩，落地“家门口”的非机动车智能充电桩 – “安心桩”家装项目，满足上班族车辆停放和充电需求。睦邻友好。延续曹杨一村“熟人社区”的传统，着力屋外“公共客厅”打造，改建 4 处可以智能控制的户外客厅休闲空间，通过合理布局，开阔景观空间，同时增加特色景观小品设施，让居民群众在其内可以运动健身、休息小聚，儿童也可在其中嬉戏玩耍，享受更加安全舒适的户外活动。智能友好。安装了首次在住宅区使用的 5G 人工智能灯杆，可以同时实现智慧照明、环境监测、LED 户外广告屏、IP 广播、视频监控、报警求助、无人机无线充电，使居民更加便捷、安全。户外智能“公共客厅”特有的智能顶棚和卷帘可根据天气状况自动感应控制，更显贴心（图 3）。

图 3

### （2）文化融入环境，让社区家园温暖如初

始终把传承弘扬第一个工人新村的历史文化价值和传统精神作为根本出发点，持续深化本土特有的劳模文化、绿色文化，推动人景物深度融合、和谐共处。

① 讲好“点”上故事

全心打造村史馆，以时间脉络串联曹杨新村建设发展历史，突出“劳动最光荣”的主题，成为展现新中国工人新村发展历程的微缩史，是第六批市级爱国主义教育基地。村史馆既是面向社区居民开展村史教育、深化家园感情的主阵地，也是面向社会各界进行红色教育、辐射宣传影响的重要载体。在居委会活动用房改建中嵌入式打造“曹杨一村 · 社区故事馆”，通过“共建故事馆 · 曹杨老物件征集”“口述曹杨 · 叙说烟火”等活动，向居民群众征集有时代特征、有纪念意义、有故事传递的生活老物件，充分发挥出故事馆的场所精神符号作用，有效提升认同感、归属感。

② 提升“线”上温度

在围墙上做文章，营造“竖起来”的文化氛围。上演“变形记”，对原来一村的围墙进行艺术改造，把具有历史感、标志性的 S 形窗花作为围墙设计的主要元素，并采用镂空方式，不仅实现了更加透绿的功能，还重现了建村初期“没有围墙的新村”理念，减少了人与自然、房屋的隔阂。打造“微笑墙”，充分发挥围墙的宣传载体功能，拍摄“曹杨人的微笑”主题照片并上墙露天展陈，通过走过路过就能看到的全龄段曹杨人的微笑，向更多人传递幸福、让更多人感受幸福、促更多人追求幸福，涵养更加积极进取向上的健康生活态度（图 4）。

图 4

③ 增强“面”上活力

坚持做特做亮社区内外公共空间特别是绿色空间的精细化利用，让居民在闲庭散步间感受历史与现代的“时空对话”。让地于民，贯通断点。聚焦曹杨的标志性水系 – 曹杨环浜，分段实施滨河贯通工程，通过退墙让路，实现慢行贯通，让居民群众能够更好地亲近环浜，感受生态水系的魅力。释放空间，与民同乐。对曹杨一村健身苑进行改建，通

过破墙透绿、梳理林下空间，活化水岸等手法，重新布局功能场地，形成对弈、闲谈、健身等林荫微空间，打造百姓家门口的花园式健身场地“碧波园”。连点成线，追根溯源。在曹杨一村建村起始点和曹杨环浜源头交会处，以“源·园”命名打造了一处历史风貌街区中承载重要历史渊源和人文内涵且极具特色的开放绿地，用微空间的“一步一景”塑造“寻根之旅”，形成了“城在园中，人在景中”的美丽画卷。

（3）自治叠加共治，让幸福生活共同制造

始终把“人民城市人民建，人民城市为人民”理念作为重要引领，让工人新村“劳动创造幸福”的优良传统成为新时代人民城市建设的价值认同，真正让人民群众成为创建工作的主人翁。

① 共绘愿景蓝图

坚持绘好一张蓝图，规划中做到行政线（区相关委办局、街道相关科办等）、技术线（规划师、设计师、工程师等专业团队）、社会线（“三驾马车”、区域化共建单位等）“三线联动”，努力把政府想做的、专家能做的、居民要做的，整合好、对接好，形成共同目标，切实凝聚建设共识和力量。定期举办“双美曹杨”设计讲堂进小区活动，让设计联盟成员与居民面对面，碰撞思想“火花”。同时线上、线下同步发出“源园 15 分钟社区生活圈征集令”，通过一条条民智共同勾勒心之向往的美好家园。每年依托区域化党建共建单位落地包括生态环保在内的惠民实事项目，营造浓厚共建氛围。

② 建设美好家园

坚持把全过程人民民主贯穿工作始终，用好曹杨特有的四级“人民城市客厅体系”，因地制宜打造“源园百姓会客厅”“源园红色议事厅”“百姓客堂间”“事和院”等多个“家门口、重参与、显文化、有温度”的居民自治平台，让家园建设人人共商、人人可议。先行先试开展了“美好曹杨 Z 造师”行动，鼓励有想法、有热情、有意愿的社区自治达人为身边的“急难愁盼”问题“支招”，让群众智慧更好服务治理。启动“幸福 Plus”治理论坛，重点聚焦电瓶车充电、全域停车管理、楼道堆物整治等治理痛点堵点难点出重拳、用实招，制定《源园居民区〈居民守则〉十条》《源园小区机动车规范管理办法》《源园小区文明养宠细则》等规范性居民公约、制度性管理办法，把民主协商成果转换为实际治理成果（图 5）。

图 5

## 创建成效

面对“保护和传承工人新村建设发展历史”及“回应和实现人民群众美好生活向往”两个重要使命，源园社区以全国“绿色社区”创建工作为契机和抓手，坚持“保留 + 更新”“环境 + 人文”“自治 + 共治”，打造了兼具历史深度、时空跨度、人文温度、新时代高度的人民城市更新改造新样本，最老工人新村重返“青春”，焕发出全新的活力和生命力（图 6）。

图 6

# 7

# 虹口区
## 优秀示范案例

# 贯彻绿色发展理念　携手共建绿色社区

## ——虹口区曲阳街道巴林社区

## 社区概况

虹口区曲阳街道巴林社区始建于20世纪80年代末，是由上海虹房（集团）有限公司开发的售后房社区，建筑面积约为9.2万平方米，常住人口4 847人，外来人口1 013人。巴林社区由42幢多层住宅和3栋高层建筑组成，是一个典型的大体量老旧社区，却是虹口区首个配备“智慧社区”管理平台的试点社区（图1）。

图1

巴林居委成立绿色社区创建工作小组，由居民区党总支书记任组长，统筹协调推进绿色社区创建工作并建立居委绿色社区联席会议制度。联席会议成员包含居委、物业、业委会、社区民警、城管联络员、机关联络员等。成立工作组，协调推进创建工作。

## 特色工作

配合“全岗通周周转”微更新项目和美丽家园建设，扎实推进老旧社区绿色化更新改造。为加快推进生态文明建设，努力打造人人都能有序参与治理、享有品质生活的城市绿色社区。

### （1）开创“物联网”社区

巴林社区配备有170余个智能探测摄像头，实现了社区全覆盖，所有监控、车行道闸等电子设备纳入统一智能平台管理，监控由传统的事后回放和实时人工查看升级成智能发现，如识别垃圾落地、违章停车等，并即时在监控室主机发出预警，再由监控室统一调度，通知物业、保洁等及时处理同时监控新增了移动侦测功能，可实现智能检索回放，大大缩减了查找资料所需的时间和人力。

### （2）智慧门禁系统——“联享家”

社区公共区域的绿色智能化建设，开创了互联网门禁新时代，业主可通过手机实时查看门前情况，获取物业通知、公告，获取社区活动信息等，随时随地掌握社区动态；大力推进了社区管理无纸化进程，既节能环保又方便业主了解社区动态，更整合了社区管理资源，大幅提升社区物业管理水平（图2）。未来智慧社区管理平台会具有广阔的应用场景，随着社区设备升级，包括门禁、消防等都可统一接入综合管理平台，进一步提升社区的管理水平和安防能力。目前，各方正探索将巴林社区智能化管理平台与街道城运中心平台联通，纳入“一网统管”统一管理，实现更多功能。

### （3）节能减排从身边做起

除了在引入智慧化硬件设施外，巴林社区在居

图 2

民身边的便民设施、建筑用材和绿化景观上也有不少巧思。根据绿色社区创建要求，配合“周周转微更新”和“美丽家园”项目，在这块区域设立了海绵步道。这种步道是一种城市生态步道，涉及海绵城市建筑设施技术领域，这种步道所用的材质顶部开设有透水孔，孔内连接有供水棉线，通过透水孔在雨天时为蓄水室积蓄雨水，蓄水室中积蓄的雨水，在晴热天气时蒸发吸热降低步行道附近较高温度，能有效缓解了城市热岛效应。

（4）垃圾分类组合拳

推行垃圾分类行动后，曲阳路街道结合不同类型垃圾的特点以及投放方式，创建了一套垃圾分类组合拳。

首先，为大件垃圾设置固定式带围挡的便民投放点。以往没有投放点时，业主会将建筑垃圾集中投放在一片空地上，周边和顶部没有围挡，扬尘四散，裸露的建筑材料也有安全隐患。自从设立的专门的大件垃圾投放点后，垃圾清运更高效了，空气中没有扬尘了，小区道路也更安全了。

其次，移动式垃圾分类箱配合固定式生活垃圾箱房一起使用。垃圾分类实施后，由于投放时间在早晚两个时间段形成高峰，容易造成垃圾桶来不及清运和更换的问题，同时为了方便业主就近投放垃圾，巴林社区在早晚高峰期增设了移动式的分类垃圾箱体，一方面分散固定式垃圾箱房的处理压力，同时也方便业主就近投放。

最后，针对可回收衣物，巴林社区在小区内增设了衣物回收箱，鼓励业主将不需要的衣物清洗后投放至回收箱内，再由相关单位处理后捐赠给需要的人。经过前期试点，后续，我们也将在巴林社区投放升级版回收装置，届时会引入更智能化的回收箱，将玻璃、药品、衣服、纸箱和饮料瓶分类回收，并通过称重的方式给予业主少量的现金奖励，以激发业主积极性，培养居民形成绿色环保的行为习惯。

## 创建成效

巴林社区的围墙顶部早年使用的是木质围栏，易腐易烂，既难以清洁养护，也不环保，损坏率还极高。近期社区用铝合金材料替代了原来的木质围栏，铝合金材质的密度很低，作为围栏顶部的装饰，轻便安全；同时铝合金具有较好的物理性能，机械性能和防腐蚀性能，表面的铝氧化后会形成三氧化二铝，在材质表面形成一层氧化膜，从而阻止材质进一步氧化（图 3）。

巴林社区拥有曲阳路街道最大的健身苑，面积逾 9 000 平方米，健身器材达 21 件之多，同时它的旁边还建立了一个儿童乐园，为小区儿童的活动增加活动的场所。巴林社区有 3 个花园，分别是 21 弄花园、41 弄花园和 61 弄花园，改造前缺乏规划、绿化杂乱。好几年前，有居民私自在花园里种了约 40 平方米的竹林，后因长期无人打理，变得脏乱不堪，夏天蚊蝇肆虐。这次配合“美丽家园”改造后，

图 3

杂乱的竹林清理一空。通达的人行步道、整齐的红砖墙面让老小区很有“腔调”。“61弄花园”是小区面积最大的中心花园，占地约900平方米。此次改造保留了场地原有形态，利用植被和花坛加以功能区分，地面铺设彩色透水混凝土，环形步道围合场地，并设置若干休闲长廊与坐凳。花园改造完成中，还邀请了社区内，喜欢钻研花草的业主，提出改造建议，有的业主还主动拿出自己的植物增添进景观里。现在巴林社区的三个花园都像业主们的三个“孩子”，从设计到建设都有业主的参与，因此业主们都积极参与到后期养护中来，时不时清理杂草和垃圾，以前绿化带堆物的现象自此一去不返。绿色社区的创建不仅仅是硬件设施的提升改造，让居民心中有绿色，行为有绿色、才能创建出真正的绿色社区（图4）。

巴林社区将持续深化绿色社区创建工作，实现社区人居环境整洁、舒适、安全、美丽、高效、节能的目标。

图4

# 创建绿色社区　打造宜居家园

## ——虹口区凉城新村街道复旦社区

### 社区概况

复旦居民区地处凉城新村街道东北片区，建成于20世纪80年代末，小区建筑面积约11万平方米，小区有85个楼组，1 598户居民，居民区党总支下设5个党支部，有党员137人，居民区80岁以上老人348人，独居老人92人。居民区有200多平方米的多功能活动室等服务设施，是一个环境优美、设施齐全、邻里和睦的温馨小区。复旦居民区历年被评为上海市文明小区，2018年荣获市级自治家园称号（图1）。

图1

### 特色工作

#### （1）党建引领，健全绿色社区创建机制

复旦居民区坚持党建引领，运用网格化党建平台，引导业委会、物业、辖区单位、社区居民等各方力量共同参与绿色社区创建，充分发挥复旦居民区党组织的战斗堡垒作用和党员先锋模范作用。在绿色社区创建工作具体推进过程中，一方面，建立了以党总支为核心，居委会为主导，居民代表为主体，业委会、物业公司共同参与的“五位一体”的联席会制度，对标对表绿色社区创建标准，进一步明确各方责任分工，实现决策共谋、发展共建、建设共管、效果共评、成果共享。

#### （2）以人为本，积极搭建沟通议事平台

复旦居民区坚持以人为本，充分发挥为民服务作用，突出为民做好事，办实事，走访入户，拉近居民群众的距离。为创建绿色和谐文明社区打下了良好的基础。居委会管理团队内提倡和试行了“五心”工作法，即热心、耐心、细心、用心、责任心，积极搭建沟通议事平台，将凉城特色“三委联动”工作机制与绿色社区创建工作有机融合，在建立健全社区人居环境建设和整治机制、推进社区基础设施绿色化、营造社区宜居环境、提高社区信息化智能化水平、培育社区绿色文化等方面，切实发挥居委会、业委会、物业的积极作用（图2）。

图2

（3）形成合力，绿色社区成果共同维护

复旦居民区围绕“复旦缘”核心理念，搭建“一会四缘”自治组织架构——老教师议事会，服务聚缘、科普家缘、多彩艺缘、幸福良缘，凝聚社区居民参与社区公共事务，形成绿色社区创建合力。

① 强宣传

充分利用小区及楼道宣传栏、黑板报、居民活动室等阵地，通过制作各类宣传牌、张贴公告等，广泛动员社区居民从我做起、从小事做起，形成了绿色社区共同建设的良好氛围。

② 重自治

发挥社区各类自治团队的积极作用，结合复旦居民区实际，在开展绿色社区创建活动的过程中，进一步增强社区居民环境保护意识和绿色文明理念。

③ 添服务

居委在充分发动小区居民参与志愿者服务的情况下，组建绿色社区创建志愿者服务队，结合区创文创卫等相关工作，积极开展社区环境整治，巩固美丽家园建设成果，在小区内定期巡查，劝阻居民不文明行为，形成长效化、常态化的社区人居环境建设和整治机制，有效地保持小区环境常年整洁如新，绿树如荫（图3）。

图3

## 创建成效

在区、街道各部门的大力支持下，在居委会、业委会、物业、社区居民的全力配合下，通过美丽家园建设，社区环境面貌焕然一新。如今，如同花园式的小区全景一览无遗：小区东大门到街坊路，灯光璀璨，夜景如画；一排排机动车错落有致地按要求停泊，在路灯照耀下整齐划一；各支弄路面人行道贯通整个区域，消防通道畅通无阻，标志明确；各块绿化地带郁郁葱葱，各幢楼房外墙粉刷一新，消除了外墙渗漏隐患，给人一种美的享受；各楼道内民用管线归并合拢不外露，墙面栏杆进行粉刷和油漆，防盗门修缮一新（图4）。

图4

此外，在广泛听取社区居民意见建议的基础上，复旦居民区合理设置垃圾分类投放点位，通过定人、定岗、定时管理措施和各类宣传活动，引导社区居民准确投放生活垃圾，得到了社区居民的大力支持。随着社区环境面貌的不断改善和提升，社区居民的获得感、安全感、幸福感明显增强。

# 植入“绿色”芯片　共建宜居社区

## ——虹口区江湾镇街道忠烈社区

## 社区概况

虹口区江湾镇街道忠烈社区位于场中路32弄，建成于1986年，至今已有37年。地理位置上东至新市北路，南与丰镇居委接壤，西至南泗塘河，北至场中路。社区总建筑面积共有3.6万平方米。2015—2018年忠烈小区两次被评为“虹口区文明小区”（图1）。

图1

一年来，忠烈社区党支部、居委在市、区有关部门的关心指导下，在江湾镇党委、政府的领导下，依靠小区广大居民群众，坚持以习近平生态文明思想为统领，以基层社会治理现代化建设为抓手，结合本社区现状创特色，因地制宜出亮点，积极创建文明绿化社区，打造生态宜居环境，提高居民的综合素质。2022年忠烈小区通过政府投资进行“美丽家园”改造，改善和更新小区硬件设施，为居民提供一个环境舒适整洁的居住环境，改善和美化小区面貌，使居民们走出家门即走进后花园，“小蜜蜂”志愿队的队员们每天定时在小区巡逻，维护社区环境卫生，真正做到“人民城市人民建，人民城市为人民”！

## 特色工作

忠烈社区积极贯彻生态文明建设，开展绿色社区创建行动，通过建立健全社区协商机制，搭建沟通议事平台，积极引导居民全程参与绿色社区创建，带动社区居民积极参与生态守护主题活动，营造自己家园自己建，自己家园自己爱，自己家园自己管，自己家园自己护的氛围。

### （1）完善环境整治体系，提升整治效能

自2021年7月22街道召开绿色社区创建动员会以来，忠烈居民区始终坚持党建引领、居民自治，居委书记、主任联合辖区单位，共同推进绿色社区创建工作。一是成立绿色社区创建工作小组。街道动员会后，忠烈居民区组织召开绿色社区创建动员会，成立绿色社区居民区工作小组，由居民区党组织书记、居委会主任任双组长、小区业主委员会、小区物业经理、城管联络员、社区民警任副组长，建立健全绿色社区双周联席会议制度，构建沟通议事平台，联席会议对小区管理中存在的问题进行讨论研究，并及时予以有效解决。二是建立“绿色社区整治工作群”专项线上工作群。召集小区物业经理、小区业主委员会、楼组长、志愿者等组建工作群，共同参与绿色社区创建工作，交流工作内容，畅通信息沟通渠道，对标创建标准，及时发现问题，反馈整改内容。三是充分调动小区治理达人，

完善小区整治机制。积极发动业委会、物业公司、志愿者、治理达人等小区力量，共同参与小区专项整治工作中，如：垃圾分类投放点整治工作、创文明城区楼道整治工作、小区防疫工作等。为居民谋划人居环境建设和整治方案。如：垃圾分类定时定点工作方案、加装电梯工作推进方案、社区绿化环境整治方案等。在垃圾箱房选点建设上，通过绿色社区专项整治平台，构建沟通桥梁，完成居民征询，垃圾箱房改造方案。在小区整治工作上，结合创文工作，共完成楼道整治 73 个，绿化补种 6 处。如防疫期间，坚持设置防疫门岗，做好小区防疫宣传（图 2）。

图 2

### （2）推进社区基础设施绿色化，植入绿色环保理念

一是积极配合城市数字化体检，开展房屋安全普查工作。依托房屋安全数字化平台，对辖区内危房进行登记，排除安全隐患。共排摸梳理房屋 73 处。二是结合美丽家园建设，提高小区整体规划水平，开展社区道路综合治理，拓宽生命通道，改善居民出行问题。同时，通过绿化合理调整，缓解机动车及非机动车停车位。联合物业共新增非机动车充电设施 100 个。三是生活垃圾分类全覆盖。通过分类垃圾桶的设置，落实分类指导、分类巡查、分类驳运各个环节责任，实现了小区垃圾分类全覆盖，营造全小区参与垃圾分类的良好氛围，共同维护良好的小区居民生活环境。四是结合“六无”创

图 3

建工作，对小区内存在的违规破墙、违法搭建进行拆除整治，打造“无违建”小区（图 3）。

### （3）营造社区宜居环境，打造“海绵”社区

一是规范社区停车。结合美丽家园建设和小区微改造，合理规划停车布局，指导机动车和非机动车规范、有序停放，合理规划电动车充电桩和非机动车充电设施。目前，小区“三证合一”车辆共 350 辆，机动车停车位 350 个，非机动车停车位 440 个。二是开展适老化改造。结合适老化改造和加装电梯工作，小区全面推进适老化改造工作。目前，已对全小区加装电梯可行性进行排摸，适合加装电梯的 19 栋，较难加装的 54 栋。此外，结合服务办适老化改造工作，组织发动宣传老年人对居住房屋进行部分适老化改造。三是建设海绵社区。忠烈社区结合美丽家园综合改造项目，在小区中心公共活动空间构建雨水循环系统。屋面、绿地，还是小区道路，都成为“海绵体”吸收存储大量雨水，并在需要时将蓄存的水“释放”并加以利用，海绵花园更注重，雨水的自然积存、自然渗透和自然净化，同时，海绵花园降低积水风险，削减雨水径流污染，有效地补充地下水，缓解城市热岛效应，可以平衡区域生态系统是一种绿色可持续的雨水排放模式（图 4）。

### （4）提高信息化水平，打造“智能”社区

一是提高智能化管理水平。目前辖区内共有

图 4

3 个小区，已安装机动车电子道闸 3 处，所有小区设置电子门禁系统，小区物业建立了巡查机制，对发现的门禁损坏等问题及时建立保修机制。二是提高物业管理水平。社区目前共有物业 3 个，达到居住管理覆盖率 90% 以上。三是提高业委会运作能力，目前社区的 3 个小区都完成业委会组建工作，业委会成员以党员为主，均能较好完成履职工作。

（5）培育社区绿色文化，打造“文化”社区

一是进一步加大居民区宣传氛围，通过宣传栏、宣传展板等丰富形式，加强居民区氛围营造，提高居民绿色社区文化知晓率。二是针对特殊人群开展绿色社区入户宣传，对租户、白领及不配合绿色社区创建工作的居民积极开展入户宣传。三是要进一步围绕绿色社区开展工作，因地制宜地完善“一小区一方案”，要在充分调研的基础上，制定适合小区实际的绿色社区实施计划，以绿色社区创建标准对标各方职责，进行责任项目考核。

## 创建成效

忠烈社区坐落于虹口北部老镇的江湾镇街道，是江湾镇历史最悠久的社区，在忠烈社区党总支的引导下，积极弘扬爱国情怀、“习近平生态文明思想”和中华民族传统文化，积极开展丰富多彩的绿色文化宣传活动。在党总支的领导下，全体居民积极参与，绿色社区创建给居民带来了实惠的体验，小区的公共活动空间面积增大了，停车的顽疾得到了改善，绿化品质得到整体提升，小区居民的获得感和满意度得到了明显的提升（图 5）。

图 5

# 共建绿色发展社区　营造绿色宜居环境

## ——虹口区嘉兴路街道天虹社区

### 社区概况

天虹社区位于嘉兴路街道北部，以天镇路、瑞虹路路名各取一字命名，地理位置为东靠虹镇老街，南至沙虹路，西与新港居委会相邻，北临新港路，辖区面积为13.63万平方米，管辖范围为瑞虹新城悦庭和瑞虹新城郡庭以及正在施工建造的中粮海景三个高档商品房小区。近几年来，天虹社区荣获无入民宅盗窃案居委会称号、虹口区平安示范小区等荣誉称号（图1）。

图1

### 特色工作

天虹社区位于虹口区瑞虹新城高档社区板块，小区楼盘属于金级楼盘，提供12小时前台酒店式服务，24小时对客服务。尊享紫荆花级服务，具有港式特质服务，传递尊享、无忧、贴心的服务理念（图2）。社区物业公司获得市物业协会颁发的上海市物业管理优秀示范项目。社区也逐步建立多元化老年活动室，给辖区老年人一个活动场所，通过开展阅览室、书画室、舞蹈室，以及各项室内体育项目来保障社区老年人的生活。同时社区定期举办瑜伽班、冥想班、游泳社、足球社等活动，增加居民与居委干部、物业工作人员的黏性。

天虹社区目前正在打造天虹会客厅项目，会客厅将以持续运营与赋能在地为主要目标，组织日常运营、引入特色社区服务、支持自治组织活动，以点状的会客厅为出发点，通过环瑞虹区域的周边社区的空间打造、资源链接，共创具有瑞虹街区影响力的整体品牌活动，持续打造系统性的联动社区的环瑞虹街区活力舞台。同时，坚持高标准引领、高品质服务，继续打造“环瑞虹美好嘉园”等社区自治品牌项目，实现社区治理资源整合、力量融合、功能聚合、手段综合，构建公共服务圈、群众自治圈和社区共治圈（图3）。

图2

图 3

## 主要做法

### (1) 党建引领，加强组织领导

在嘉兴路街道绿色社区创建工作领导小组的指导下，成立了以天虹社区党支部书记为组长的绿色社区创建工作小组，制定了创建行动方案，并多次召开会议传达上级部门创建的要求和目标，组织相关人员学习创建标准。结合天虹社区实际情况，分析重点难点问题，统筹推进绿色社区创建工作。通过强化绿色社区创建宣传，着力改善宜居优质生活环境，增强社区民众生活环境保护意识和绿色文明理念。

### (2) 搭建平台，统筹合力攻坚

为有效推进绿色社区创建工作，由天虹居委牵头，搭建基层治理服务平台，引入红色物业理念，利用党建优势成功将物业、单位、楼栋党员、居民志愿者等优势资源盘活，推动规划师、设计师、工程师进社区，充分发挥专业人员作用。倡导居民发声、社区共建、方案共享的综合治理理念，逐步形成“事务共议、资源共享、难题共解、发展共促”的良好格局，统筹推进绿色社区创建。构建社区议事平台，助推居民自治管理（图 4）。

### (3) 广泛宣传，营造良好氛围

重点抓好宣传，梳理排摸和组织协调开展集中整治，推动绿色社区基础设施建设等工作。社区创建工作小组多次组织党员及楼组长会议，传达有关文件精神，做好绿色社区创建宣传和引导工作。利用社区各种宣传载体及开展环保公益等绿色宣传活动为创建绿色社区活动营造一个良好的人文氛围。建立社区志愿者队伍，发动居民创造良好社区环境，保证楼道社区整洁卫生，做好垃圾分类等工作（图 5）。

图 4

图 5

## 具体内容

### (1) 建立健全社区人居环境建设和整治机制

党建引领，党政同责共同促进绿色社区创建。坚持美好环境与幸福生活共同缔造理念，各主体共同参与社区人居环境建设和整治工作。建立社区志愿者队伍，发动居民创造良好社区环境，保证楼道社区整洁卫生，做好垃圾分类。对绿色社区创建行动中涌现先进个人予以表扬鼓励。定期召开小区例会，共同商议社区事宜。利用社区云平台，发送居民通知等信息。

### （2）推进社区基础设施绿色化

完善社区各类基础设施，开展社区道路综合治理，实现小区生活垃圾分类全覆盖，措施落实到位。并根据小区居民的生活习惯和实际需求，增设周末垃圾分类投放时间。并开展了海绵化改造和建设，收集场地内的雨水经处理水质达标后，用于绿化浇灌、地库冲洗、道路浇洒、水景补水等（图 6）。

NO.20190901RO0762

二星级绿色建筑标识证书
CERTIFICATE OF GREEN BUILDING LABEL

建筑名称：上海瑞虹新城二号地块发展项目

建筑面积：15.5805万m²

完成单位：上海瑞虹新城有限公司、上海市建筑科学研究院、上海丰诚虹口物业管理有限公司

| 评价指标 | 设计值 | 实测值 |
| --- | --- | --- |
| 建筑节能率 | 65.00% | 70.11% |
| 可再生能源利用率 | — | — |
| 非传统水源利用率 | 3.46% | 3.46% |
| 绿地率 | 30.00% | 37.37% |
| 可再利用可再循环建筑材料用量比 | — | — |
| 室内空气污染物浓度 | 设计阶段不参评 | 符合GB 50325和GB/T 18883 |
| 物业管理 | 设计阶段不参评 | 通过ISO 14001认证 |

说明：

1 评价依据《绿色建筑评价标准》(DG/TJ08-2090-2012)；

2 “评价指标”为代表性绿色建筑评价指标，整体评价查阅《绿色建筑评价标识报告》；

3 此证在有效期满后自动失效。

有效期限：2019年9月30日-2022年9月29日　签发日期：2019年9月30日

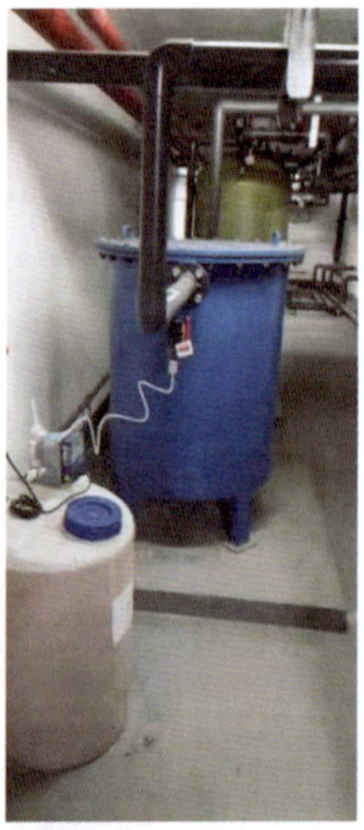

图 6

图 7

### （3）营造社区宜居环境

为提升小区内部道路交通环境，解决小区内车辆乱停放问题，开展社区内规范停车秩序管理，加大保安巡查力度，增加社区内硬隔离设施，人防物防相结合，促进停车秩序规范，努力做到停车入位、对号停车。实现车辆有序停放、消防通道畅通。根据小区实际情况，优化绿地、休闲空间，建设适老且无障碍的公共活动场所；完善更新带有安全扶手和靠背的公共休息座椅；增设有安全防护措施的公共健身器材。合理布局建设公共绿地，大力推动绿地建设，提升辖区绿地覆盖率，提升生态水平（图 7）。

### （4）提高社区信息化智能化水平

建设和完善智能化安防系统，保证系统使用完好。小区物业管理全覆盖。社区采用新颖的酒店式管理，除小区业主外的人员须经过门禁访客系统方可入内。外来人员在大堂扫码进行访客登记，根据不同的标签进行分类。在各个出入口都配备了足够多的保安，对进出人员进行检查，即使发生有外来人员未登记进入，进了大门也无法进入其他的门，并且在大堂和室外均设置了监控摄像头，有专门安保人员进行实时查看。

在嘉兴路街道办事处的领导下，区联席办和区精推办的工作指导下，天虹社区通过绿色社区创建活动，不但取得了显著的效果，更重要的是提升了居民绿色文明理念，美化了社区居住环境，浓厚了社区文化氛围，增强了社区居民的凝聚力。天虹社区将继续把绿色社区创建工作深化，实现社区人居环境整洁、舒适、安全、美丽的目标。

# 贯彻绿色发展理念　携手共建绿色社区

## ——虹口区欧阳路街道祥东社区

## 社区概况

祥东社区始建于20世纪70年代末，属于多层售后公房社区，辖区面积为6.96万平方米，共有1个小区祥东小区，涉及32幢楼64个门栋、1 555户居民，老龄化比例高达46%，80岁以上老年人占老年总人口的19.3%。

2021年祥东社区被评为虹口区文明小区，同年也被评为上海市文明小区。

一年来，祥东居民区党支部、居委在市、区有关部门的关心指导下，在虹口区欧阳路街道党委的领导下，依靠小区广大居民群众，坚持以习近平生态文明思想为统领，以基层社会治理现代化建设为抓手，结合本社区现状创特色，因地制宜出亮点，积极创建文明绿化社区，打造生态宜居环境，提高居民的综合素质。

## 特色工作

（1）建立健全社区人居环境建设和整治机制

绿色社区创建要与加强基层党组织建设、居民自治机制建设、社区服务体系建设有机结合。搭建沟通议事平台，实现决策共谋、发展共建、建设共管、效果共评、成果共享，推动城市管理精细化进社区。有效推进城镇老旧小区更新改造、生活垃圾分类、节能节水、环境绿化等工作。

（2）政府优化服务，当好民心工程服务员

积极践行服务为民、治理为民，坚持服务群众是不可撼动的治理基石。为居民群众答疑解惑，指导形成资金分摊方案，积极响应居民个性化诉求，帮群众算好明细账；大力倡导睦邻友好、远亲不如近邻的传统美德，讲真心话、诉邻里情，同群众打好感情牌；从换位思考的角度切实考虑低楼层尤其是一楼业主的权益，加装电梯征询时多代入他们的感受，拟定设计方案时多考虑他们的诉求，议事协商时多听取他们的意见，对群众有同理心。

（3）“家园党建”统领打造加梯会客厅

祥东小区，老龄化比例高达46%，80岁以上老年人占老年总人口的19.3%，群众加梯意愿非常强烈。为了解决好此项事关百姓生计的“关键小事”，在区委的坚强领导下，欧阳路街道以“家园党建”为统领，将全过程人民民主贯穿始终，统筹好“美丽家园”和“加装电梯”工作。“加梯会客厅”不仅是小区居民可以坐下来有商有量的“客堂间”，也是融合多方工作力量的中枢站，把全方位的加梯服务便利送到小区里，送到群众家门口（图1）。

（4）畅通一张“工作互联网”，为加梯工作助力增效

“美丽家园”改造和加装电梯都是民生工程、民心工程，两者之间不应是自扫门前雪的“局域网”，而要形成同心协力、资源共享、上下联动的工作互联网，打好民生“组合拳”，力求让“1＋1”的效果远远大于“2”。

通过美丽家园改造合理规划小区道路和休闲区域，调整小区绿化，释放公共空间，增强配套设施，把原本只能解决停车难或下楼难的单项选择题，变为既能增加停车位，满足居民停车需要，也能腾出

图 1

空间加装电梯的多项选择题（图 2）。

在美丽家园改造过程中，推进了一系列改造项目，修订了新的停车方案，解决了停车难的瓶颈问题，居民契约意识增强，人心更齐了，群众参与度也更高了，“三驾马车”能力和形象得到很大提升。

图 2

这些力量成为加梯工作的生力军，提升居民对加梯工作的支持力度，为加梯工作奠定好基础、铺平了道路。

### （5）提高社区信息化智能化水平，培育社区绿色文化

推进社区市政基础设施智能化改造和安防系统智能化建设。搭建社区公共服务综合信息平台。整合社区安保、车辆、公共设施管理、生活垃圾排放登记等数据信息。推动门禁管理、停车管理、公共活动区域监测、公共服务设施监管等领域智能化升级。

把绿色社区创建纳入社区宣传体系，定期发布绿色社区创建活动信息。贯彻共建共治共享理念，编制发布社区绿色生活行为公约。

## 创建成效

（1）党建＋动力，积累社区治理发展新动能

依托家园党建平台，街道发挥牵总协调作用，推动居民区党总支与社会组织、代建单位的融合互动，积极促进观念融合、资源融合、服务融合，引领社区党员和居民群众同心同力，凝聚共识，共同助推整小区加梯工作顺利开展，为有效提升小区环境品质和提高社区精细化管理水平注入更多原生动力。

（2）居民＋自治，受益群体“一个都不能少”

自始至终坚持把底楼居民纳入加梯工作，特别是居住在一楼的楼组长，从意见征询到倾听诉求，从参与协商到工程监督，绝不让他们在加梯中“被掉队”，把他们转变成为宣传加梯、上门动员、协调矛盾的有力补充，成为居民自我管理、自我教育、自我服务的强大能量，进一步凝聚形成居民利益共同体，让所有群体通过加梯拥有获得感、满足感。

（3）家园＋幸福，小区改变不只是表面

目前，小区符合加装电梯条件的35个门栋中民主征询通过30台，报建通过28台，正在施工的有14台，效果正逐步显现出来。美丽家园改造提升了小区环境面貌，加装电梯让老小区从本质上华丽蜕变，窗外新气象、出行更便利使整个小区幸福感叠加，更多居民通过家园改造和加装电梯拉近距离，产生融入小区治理的热情，小区由外及内有了“质”的飞跃（图3）。

图3

# 8

# 杨浦区

## 优秀示范案例

# 贯彻绿色发展理念　奋力谱写绿色社区

## ——杨浦区长海路街道教师公寓社区

## 社区概况

杨浦区长海路街道教师公寓社区位于上海东北部，社区占地18万平方千米，东至包头路，西至营口路，南至浣纱三村和浣纱四村，北至翔殷路。绿化面积9万平方米，绿化覆盖率达50%（图1）。绿色社区创建、完整居住社区建设等工作为切入点，建立和完善党建引领城市基层治理机制，搭建沟通议事平台，激发居民参与的主动性、积极性，推动构建"纵向到底、横向到边、共建共治共享"的社区治理体系，实现"互联网+"决策共谋、发展共建、建设共管、效果共评、成果共享。

图1

教师公寓居民区党支部、居委在市、区有关部门的关心指导下，在长海路街道党工委、办事处的领导下，依靠小区广大居民群众，坚持以习近平生态文明思想为统领，以基层社会治理现代化建设为抓手，结合本社区现状创特色，因地制宜出亮点，积极创建文明绿化社区，打造生态宜居环境，提高居民的综合素质。

## 特色工作

### （1）建造智慧宜居环境

绿色社区不仅仅是有树有草，还有许多硬指标。要开展社区道路综合治理和建设（图2），推进生活垃圾分类全覆盖；要形成社区居民绿色生活行为公约等浓厚的绿色文化氛围；推动适老化改造，增加荫下公共活动场所（图3）、小型运动场地和健身设施；还要建设智能化安防系统等，达到较高的信息化智能化水平，整合社区安保、车辆、公共设施管理、生活垃圾排放登记等数据信息，推动智能化升级；针对新冠肺炎疫情暴露出的问题，加快社区服务设施建设，补齐在卫生防疫、社区服务等方面的短板，打通服务群众的"最后一公里"……将绿色发展理念贯穿社区设计、建设、管理和服务等活动的全过程，以简约适度、绿色低碳的方式，推进社区人居环境建设和整治，不断满足人民群众对美好环境与幸福生活的向往。结合绿色社区创建，探索建设安全健康、设施完善、管理有序的完整居住社区。使生态文明理念在社区进一步深入人心，推动社区最大限度地节约资源、保护环境。

图 2

图 3

(2) 培育社区绿色文化氛围

教师公寓居委会建立健全社区宣传教育制度，加强培训，完善宣传场所及设施设置。通过每月一次“四位一体”会议、一年一次群众评议会、重大事宜听证会的“三会”制度，既提高了居委工作目的性和公益性，同时使得居委会的工作有了更强的合法性和更加广泛的群众性（图 4）。运用社区论坛和“两微一端”等信息化媒介，定期发布绿色社区创建活动信息，开展绿色生活主题宣传教育，使生态文明理念扎根社区。依托社区内的中小学校和幼儿园，开展“小手拉大手垃圾分类进社区”等生态环保知识普及和社会实践活动，带动社区居民积极参与。贯彻共建共治共享理念，编制发布社区绿色生活行为公约，倡导居民选择绿色生活方式，节约资源、开展绿色消费和绿色出行，形成富有特色的社区绿色文化。

图 4

(3) 积极实现居民自治管理

绿色社区建设队伍除了居民区党总支、居委会、业委会外，还有一个由居民组成的一个协商议事平台。通过公开招募、自愿申请、个别遴选等方式，招募了 25 位品行正直端正、关心社区事务、具有一定专长的居民，成立了“智多星议事堂”。议事堂根据成员的专长特点，下设一个综合议事小组和四个专业议事小组（安保组、绿化组、环保组和工程维修组），制定议事规则，确定了调查研究、提出议题、开会讨论、形成方案、提请表决、推动执行、民主监督、事后评估等 8 个工作环节，定期召开议事会议，保障群众关心的事务议而有决、决而有行、行而有果。议事堂还与业委会合办《讯桥》简报，及时收集社情民意，同时将议事堂会议结果以及居委会、业委会、物业等部门的工作动态传递给居民，充分发挥桥梁作用。

在“美丽家园”综合改造过程中，大家对要不要在小区草坪上开辟漫步小道也曾展开过激烈争论（图5）。经过一次次“交锋”，休闲步道的设计图跃然纸上。随之带来的是居民们漫步时的欢声笑语、其乐融融，点燃的是他们的归属感与自豪感。教师公寓“智多星议事堂”深入践行人民城市重要理念，把握城市基层社区治理规律，久久为功、持续打造“人人参与、人人尽力、人人享有”的绿色社区治理环境和绿色社区文化，让每位居民成为美好家园的建设者、行动者和享有者。

图5

## 创建成效

教师公寓所辖兰花教寓、兰馨雅苑、安波路200弄荣获市级文明小区和上海市节水型小区称号，居民区党组织多次荣获杨浦区先进基层党组织称号；居委“妇女之家”荣获上海市十佳及上海市提高级“妇女之家”等荣誉称号；“智多星议事堂”自治项目被评为杨浦区十佳项目、“三微治理”优秀案例；2021年小区被评为上海市绿色社区；“巧手坊－裁剪缝纫班”获得杨浦区“学习型老年团队”称号；教师公寓居委会在长海路街道年度考核中被评为优秀集体；2022年度小区被评为全国示范性老年友好社区。

教师公寓居委积极打造绿色宜居社区，绿色社区创建小区达到100%以上；居民区党总支将继续在精细化管理上下功夫，结合居民区工作实际，开阔工作思路，拓展工作内容，创新工作方法，丰富活动载体，提高办事效能，力求各项工作因细而亮、因细而精、因细而实，持续探索“绿色小区”品牌特色，倡导居民家中都要自觉使用清洁能源，自觉保护花草，增强节水、节电、爱绿护绿的意识。在社区带动下，居民积极参与绿化美化，屋前屋后养花种草，绿色卫生意识普遍得到了增强，从而使广大居民由被动接受转为主动参与，不断提高居民的安全感、获得感、幸福感，形成了人人参与创建绿色社区的良好氛围。

# 加强绿色社区建设　创建文明和谐社区

## ——杨浦区新江湾城街道九龙仓玺园居委会

### 社区概况

九龙仓居民区占地面积0.59平方千米，东至政澄路，西至淞沪路，南至国晓路，北至殷行路。共有11幢小高层和一幢会所，共510户，常住人口1 675人。在新江湾城街道的正确领导下，九龙仓居委会坚持以群众为主体，以为群众解决最关心的环境问题为重点，开展宣传动员、微改造、流浪猫整治等一系列绿色社区创建工作，大大提高了辖区内的人居环境，取得了有效成果（图1）。

图1

建设和完善整体环境，创建适宜居住的绿色社区，需要小区全体居民的共同参与。九龙仓居委坚持党建引领，“三驾马车”齐头并进，共建绿色社区。定期召开居委会、业委会、物业联席会议，加强疫情防控，“三驾马车”拧成一股绳，凝聚成一股强大的战“疫”力量，带领广大志愿者和社区居民，为九龙仓居民区筑起了“铜墙铁壁”。由居民区党组织、居委会牵头组织业委会、物业公司、居民代表等共同协商决策，坚持“众人的事情众人商量”原则，积极搭建居民区联席会议平台建设，做到“事前听证、事中协调、事后评议”，利用互联网平台等线上线下各类途径民主协商，听取居民关于小区环境、施工建设、物业管理等方方面面关系民生的诉求和需要，在大家的共同努力下，九龙仓玺园从2013年起多次获得市级及区级文明小区称号（图2）。

图2

### 特色工作

九龙仓居民区是一个新型的居民住宅区，如何将小厅更好地利用起来，实现好的人居环境建设成为居民们日益讨论的话题。九龙仓玺园居民区党组织充分发挥领导核心作用，以小区居民自治品牌“爱馨工作室”为载体，成立绿色社区楼道空间微改造工作小组，小组成员有居民区党组织、居委会、共建单位、业主代表、楼组长、社区志愿者等，工

图 3

作小组采取广泛发动、意愿收集、意见征询、实地调查的工作方式（图 3）。

在推进绿色社区楼道空间改造的过程中，社区居民充分发挥自治管理作用，将绿色社区楼道微改造项目落实得规范、有序、有爱。一是自筹建设资金。前期由改造楼组的居民们自发募集改造资金约 3 000 元，并通过居民区党组织、居委会挖掘社区共建单位力量募集启动资金 15 000 元，向街道申请居民区自治金 6 400 元。二是挖掘小区自身专业资源。挖掘本居民区中专业的社区规划师、室内设计师，并广泛发动楼栋居民参与，居民们自己粉刷墙面、捐助绿植、书架、墙画等。三是后期管理志愿者招募有序。所有楼道客厅改造后的清洁卫生、排班管理、活动安排、物品看管、器材添置都由本楼组居民自发落实，居民区党组织、居委会进行定期督查。四是制定居民公约。由工作小组组织楼栋居民制定《睦邻客厅使用公约》等规章制度，对睦邻客厅的使用及日常管理进行规范。真正做到了群策群力，居民自治管理有序。

特色自治项目，彰显爱心力量。九龙仓玺园是一个绿化成荫的高档住宅小区，环境优美，吸引了不少流浪猫来此安家。一些爱猫人士经常在小区通道、中心花园等处投喂，导致小区流浪猫越聚越多，再加上小猫繁殖很快，有时小区里会同时出现两三窝小猫。残羹冷炙和流浪猫的粪便甚至尸体十分影响小区环境，小区还频频发生流浪猫抓伤居民特别是孩子的情况。一些居民对流浪猫带来的影响感到十分头疼。对此，居委寻求政府助力，发动“三驾马车”联动，鼓励居民自治发力，解决流浪猫绝育以及猫临时安置问题（图 4）。截至目前，九龙仓流浪猫 TNR 项目成功绝育了 12 只流浪猫，领养了 7 只流浪猫。随着项目的运作，越来越多的业主感受到 TNR 的意义，在微信群里积极响应号召，捐助了近 6 000 元流浪猫绝育金，流浪猫志愿团队人数也从原来的 8 个人增加到 30 余人。形成创建绿色社区人人出力、保护生态环境人人有责的共识（图 5）。

图 4

图 5

## 创建成效

2021 年，为改善居民的生活环境，依托绿色社区创建，在新江湾城街道的指导下，九龙仓引进垃圾分类智能摄像头，经过一段时间的磨合，现已初步显现出其功效。垃圾分类智能化管理基本上可以结束原先的“人海战术”，更大程度上提高管理效率。每周四，九龙仓居民区组织党员、志愿者、物业、业委会深入开展清洁家园环境整治活动。通过整治楼道堆物，清理绿化带、草坪、小区卫生死角、疏通排水沟等措施，社区环境得到显著改善，社区居民的环保意识得到提高。居民共同创建美好环境与幸福生活的理念在生根发芽。同时，为更好地完成绿色社区创建，改善非机动停车环境，为更好地消除楼道停车、飞线充电等安全隐患，九龙仓小区地下非机动车库全部安装了安全充电，消除了消防安全隐患，居民对此也赞不绝口。

创建绿色社区旨在提高公众的环境意识和参与意识，使居民能够认识和行使自己的环境权利和责任，从而实现人人参与、共建家园的目的。为了进一步强化创建绿色社区的浓厚氛围，为进一步深化公众参与，在小区组织开展了社区环境对话活动，促进公众参与环境管理，增强了社区居民的环境意识。九龙仓居委深入开展了创建绿色社区宣传教育工作，宣传栏、阅览室、互联网居民群等，积极宣传创建活动的重要意义，普及环保知识。向居民传递“让环保走进生活”的绿色理念，居民反响热烈（图 6）。

图 6

九龙仓小区内 60 岁以上老人有 174 人，90 岁以上 3 人。对高龄及纯老家庭进行不定期上门家访进行精神慰问；每周志愿者医生为小区老人提供免费健康咨询、量血压服务。社区居民自治团队爱馨工作室共有 8 个文体团队，分别是九久美舞蹈队、交谊舞队、书法班、瑜伽班、合唱班、古典舞班、爵士舞、古筝班。居民们在这里不仅沟通了思想、广交了朋友、提高了境界、增加了生活乐趣，邻里之间消除了距离，形成了一股巨大的向心力和凝聚力，增强了居民邻里间的感情，小区内处处洋溢着和谐的音符（图 7）。

图 7

绿色社区建设不仅要求居住环境的生态环保性，还涵盖了社区公众的生态环保意识和文明素养的提升以及绿色生活行为方式的转变。坚持党建引领，充分发挥“三驾马车”的作用，再接再厉，加强宣教，多方协同联动，强化治理能力，积极推进绿色、环保、健康的生活方式，建设美好人居环境。因地制宜地开展绿色社区建设，最大限度调动绿色社区创新的主动性和创造性，不断推动创建内容的丰富和标准的提升。让居民生活在绿色环境中有更多的幸福感、满意感！

# 推进宜居绿色生活　共建和谐绿色社区

## ——杨浦区长白新城社区

### 社区概况

杨浦区长白新城社区位于靖宇东路58弄，建于2011年，至今已有12年。地理位置上东靠延吉东路，南至靖宇东路，西至安图路，北至松花小区围墙。社区总建筑面积共有110 915.4平方米，绿化面积14 700平方米，绿化占小区总面积35%，2012年居民开始入住。长白新城小区于2014—2018年被评为杨浦区文明小区，2016年被评为上海市节水型小区，2017—2022年被评为上海市文明小区，2021年被评为全国民主法治示范社区，2022年被评为全国友好型老年示范社区，2022年被评为上海市绿色小区（图1）。

图1

长白新城社区在党总支、居委开展基层治理工作的深化同时，一直积极倡导“科学、环保、健康、文明”的生活方式为抓手。从规范抓起，力促人与自然和谐统一追求为目标，将绿色小区示范点的创建理念贯彻社区布局建设、管理、服务等活动的全过程；以简约适度、绿色低碳的方式推进社区人文环境建设和整治，营造民主协商、民主自治氛围，积极打造环境整洁、绿色安居的美丽家园付出了应有的努力。

### 特色工作

以长白新城居民区党总支为引领“三驾马车”汇聚合力，联动公安、城管、法治专员带领广大党员、志愿者、楼组长为核心，立足社区建立完善协商机制和议事平台，务实有效推进各种环境宣传、护绿专题活动，来撬动社区治理的激发活力；提升了广大居民低碳护绿、睦邻友好的参与热情。

#### （1）完善达标要求，推进更加务实

由于社区居民均是动迁安置过来有老式里弄的生活习惯，不文明现象屡禁不鲜，存在的高空抛物、宠物扰民、飞线充电、楼道堆物使绊着小区居民获得感、满意度的前进步伐，居委和物业始终在“救火”、协调；一种强烈迫切自治的愿望即刻成为党总支开展睦邻家园、文明宜居的工作目标，有针对性去培育和挖掘社会达人、居民领袖，用各种的宣传形式，大张旗鼓营造法治、绿色、文明氛围；通过制定居民公约、完善小区管理、弘扬正能量，相继组建了各类自治团队，有的放矢开展清洁家园、楼道整治、文明巡查、垃圾分类、爱绿护绿、睦邻友好、文明养犬等形式多样活动来激励广大居民参与其中，收到了显著的效果，同时让原先的旁观者、嘲讽者逐渐变成参与者、组织者、践行者（图2）。

#### （2）打造绿色宜居、促进人文和谐

长白新城立足社区、服务为民，始终围绕社区

图 2

的环境整洁、人文祥和、法治有序的基准点，以人为本，在创建全国民主法治社区框架下，将高标准、新基建、高科技元素纳入小区规划，优化了小区门禁智能识别系统，开通了生命通道，设立了标志标线标牌，规范了小区有序停车收费，减少了矛盾。小区在区消防支队、街道党工委的鼎力支持下，对接了政府推广的新基建项目，将“技防”系统引进了小区，在总共 37 台电梯上安装了电动车阻止器，杜绝了个别居民将电动车通过电梯上楼停放或飞线充电，杜绝安全隐患的发生，再者在地下负一楼开设了六个电动车集充点，扩装了 190 个充电头，在其中的四个车库完善了消防喷淋、烟雾报警器和监控系统，在地面的所有楼组门口安装了非机动车停车架，通过“疏堵”结合，健全了安全要求，推进了小区消防建设功能化，绿色低碳所带来的宜居。党总支、居委听民意、讲实效、众筹资金——对小区无障碍设施、睦邻广场、健身广场、垃圾箱房、节能照明、节水系统、植树修剪等作了调整，不断完善，拾遗补阙，紧扣创建绿色小区示范点项目，赢得了居民们的热情相拥（图 3）。

图 3

（3）建设绿色宣传窗口、夯实绿色理念基础

① 积极引导居民参与每月一次的清洁家园活动和每周一次的楼道堆物整治确保社区环境整洁和消防通道畅通。

② 倡导健康生活理念，推进家庭医生进社区测血糖、量血压，并形成常态有效机制。

③ 营造绿色生活环境，深入推进垃圾分类精细化普及宣传工作。发动志愿者参与小区护绿爱绿及

“林长制”巡察活动，让绿色环保深入人心（图4）。

④“三驾马车”先行、党员主动跨前，弘扬习近平生态文明思想理论，大力宣传中华民族传统文化，展现居民积极向上的精神风貌（图5）。

图4

图5

## 创建成效

创建绿色社区提升了社区居民节能环保、利国利民的精神风貌。社区开展了形式多样喜闻乐见的文化活动穿插了绿色环保的精髓与内涵，让居民在生活无形中感受到绿色环保的重要性和便利性意义非凡。让生活品质得到提升，让文明素养进一步发扬光大。让先前存在陋习的居民在正能量的感召下放飞自我，为美丽家园的建设承担一份责任，融合在社区治理的良好氛围中，更好地展示了社区熟人文化睦邻友好的人文关怀（图6）。

图6

# 9

# 宝山区
## 优秀示范案例

# 以“绿”为媒　携手共建健康低碳生活圈

## ——宝山区友谊路街道盛东苑小区

## 社区概况

宝山区友谊路街道盛东苑社区位于采江路9弄，建于2017年，地处友谊路街道北部，东起采江路、南至富锦东路、西接瀑布公园、北至云海路，小区总建筑面积43 885平方米，占地面积10 434平方米，绿化面积15 359平方米，绿化覆盖率达35%。2018年12月小区物业荣获“安全管理先进单位”称号；2019年12月，“长滩绿家园”垃圾分类志愿团队被评为2019年度宝山区垃圾分类志愿服务“百佳”优秀集体（图1）。

图1

一年来，长滩第一居民区党总支和居委在市、区有关部门的关心指导下，在友谊路街道党工委、办事处的领导下，依靠小区广大居民群众，坚持以习近平生态文明思想为统领，以基层社会治理现代化建设为抓手，结合本社区现状创特色，因地制宜出亮点，积极创建文明绿化社区。

## 特色工作

盛东苑小区健全完善社区通“议事厅”、议事委员会等线上线下协商平台和制度，始终将居民群众的需求作为绿色创建的第一信号，在小区微景观、微改造、居民群众热议关注的内容、美好生活需要等事项上，广泛听取群众意见和建议，积极引导居民全过程参与绿色社区创建，并通过业主代表和楼组代表等会议、联络制度及时跟踪反馈，例如定时召开居民代表大会；微网格长、网格员定期联系楼组居民代表，楼组居民代表联系居民，通过经常且多方的沟通，及时反馈信息；大力宣传低碳环保，落实绿化管理和维护，引导并凝聚小区居民志愿活力，打造低碳、健康、幸福和宜居的生活圈（图2）。

图2

### （1）健全组织领导，扩大绿色创建参与率

居民区党总支、居委会高度重视绿色社区创建工作，将其作为开展社区人居环境建设和整治、营

造社区宜居环境和培育社区绿色文化的重要载体。

一是结合社区实际，完善了绿色社区居民公约，召开动员大会，明确工作目标和责任分工；成立了以居民区书记为组长，居委会主任、物业经理为副组长，社区单位、党员代表和居民代表为成员的绿色社区创建领导小组；根据绿色社区创建标准，结合居民区实际情况制定了绿色社区创建计划。

二是因地制宜营造氛围，培育绿色文化；绿色社区是一项全民参与的系统工程。抓好绿色社区工作，必须加强对居民群众的宣传、教育和培训，动员社区居民参与到生活垃圾分类、社区停车规范管理、社区绿化管养等具体的创建工作中去，自觉贯彻绿色社区的理念，展示创建特色。

### （2）积极开展各类环境整治，持续优化人居环境

为尽快改善社区人居环境、加快绿色社区创建步伐，长滩社区居民区大力开展环境整治和建设工作。

① 开展爱国卫生行动。出动居委会工作人员、社区志愿者和物业工作人员共 32 人，清理卫生死角 6 个，清理乱晾晒物 2 处，清理楼道堆物 16 处，规范非机动停放 23 辆（图 3）。

② 开展职能联动推进工作。在党总支的牵头下，小区联动民警、物业、居委等多方职能部门。整合小区里的难点问题，进行讨论并制定方案，有效地展开全小区的整治活动，解决了一系列顽症。

③ 定期开展环境整治工作。定期开展小区外围巡查、楼道堆物清理、小广告整治、绿化补种等环境整治工作。同时，加大对机动车出行戴头盔的宣传力度，加强机动车、非机动车停放管理和居民装修管理，以实际行动推进问题整改落实，改善居民居住环境。

图 3

### （3）以居民群众喜爱的方式，打造健康低碳生活圈

① 幸福生活甜甜“圈”。甜甜“圈”里面包括医友健康直通车、4 点半课堂、社区服务、亲子互动、绿色环保、健康养生、法律咨询等活动。众所周知，长滩志愿者团队里达人很多，尤其是在绿植、养生等方面，在党总支的牵头下，达人、能人纷纷将才艺、才能贡献于社区。同时，充分利用共建联建单位的优势，成立备受欢迎的 4 点半课堂，解决了很多上班族没时间带小孩的苦恼。让各个年龄段的居民都能感受生活的甜甜“圈”（图 4）。

图 4

② 平安卫士磁力“圈”。社区是我家，平安靠大家。平安卫士磁力“圈”包括疫情防控、平安巡逻、交通文明宣传值守、创建全国文明城区等，这个“圈”为居民的日常生活提供了不少服务。在小区里总能看到平安志愿者不论刮风下雨都坚守岗位，尤其是在炎热的夏天和寒冷的冬天，那一件件橘色的衣服感动着我们每一个人的心。在疫情防控中，守护家园的卫士们不论白天黑夜为社区居民提供着恰到好处的服务。这个磁力“圈”把居民的心连在一起，大大提升了小区的凝聚力，使我们生活的小区更加平安、舒适（图 5）。

图 5

③ 快捷便利智能“圈”。长滩社区位于友谊路街道北部，交通并不是很便利，周边没有公交车站，离最近的地铁站也有一定的距离。虽然是一个新小区，但是居住在里面的老人也不少，平时打车、去市民中心办理业务很不方便，少不了要走很多路。在友谊路街道党工委、办事处的支持下，盛东苑设立“一网通办”、一键叫车等数字化服务点，不仅帮助辖区内的老人解决了出行不便的问题，也方便了年轻人，很多上班族表示小区内有了“一网通办”，很多事情在家门口就能解决了。快捷便利智能“圈”的成立吸引了很多的年轻人，他们愿意为不熟悉智能机器的老人们提供帮助，从而加强了居民与居民之间良好的关系（图 6）。

## 创建成效

盛东苑小区坐落于上海宝山滨江城，风景宜人，周边教育资源丰富，青年人居多。开展绿色社区创建以来，经过不懈努力，社区环境得到改善，社区居民的绿色文化意识也有了提升，我们将再接再厉，对照标准，补短板、强弱项，进一步推进绿色社区创建工作更快更好地开展。

在寒暑假期间，组织中小学生及青年群体参加各类绿色环保宣传活动，以小见大，将绿色理念带给社区中的每一位居民；通过定期组织社区及周边环境巡察、绿化补种保护等环境整治工作，有效地改善了居民的生活环境，将绿色环保的工作可视化，切实为居民的日常生活带来幸福与温暖。增进居民间的相互了解，促进了邻里关系，为后续进一步推进绿色社区创建工作带来了莫大的支持。

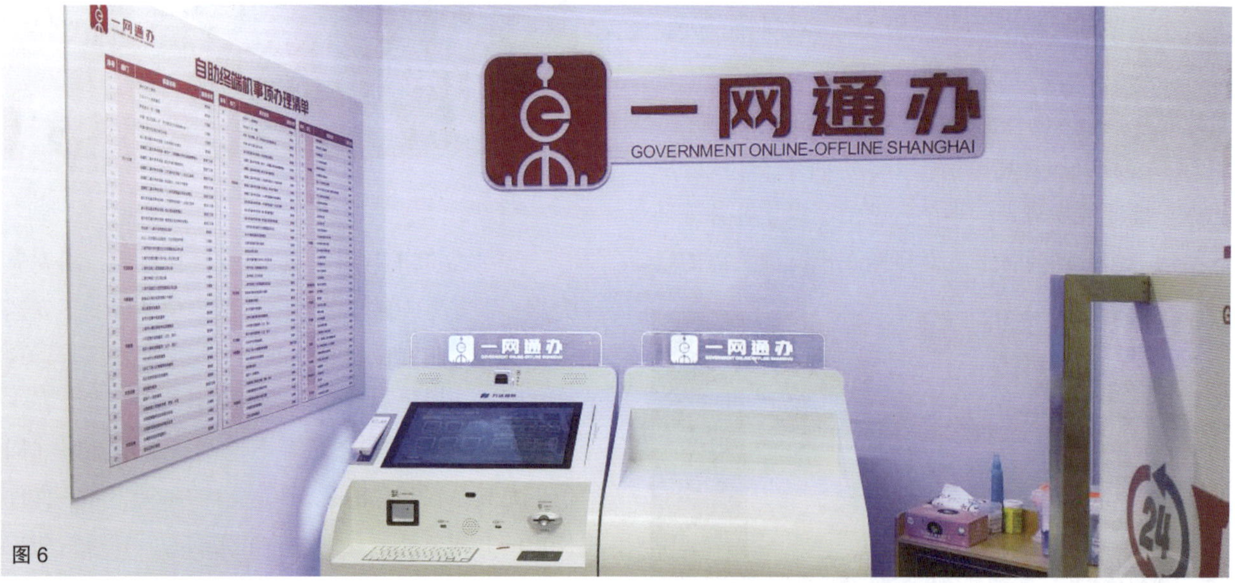

图 6

# 党建引领聚合力　共建共享绿色家园

## ——宝山区宝林五村社区

### 社区概况

上海市宝山区宝林五村社区位于密山路，东靠东林路、西接友谊支路、南至密山路、北到友谊路。社区建造于20世纪90年代，属于售后公房，社区占地面积4.3万平方米，绿化面积1.3万平方米，绿化覆盖率达30%。小区内有一个宝林路第三小学。

几年来，在小区党总支的引领下，居委、业委和物业公司“三驾马车”一起发力，坚持以习近平生态文明思想为统领，以基层社会治理现代化建设为抓手，对小区进行综合改造，把一个原本脏乱的老小区变成了道路规整、绿植成荫、广场宽敞、楼道整洁、车辆停放有序、居民出入便利的“宜居家园”，创建了文明绿化社区，打造了生态宜居环境，提高了居民的综合素质（图1）。

2010年宝林五村社区居委被评为“全国妇联基层组织建设示范居委”，2017—2018年宝林五村社区被评为“上海市文明小区”、2021年被评为“上海市节水型小区”。

图1

## 特色工作

自老旧住宅电梯加装政策出台以来，居民们广泛关注，但一直“出现想装的不少、落地却不多”的窘境。为此，宝林五村社区持续推进加装电梯这个重点民生项目，为了攻破“民意关”，充分发挥居民区党建引领下的多方力量，业委会为居民提供答疑解惑和政策咨询服务，居委会通过“居民议事厅”“楼道自治小组”等自治平台，多层次做好上门征询如费用分摊等民意征询工作。发动楼组内党员居民、社区干部和自治小组成员，一起上门做好邻里工作，消除抵触情绪，争取支持配合，有力保障了加装电梯项目的顺利推进。目前已完成 20 栋楼的加装电梯工作，3 栋楼正在施工，覆盖率达到 63.8%。宝林五村社区不断完善助老设施，方便居民出行，与居民共同打造一个舒适的居住环境，构建和谐幸福的美丽家园（图 2）。

图 2

（1）营造社区宜居环境，培育绿色文化

绿色社区是一项全民参与的系统工程，围绕创建工作，根据《上海市垃圾分类条例》，社区结合实际，将小区内原有 7 个垃圾厢房拆除改建成 3 个全不锈钢材质、可以 24 小时投放的垃圾厢房，并加装了洗手池、烘手设备及集水排水装置。社区内开设两网融合点，定时开放，居民将物品细化分类后回收，也可通过电话预约的形式上门回收。同时，为规范小区内建筑垃圾堆放和收运处置，选址新建一处建筑垃圾集中堆放点，提升小区绿色环保意识，培育绿色文化。

其次在社区重大节日期间，广泛向居民宣传绿色社区的概念、创建绿色社区的好处，鼓励居民爱护花草树木，不要践踏花草，培养居民绿色消费和环境价值观念。通过居委会、物业、业委会的大力宣传，扩大居民对创建绿色社区的知晓率。居民在日常生活中节约资源、自觉保护绿化的行为也增加不少。每个人都是绿色生活的参与者和受益者（图 3）。

图 3

结合创建全国文明城区、爱国卫生等运动，开展环境整治工作。严格对标对表，在小区内掀起全员全面创建文明城区的热潮，积极备战迎检工作。定期开展环境卫生大扫除、小区外围巡查、楼道堆物清理、小广告整治、绿化补种等工作。同时，加大对机动车出行戴头盔的宣传力度，加强机动车、非机动车停放管理和居民装修管理，以实际行动推进问题整改落实，改善居民居住环境。

（2）推进社区建设，提高社区信息智能化

小区通过“美丽家园”综合改造项目，修整了绿化、柏油道路，加装铺设健身步道和休闲亭，使其成为社区的打卡点。小花园内贯穿着一条紫藤科普长廊，对年久陈旧的石柱进行了“七彩”美化，定期更换科普知识，大大提升整体面貌（图 4）。小区另一处的中心广场，将原本脏乱的绿化带改建成为集休闲、娱乐、健身于一体的文化场地，打造

图 4

图 5

“宜居宜家”的生活环境。

小区开展多方联动推进工作，结合改造项目，党总支、居委、业委、物业多方部门进行讨论制定方案：对房屋的内外墙进行了粉刷、电子防盗门进行了更换、外墙天井一楼加装了装饰栅栏、统一规划安装了空调外机安置架、翻新了小区车棚、新增10处非机动车停车充电棚。自觉贯彻绿色社区的理念，展示创建特色。

在提升面貌的同时，加大现代化社区的建设。小区内安装探头监控和人脸识别机器共65个，提高安全智能化；安装路灯共87个，其中38个是太阳能路灯，提倡绿色用电；为助力老年群体跨越交通出行的“数字鸿沟”，街道依托上海市出租车统一平台申程出行，在南门处安装“一键叫车”服务设备，方便了广大居民绿色出行；从2020年加装第一台电梯后，2年内已安装和正在安装的电梯多达20余台，不断完善助老设施，方便居民出行。

## 创建成效

经过创建特色楼道，党建先锋楼、绿色示范文明楼，礼仪文明楼等。以绿色环保、礼仪文明为风尚，鼓励居民和谐文明、团结互助，管理有序、环境整洁，进一步融合了楼组人与人之间的关系，老少情、邻里情改变了以往相互陌生的距离（图5）。

利用寒暑假及节日，以多彩的活动来丰富楼组的内涵，特别是在端午节、敬老节和元宵节开展“绿色环保公益行”活动。尊老爱老是我们中华民族的传统美德，小朋友们通过自己的宣传和关心带给老人们开心和温暖，老少同乐、互帮互助、邻里守望、发挥优势、培育特色，共同打造多彩的特色楼组，提升楼道幸福感，共同打造文明和谐的“绿色大家庭”（图6）。

图 6

开展绿色社区创建以来，经过大家的不懈努力，社区环境得到改善，社区居民的绿色文化意识也有了提高，有效提升了小区居民的幸福感，满足感和成就感，得到了居民群众一致好评。我们将继续再接再厉，对照标准，补短板、强弱项，深入推动绿色社区工作与小区治理有效管理，促使小区环境面貌和人文气息的再提升，进一步推进绿色社区创建工作更快更好地开展。

# 当科技遇上绿色　打造创新绿色社区

## ——宝山区罗店镇朗诗绿岛园小区

## 社区概况

上海市宝山区罗店镇朗诗绿岛园小区位于罗芬路1199弄，建成于2011年，至今已有12年。地理位置上位于宝山区罗店镇美兰湖片区的西北部，东至荻泾河、南至陶浜河、西至罗芬路、北至月罗公路。小区总建筑面积共有77 874平方米，占地面积99 555平方米，绿化面积22 319平方米，绿化覆盖率达22.42%。朗诗绿岛园小区于2018—2020年获得创建全国文明城区先进集体，2016年小区的“心连心”志愿者服务队被评为罗店镇优秀志愿服务，2019年获得垃圾分类“百佳”优秀集体等荣誉。2017—2019年朗诗绿岛园小区三次被评为宝山区文明小区、2013—2019年三次被评为宝山区平安示范小区。朗诗物业管理有限公司荣获2016年中国社区服务商专业特色榜绿色社区和罗店镇2019年垃圾分类先进集体荣誉（图1）。

多年来，朗诗绿岛园小区党总支和居委在市、区有关部门的关心指导下，在罗店镇党委、政府的领导下，在小区广大群众的支持下，贯彻落实习近平生态文明思想，深入践行人民城市重要理念，“三驾马车”密切配合，抓重点、攻难点，开展了扎实有效的绿色社区创建工作，从多个方面促进人与自然和谐统一，创建一个整洁、舒适、安全、美丽的社区环境。

## 特色工作

为创建绿色社区，朗诗绿岛园小区开展多方面宣传、协调各方位工作职能、听取多角度意见，更好地制定创建方案和实施措施，保障创建工作的开展，督促全体人员切实履行好本职工作，强化责任担当意识。

① 朗诗绿岛园小区成立绿色社区创建小组，广招“绿色”志愿者，动员居民共同加入绿色社区创建工作，定期开展志愿者交流会和培训会等（图2）。

② 结合朗诗绿岛小区实际情况，制定切实可行的创建推进方案，明确时间表、路线图，倒排时间，明确节点，分解任务。对一些突出问题，狠抓整改，杜绝回潮反弹。坚决杜绝“突击式”“一阵风”现象，

图1

图2

要做到“马上就办、办就办好”，以扎扎实实的作风赶进度、提效率，确保天天有进展、周周有提升、月月有气象。

(1) 自治共治齐发力，绿色时代我作主

绿色社区创建的中坚力量是志愿者团队，扩大“绿色志愿者”队伍，常年广招志愿者，让更多的居民加入这个大团体，定期开展绿色环保宣传活动，挖掘有能力的“绿色能人”，一起创建绿色社区，将绿色理念、绿色生活的种子撒在小区的每个角落里。志愿者们发扬不怕困难、勇挑重担的担当精神，以“眼里有活，心里想事”的工作热情，积极参与社区工作、开展社区活动，做社区的主人翁。

通过居委会、业委会和朗诗物业的大力宣传，增加居民对创建绿色社区的知晓率，倡导居民积极投入绿色社区的创建中来，居民在日常生活中节约资源、自觉保护绿化等行为增加不少。以“党”带“群”，以“老”带“青”，结合不同群体的力量，促进绿色社区的进一步发展。

(2) 打造悠然生活环境，促进人与自然和谐发展

① 树立健康的生活观，倡导健康生活方式，抓好健康知识培训，建立健康自我管理小组，邀请社区医院医生每月讲座 1 次。小区“心连心”志愿者服务队志愿者每月 20 日为居民提供便民服务，如测量血压、养生保健、理发等，经过多年的运作，已形成常态化，深受居民欢迎 (图 3)。

② 居民积极参与“小区美化，楼道整洁，家庭绿化”的“创卫”活动；大力推进垃圾分类，垃圾桶每日定时清运 2 次，垃圾投放时间从 9 点到 21 点；除“四害”成果达标，小区环境优美 (图 4)。

③ 顺应居民对美好环境的需要，朗诗绿岛园小区物业积极作为，营造安全健康的绿色生活环境。环境整治工作包括以下类别：

图 3

图 4

· 绿化类：定期做好小区的绿化补种、更新和修剪工作，用心做好大草坪的绿化养护。

· 工程类：将小区内损坏的人行道上街沿进行修补上漆；将小区坑洼路面及路面裂缝上浇水泥；将小区的门闸进行替换和更新；小区的运动健身设施进行翻新等（图 5）。

图 5

· 清理类：物业对楼道每天进行清理和消毒；号召所有保洁及绿化工定期对小区绿化带内的沉积垃圾进行清理；对小区的公共设施进行清洗和养护。

（3）应用节能降耗恒温系统，共建绿色美好未来

走进朗诗绿岛园小区，就是走进了科技住宅。根据上海市天气统计冬夏季节 236 天、春秋季节 129 天、黄梅天 30 天，但朗诗四季如春。

朗诗科技住宅特点：恒温室内温度为 20 ~ 26℃；恒湿室内相对湿度为 30% ~ 70%；恒氧全新风置换量为 $30m^3$/（h · 人），新风系统优点在于调节室内湿度、提高人体舒适度、保证室内空气含氧量、降低室内灰尘等颗粒污染物含量，让居民的生活健康舒适，提升生活品质（图 6）。

（4）长效管理不松懈，绿色社区共受益

① 充分发挥社区作用，开展健康科学宣教活动。多年来，居民们积极参加每天上午的乒乓球活动，周一的清洁家园、编织班，周二的读报小组，周三的关爱小组，周四的舞蹈班，周五的合唱班。此外，小区每天还有太极队、健身操队、排舞队、晨练队等多个艺术小队积极运作，这些队伍既丰富了居民的文化生活，又倡导了一种健康文明的生活方式（图 7）。

② 文娱生活丰富多彩，大力宣传绿色环保理念。每年结合节日举办各种特色活动，如寒暑假青少年活动等，每次活动都大力宣传绿色环保理念，丰富不同年龄段、不同群体居民的娱乐文化生活，展现居民积极向上的饱满精神面貌。

## 创建成效

朗诗绿岛园小区坐落于上海市宝山区美兰湖罗店镇，颇有“世外小镇”之感，其建筑风格彰显北欧风情，人文情怀更显古镇韵味。朗诗居委和物业借力各种传统佳节，弘扬罗店镇的非遗文化，结合多元特色，用活动来唤醒居民们的文化记忆、让非遗文化走进现代生活。开展“非遗做彩灯”“学习非遗赛龙舟文化”“非遗十字挑花制作”等活动，提高了小区内从小到老的居民对非遗的认识程度及参与感。依托活动的浸润，罗店镇的非遗文化散发出勃勃生机，让大家都能了解到属于罗店镇的浪漫（图 8）。

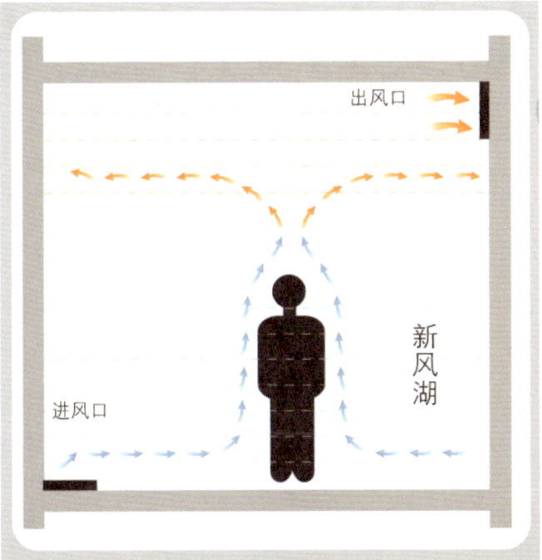
出风口
新风湖
进风口

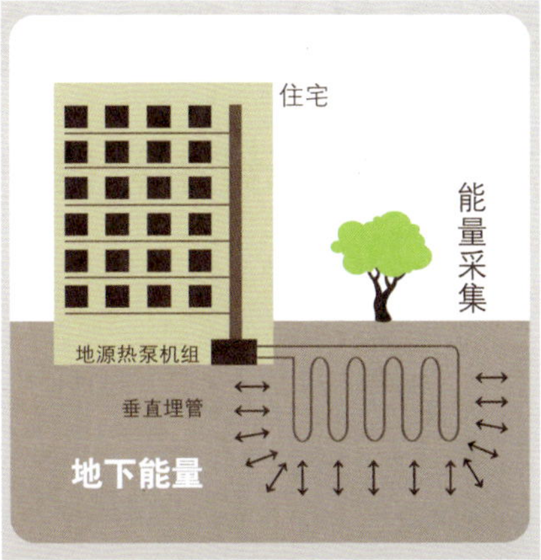
住宅
能量采集
地源热泵机组
垂直埋管
地下能量

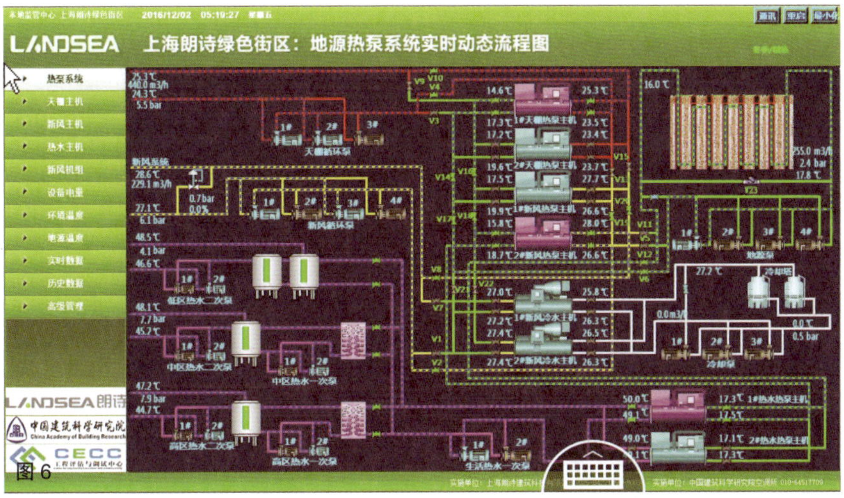
LANDSEA
上海朗诗绿色街区：地源热泵系统实时动态流程图
热泵系统
LANDSEA朗诗
中国建筑科学研究院
China Academy of Building Research
CECC
图 6

图 7

图 8

# 扮靓美丽绿色社区　绘就美好时代画卷

## ——宝山区高境镇泰禾红御社区

### 社区概况

宝山区高境镇泰禾红御社区位于恒高路83弄，建成于2017年，是高境镇最新的纯商品房小区。地理位置上东抵高境路，西接高杨居民区，南到恒高路，北临宝山实验学校。社区占地面积5.2万平方米，总建筑面积14.5万平方米，绿化率35.8%。2020年被评为“宝山区优秀科普村居”、2021年被评为“上海市节水型小区”、2022年被评为“上海市儿童友好社区”（图1）。

一年来，泰禾红御居民区党支部、居委会在市、区有关部门的关心指导下，在高境镇党委、政府的领导下，倡导居民选择绿色时尚的社区生活方式，增强居民绿色环保理念和意识，结合本社区实际，因地制宜，积极创建文明绿化社区，增强社区的凝聚力，创造出一种环境友好、邻里亲密和睦相处的社区氛围。

图1

## 特色工作

泰禾红御社区聚焦宝山区党建引领基层治理“六大计划”重点方向，聚力空间营造形态有提升、激发自治共治主体新活力，努力在实践过程中提升社区生活温度、高效治理精度和群众满意体验度。紧密结合小区特点，突出党建引领，通过打造社区党群服务阵地建立社区自治组织，引导公众参与式的绿色社区治理模式，开展持续性的环保主题活动，实现建设好1个群众喜爱的绿色党群阵地、创新2个绿色社区治理品牌、紧紧抓住3类人群，将泰禾红御社区打造成为“年轻化”绿色社区标杆（图2）。

图2

### （1）建好1个党群阵地，建设绿色宣传窗口

党群服务站坐落于恒高路65号3楼，占地面积800平方米，辐射居民区总面积14.1万平方米。在党群服务站设计之初，就重点针对小区居民年轻化程度高、文化程度高、新上海人比例高的“三高”特点，围绕如何有效满足居民需求，增强居民归属感、安全感、幸福感和获得感，将泰禾红御社区党群服务站打造成为集助老、助幼、助残和助乐等多种服务于一体的综合性、多功能及一体化的绿色服务空间。以社区党群服务站为阵地，建立社区“周周说事、随时议事”制度，组织居委会、业委会、泰禾物业服务公司和热心居民等共同协商解决小区内各类问题，建立“一事一办、特事特办”精准化问题解决机制，发现问题及时协商、就地解决。营造出“社区事务大家评”“社区管理大家议”“社区决策大家定”的和谐氛围，共聚社区“三驾马车”共治合力，通过多方力量的思维碰撞与交融，为群众办好事、办实事、解难题。

### （2）创立2个绿色社区治理品牌，提升群众参与度

一是打造社区“红御小先生”品牌。线上组建联络群，线下招募家长志愿者担任社区辅导员，以绿色社区创建工作为重心，通过开展内容丰富、形式新颖的社区文化活动，引领社区绿色先锋意识，让“红御小先生”既是鲜艳的“红领巾”，也是绿色社区建设的“生力军”。在“最美清道夫”活动中，130名社区小先生们顶着酷暑开展社区集中清洁整治，锻炼了劳动能力，提升了环保意识，同时也让参与社会治理的种子在小先生们的心中生根发芽。发挥好小先生和家长的潜能，激发居民主动参与社区公共事务，给社区创新治理带来了新突破。小先生们为楼道的干净整洁出一份力、为社区里的场地安排建言献策、向优秀共产党员的邻居爷爷学习，做好社区的“小主人”（图3）。

二是通过“三社联动计划”，泰禾红御社区与宝山区高境乐迪社区服务社共同打造Trash Running in Taihe（泰禾垃圾捡跑公益社团）。边跑步边捡垃圾的活动形式既能满足参与者健身锻炼的运动需求，还能同时做公益，每次的捡跑活动既能使身边的路人感受到“爱护环境、人人有责”的重要性，无形中可以使参与者人数不断扩大，同时在每次捡跑完成后的垃圾分类中，也能使大家学习并掌握如

何进行垃圾分类，将这一理念传递给身边的亲朋好友（图4）。

现在垃圾分类逐渐变成大家日常生活的一部分，倡导环保理念、引领新时尚需要我们共同的努力。我们的日标就是发动更多的居民成为捡跑志愿者，一起成为社区最靓的绿色风景线。跑步与环保，两件美好的事情结合在一起，就是 1+1 > 2。每次的深蹲捡拾都源于对自然的无尽热爱。“做给别人看”的背后，是唤醒社会环保意识的热忱之心，我们收获的是无数的笑脸和无数被触动的环保之心，为跑步者开拓干净跑道，让迷路的垃圾找到属于自己的家。

图 3

图 4

（3）紧抓 3 类人群，让创绿意识深入人心

一是团结带头人，从“陌邻”到“睦邻”。充分发挥好社区党组织的核心作用，带领“三驾马车”共同关心、团结好社区各组织、团队的带头人，让社区各方力量始终围绕党组织这根“轴心”转。以社区党组织为核心建立常态化社区动员网络，在“居委会—志愿者”单一单向动员链条的基础上，扩充为“党组织—‘三驾马车’—第二梯队—社区居民团队”的动员网络。不断发展社区中青年成为社区积极分子和社区带头人，通过打造绿色楼组、举办睦邻节等活动不断推动形成共建、共治、共享的社区共同体氛围，发挥资源优势，打造有活力、有色彩、有温度的青年绿色社区。

二是带好小先生，“小管家”撬动“大治理”。以“1+X”的亲子效应为杠杆，撬动社区治理“新格局”。社区由一个个家庭组成，小先生代表一个家庭的“1”，“X”则代表由父母、爷爷奶奶、外公外婆等以小先生为核心组成的关系链。社区小先生各类活动的推行让家庭成员之间、家庭与家庭之间，以及家庭与社区之间建立了更为紧密的关系，增强了小先生及其家庭对社区的归属感、责任感和幸福感。让孩子们“当好小先生，教会全家人，带动一群人”，争创泰禾“绿色家庭”。

三是凝聚智库团，加大“力度”、保持“温度”。我们一方面探索“智库团”的机制建设，成立专门的队伍，形成人员清单，常联系常沟通，开展参与式研讨，耦合社区治理方向，在充分发挥“三高”人群的职业优势同时，以社区内部力量和引入外部优质资源相结合，打造泰禾社区治理共同体，让智库团成员始终活跃在社区中。另一方面要提升智库团的影响力和号召力，在活动室打造“文化传承墙”，用照片和文字记录“智库团”成员的故事，多方举措让泰禾智库团不仅是支战斗力强的队伍，同时也让他们在这里找到归属感，延续战斗热情。引导更多年轻人从旁观者成为参与者，让社区成为充满活力朝气和邻里温情的共同家园。

## 创建成效

小区的绿地更多了，新建的健身点成为社区居民消闲的好去处，生活垃圾分类设施越来越完善，社区还实行了精细化和智能化管理，出入门口都安装有人脸识别系统，并设立楼长管家，开展全民服务制度，泰禾物业每年为社区住户提供冲洗纱窗等便民服务，每逢元宵、端午、中秋、重阳等传统节日，社区都会组织进行各种便民利民活动，群众满意度很高。最美清道夫、清洁家园和泰禾运动会等公益绿色活动也已成为社区居民追求美好生活方式中的一部分。在社区党群服务站里，居民们每天看书、下棋、喝茶、聊天、练瑜伽……每个人脸上都洋溢着幸福的笑容（图 5）。

图 5

泰禾红御社区自开展绿色社区创建以来，软、硬件设施都得到了切实有效的提升，成为了建立起较完善的环境管理体系和公众参与机制的文明社区。通过创建也使得社区里彼此隔离的家庭之间经常为共同的环保事务而合作交流，增进了邻里感情，增强了社区凝聚力。

# 10

# 闵行区

## 优秀示范案例

# 创建绿色社区 共享幸福天恒

## ——闵行区莘庄工业区天恒名城小区

### 社区概况

天恒名城小区总规模26万平方米，以精致的园林绿化设计、疏密有致的植被设置为特色，在合理运用自然水域、植物、园林小品、园路等前提下，强调园林景观与生活、文化的紧密连接，在空间组织上达到一步一景，景随步移的效果，同时兼备观赏性和实用性，带给居者前所未有的绿色宜居享受。整个社区绿化覆盖率高达40%，是一个环境优美、生态宜居的社区。为深入贯彻习近平生态文明思想，贯彻落实党的十九大和十九届二中、三中、四中全会精神，按照《绿色生活创建行动总体方案》部署要求，天恒名城小区积极开展绿色社区创建行动，努力改善居民居住环境（图1）。

### 特色工作

#### （1）建立健全社区人居环境建设和整治机制

天恒名城党总支着重加强基层党组织建设、居民自治机制建设、社区服务体系建设有机结合。坚持美好环境与幸福生活共同缔造理念，充分发挥社区党组织领导作用和社区居民委员会主体作用，统筹协调业主委员会、社区内的机关和企事业单位等，共同参与绿色社区创建（图2）。党总支积极搭

图1

图 2

建设和整治，充分发挥党建引领优势，探索形成了“党建引领、居民自治、多元协同”的工作模式，想方设法在有限的资源和空间内创造条件，如增加荫下公共活动场所和小区健身设施、合理配建停车及充电设施，优化停车管理、加强噪声治理，督促定期做好小区绿化养护，提升社区宜居水平（图 4）。

图 4

建沟通议事平台，开展多种形式基层协商，充分调动社区居民积极性，有效参与生活垃圾分类、节能节水、环境绿化等工作。

### （2）推进社区基础设施绿色化

天恒名城党总支以红色物业为抓手，协同上实物业公司，经过周密组织、统筹协调、强力推动、高效实施，取得显著成效。积极推进生活垃圾分类工作，完善分类投放、分类收集、分类运输设施（图 3）。同时，结合小区实际情况，在小区中部建设的健身步道采取雨水下渗的技术，减少硬质铺装场地，避免和解决积水问题。积极推广绿色照明灯具及节能运行方式，提升路灯管理水平，深挖社区节能降碳潜力。

### （3）营造社区宜居环境

天恒名城党总支因地制宜开展社区人居环境

### （4）培育社区绿色文化

建立健全社区宣传教育制度，运用社区公众号和云邻里、社区云等平台，定期发布绿色社区创建活动信息，结合社区特色节日“天恒名城少数民族文化节”“天恒名城邻居节”“3・5 学雷锋志愿服务日”等，积极开展绿色生活主题宣传教育，使生态文明理念扎根社区（图 5）。

依托社区附近的幼儿园、小学、中学，开展“小手拉大手”生态环保知识普及和垃圾分类社会实践活动，带动社区居民积极参与，贯彻共建共治

图 3

图 5

图 6

共享理念，倡导居民选择绿色生活方式，节约资源、开展绿色消费和绿色出行，形成富有特色的社区绿色文化（图 6）。

## 创建成效

天恒名城小区作为上海航天研究院的职工配套住房，设计之初就始终贯穿生态绿色理念。在基础设施绿色化方面，所有房屋建材均采用绿色环保材料，如石膏、滑石粉、砂石、木材、某些天然石材等，此外墙面使用保温环保墙面、垃圾分类全覆盖、建有两网融合再生资源回收点、智能电瓶车充电桩等。在营造宜居环境方面，公共绿化和活动设施、老年人健身点布局合理，配有健身步道，方便居民强身健体；设有残疾人辅助器具借用点，加设无障碍设施，新时代文明实践站定期开展老年人配药服务，为老、助老服务零距离（图 7）。

通过党建引领，建立健全红色物业机制，居委、物业、业委会、职能部门“四位一体”协同治理，把为民服务落到实处；在培育绿色文化方面，社区结合各类社区活动，党员主题日活动，充分发挥自治、共治功能，深入贯彻共建共治共享理念，居民生活的健康指数、幸福指数越来越高（图 8）。

图 7

图 8

# 党建引领“挑大梁” 共绘自治共治“同心圆”

## ——闵行区浦江镇智汇园小区

### 社区概况

智汇园小区位于浦江镇联航路，周边环境良好，地铁8号线沿线。与863软件孵化信息园、万达信息、浦江智谷等多家大中型企业比邻而坐，是一个中高档纯商品房小区，于2010年12月竣工交付。共11幢小高层住宅，20个楼栋，占地面积79 300平方米，总建筑面积128 381.4平方米，总户数922户（图1）。

小区文明决定着城市文明，更彰显着城市建设的内涵。近年来，智汇园党支部坚持党建引领，结合“红色物业”的创建，积极探索“智汇+”的社区治理模式，即支部领航、居委治家、物业管家、业委当家的角色定位履职践诺，将红色细胞渗透到服务末梢，通过“1+3+5+X”的协同合作，发挥支部带动、党员主动、职能联动、党群互动的叠加效应，引导居民参事、议事、共谋社区发展。着力打造绿色宜居小区，小区环境的改善，为建设生态和谐宜居城提供了有力支撑。

图1

## 特色工作

### （1）建立健全社区人居环境建设和整治机制

① 挖掘社区内力，激发社区自治

社区居民组成自治团队，制定规章制度和规范流程，通过自治活动，发挥团队的自我管理、社区自治精神。自治团队，包括志愿者便民服务队、爱国卫生环境整治队、交通安全文明劝导队、垃圾分类引导队等。每支队伍都有团队制度和规范流程，并由组内成员自主推荐组长，负责团队的管理和沟通协调事务，真正发挥团队的自我管理、社区自治精神（图 2）。

图 2

② 促进社区融合，实现社区共治

俗话说“远亲不如近邻”组织居民根据各自的爱好自发组建团队如乒乓队、舞蹈队、拳操队、健身队、篮球队等，提供合适的活动场所，给予团队资源支持和技术指导（图 3）。通过这些平台和活动，增加了居民间的联系和交流，增强了居民的归属感和认同感。居民们认可居委工作，也就推动了居民的共治积极性。明确职责，制定责任制，强化目标管理，是确保创建绿色小区顺利进行的有效保证。

### （2）推进社区基础设施绿色化

社区各类基础设施比较完善，小区绿化占地比例高，配有室外篮球场、羽毛球场、健身场地（共有 11 个健身设施）、攀岩、烧烤区、凉亭、室内

图 3

老年活动室包含：舞蹈室、乒乓室、棋牌室、阅览室。物业每年积极配合城市数字化体检开展房屋安全普查列档有记录。社区道理综合治理，路面平整。2022 年 7—8 月修复了小区入口道路，保障小区进出人员出行安全，路面标线完好，保洁正常出勤（图 4）。

社区生活垃圾全覆盖，小区内共设 3 个“四分类”投放点。其中 2 个为定时投放点，1 个为 24 小时投放点，每个投放点设置“四分类”收集容器。各类容器配置颜色、标识均符合相关标准，配有两网融合回收服务点。每日镇环卫清运垃圾即刻清理并消毒，垃圾箱房无异味。箱房门口设置苍蝇笼、定期在易积水处喷洒杀灭虫卵药剂，减少蚊蝇滋生。在创建垃圾分类精品小区环境布置时，充分利用废旧管道，打造环保角小景；2022 年 10 月智远亭项目改造进行中，其中两款发光秋千采用太阳能光伏设备（图 5）。

绿色基础设施的公共利益是全民化与社会化的，有益于人类健康可持续经济发展。智能感光控制：当太阳能板感应到一定光线时，灯光自动熄灭；当感应到光线降低到一定程度时，灯光自动点亮。

### （3）营造社区宜居环境

智汇园小区绿化覆盖率高达 60%，是浦江镇唯一一个园林化小区。小区内绿植品种丰富，有观赏果树：柚子树、李子树、杨梅树，观赏类树：枫树、栾树、樱花树、山茶树等、天气晴朗在小区内

图 4

图 5

闲看花开花落，静观云卷云舒，体会生活甚是美好（图 6）。小区内设有儿童乐园，健身场所、室外篮球场和羽毛球场于 2021 年底升级改造，地面平整，安全运动有保障、小区内其余配套设施完好，均能正常使用。

小区门口配备果蔬市场、便民超市。距离浦江文化活动中心，谈家港邻里中心 1.5 千米，浦江社区卫生院 2 千米，生活周边配套设施便利。为重点的生活所需基本服务功能与公共活动空间，把便利带给群众。社区停车秩序规范，每日保安巡逻，发现乱停车现象立即整改落实，小区内路面无占用消防、救护等生命通道的乱停车现象。

图 6

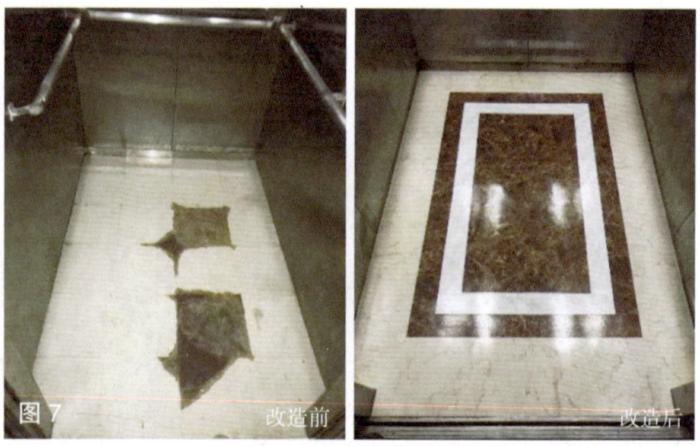


图 7

## 创建成效

### （1）推进社区电梯改造

智汇园小区自 2010 年开始入住至今已有 11 年，电梯内部地板存在老化情况，尤其是电梯间的地板有翻翘情况，针对老年人群体而言存在安全隐患，2021 年初在智汇园居民区党支部的牵头下，居委会联合小区物业、业委会商讨电梯维修事项，并邀请镇房管办职能部门进行指导和政策咨询，通过几方协调沟通，确定操作方案和流程，由业委会发起，召开业主大会，在业主大会上征询关于楼道电梯改造的事宜，最后，经业主大会全体业主表决通过，2021 年已对所有小区电梯间地板进行装修，并加设扶手等适老化改造（图 7）。小区内无障碍设施在小区建造之时已经完善，小区属于新建住房均是电梯房。

### （2）提高社区信息化智能化水平

“红色物业”的创建以党建为引领，搭建由小区党组织、业主委员会、物业企业参与的多方协商议事平台，促进物业与居民有效沟通、民情事务及时办理，让物业成为党的工作队，将物业管理服务融入党的基层治理工作，取得了实实在在的效果。小区已完成物业管理覆盖居民楼幢，覆盖率为 100%。

小区安防系统，为小区居民创造一个安全舒适的居住环境。系统主要包含小区进出门禁系统、周界防越报警系统、闭路电视监控系统、可视对讲系统、停车场管理系统、高清高空抛物监控系统。以上系统使用完好率均达 98% 以上（图 8）。

自 2018 年 9 月成立第一届业主委员会，现有主任一名，副主任一名，委员三名，其中有党员 3 名。4 年多来，业委会按照物业管理规定，认真履行职责，努力发挥业委会的作用，用心工作，积极维护业主的合法权益，得到了广大业主的基本认可。理清头绪和轻重缓急，突出解决小区存在问题：小区停车难、电梯轿厢地板老化、高空抛物监管难和社区活动场所少等民生问题。在工作中不断学习，提升自我，努力提高成员业务水平。三年多来，业委会成员分工负责，自治管理，共同为小区创造整洁、优美、安全、舒适、文明环境，维护业主合法权益和物业公共秩序提供保障做了一些有效的工作（图 9）。

图 8

图 9

图 10

（3）培育社区绿色文化

在培育社区绿色文化方面，从实际出发，将党建工作与绿色社区创建相融合，充分发挥社区党组织在社区治理中的核心领导作用，统筹社区本身力量参与社区治理和服务，打造“红色物业”促服务提升，全面推进绿色社区建设。

2022 年春天，智汇园社区秉承“我为群众办实事”的宗旨，积极与施工单位园林绿化管护中心联系，适时对横生树枝进行修剪。修剪过程中，针对树下盘根错节的电线、网线和遮阳棚，吊车和操作工人相互配合，有效地避免了意外的发生（图 10）。

2022 年暑期，智汇园小区的红领巾少先队员学生进行一场，清洁家园，美丽社区的打扫活动。他们走进楼道，为社区的楼道增光添彩。他们积极践行“进了小区便是家”的主人翁意识，带头把楼道打扫干净，帮助社区变得一尘不染，为创建文明城市助力添彩（图 11）。

为广泛开展垃圾分类的宣传、教育和倡导工作，使辖区居民了解垃圾对社区环境造成的严重危害，促进社区居民树立垃圾分类的环保意识，积极自主地参与垃圾分类行动。小区每月定期开展垃圾分类知识宣传实践课。通过讲座和实际结合，让大家在日常的生活中更能自觉地进行垃圾分类，养成好习惯，让垃圾分类真正地走进每家每户，共同筑建美好幸福社区。

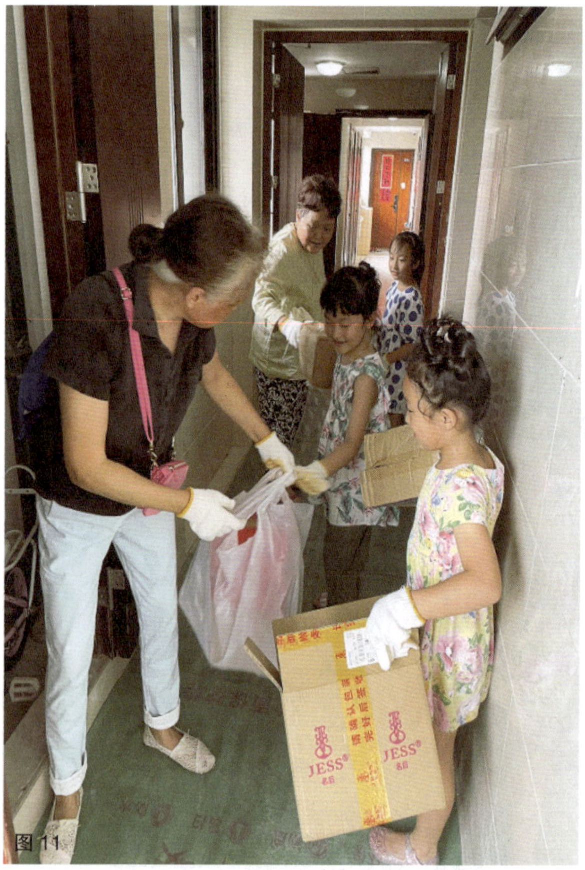


图 11

（4）创新特色项目

绿色社区创建工作中与城周绿化生态园区建设相结合，建立和完善了绿化志愿者队伍、联席会制度，形成了较为完善的环境管理体系和公众参与机制，加快了社区绿化、垃圾分类等基础设施建设，对噪声、扰民等群众反映强烈的问题进行积极治理，在传播绿色文明，倡导绿色生活，提升城市品位的工作中做出了有益尝试。

运用社区云、微信公众号、电子屏、小区宣传栏等信息化媒介，定期发布绿色社区创建活动信息。通过各类宣讲、交流活动等多种方式开展绿色生活主题宣传教育，使生态文明理念扎根社区。社区绿色生活行为公约，倡导居民选择绿色生活方式，节约资源、开展绿色消费和绿色出行，形成富有特色的社区绿色文化。

之后还将继续社区未成年人群体，开展“小手拉大手”等生态环保知识普及和社会实践活动，带动社区居民积极参与其中，延续绿色可持续发展，提升城市人文内涵，展现绿色社区特色（图 12）。

图 12

# 贯彻绿色发展理念　携手共建绿色社区

## ——闵行区虹桥镇名都城社区

## 社区概况

闵行区虹桥镇名都城社区位于虹许路788弄，建成于1997年，至今已有25年。地理位置上东靠翠钰路、西接虹许路、南至虹五路、北到古羊路。社区总建筑面积共有23万平方米，占地面积35万平方米，绿化面积15万平方米，绿化覆盖率达42.8%。2005—2009年间名都城社区4次被评为闵行区文明小区、2007—2018年期间名都城社区五次被评为上海市文明小区，2014年被评为上海市节水型小区，2019年度上海市平安示范小区（图1）。

一年来，名都城居民区党支部、居委在市、区有关部门的关心指导下，在虹桥镇党委、政府的领导下，依靠小区广大居民群众，坚持以习近平生态文明思想为统领，以基层社会治理现代化建设为抓手，结合本社区现状创特色，因地制宜出亮点，积极创建文明绿化社区，打造生态宜居环境，提高居民的综合素质。

图1

## 特色工作

名都城社区建立、健全党组织领导的社区协商机制，搭建沟通议事平台，引导居民全程参与绿色社区创建。对于涉及社区与群众切身利益的重大事项，广泛听取群众意见和建议，有效对接群众需求，共同参与社区人居环境建设和整治工作。一年二次以上的居民代表大会、每月居委干部联系楼组长会议、每月居委干部会议楼组长和居民代表联系居民的制度，双向沟通，及时反馈信息，并要求加强绿化管理和维护，加大环保宣传力度，带动社区居民积极参与生态守护主题活动，营造自己家园自己建，自己家园自己爱，自己家园自己管，自己家园自己护的氛围（图2）。

图2

（1）不断激发社区自治活力，提高社区群众参与性

通过每月一次“四位一体”会议、一年一次群众评论会、重大事宜听证会的“三会”制度，既提

高了居委工作目的性和公益性，同时使得居委会的工作有了更强的合法性和更加广泛的群众性。

通过居委会、万科物业、业委会的大力宣传，扩大居民对创建绿色社区的知晓率。居民在日常生活中节约资源、自觉保护绿化的行为也增加不少。每个人都是绿色生活的参与者和受益者。

### （2）打造宜居生活环境，促进人与自然和谐发展

居民积极参与“小区美化，楼道整洁，家庭绿化”的创卫活动，垃圾桶，每日定时清运 2 次，从 9 点到 21 点，除“四害”达标，小区环境优美（图 3）。

图 3

倡导健康生活方式，抓好健康知识及培训加强自我管理，建立健康自我管理小组，做到“四个一”，即聘请医院医生每月上课 1 次，定期每周为居民测量血糖血压一次，社区医生每周为居民健康检查，小区志愿者每周为居民测血压一次，经过多年的运作，已形成常态化，深受居民欢迎。

顺应居民对美好环境的需要，名都城物业积极作为，营造安全健康的绿色生活环境。环境整治工作包括以下类别。

绿化类：将景观垃圾桶旁的小部分黄土裸露、俱乐部周围小区域的黄土裸露补种麦冬，用心做好大草坪的绿化养护。

工程类：将小区内人行道上街沿的损坏进行修补上漆；将小区坑洼路面及路面裂缝上浇水泥。

清理类：物业对楼道进行不间断清理；号召所有保洁及绿化工对小区绿化带内的沉积垃圾进行清理。

### （3）建设绿色宣传窗口，组织丰富的文化宣传活动

丰富社区周边环境，打造 15 分钟绿色生活圈。名都城社区周边生活休闲资源充沛，毗邻 3A 级景区著名商业街老外街，体育运动有体汇 + 名都体育公园及虹桥高尔夫环绕小区（图 4）。

图 4

充分发挥社区学校作用，开展健康科学宣教活动。多年来，居民们积极参加每天的上午乒乓活动，周一读报班、编织班，周二合唱班、书法班，周三医疗保健班，周四沪剧班，周五舞蹈班。此外，每天小区还有太极队、健身操队、排舞队、晨练队等多个艺术小队积极运作，这些队伍既丰富了居民的文化生活，又倡导了一种健康文明的生活方式。

文娱生活丰富多彩，大力宣传绿环保理念。平时学唱活动与自发演出相结合，每年举办“新春联欢会”“国庆重阳联谊会”“暑期才艺展示”等等，每次活动都大力宣传绿色环保理念，丰富不同年龄段、不同群体居民的娱乐文化生活，展现居民积极向上的饱满精神面貌（图 5）。

## 创建成效

名都城小区坐落于上海历史悠久的古北社区，属于上海首个涉外国际社区，外籍常住人口占总人

图 5

口约40%。国际教育资源丰富，小区内有国际幼儿园，周边有上海日本人学校、耀中国际等知名外籍学校。名都城居委和物业借力传统节日，弘扬“习近平生态文明思想”和中华民族传统文化，结合各国特色，使各国友人更加热爱中华大地（图6）。

图 6

文化多元，文化互鉴，名都城小区深刻把握文化融合这一国际化社区建设与治理的核心，积极开展丰富多彩的中外文化交流体验活动，加强与外籍居民的联络和交流，增进中外友谊。通过营造传统节日氛围、展示优秀传统技艺、开展语言文化互动等多样化的方式，搭建社区文化交流平台，向外籍居民传播中华传统文化。2022年春节新年，万科物业身穿中国古代传统服饰，在欢乐的舞狮舞中拉开序幕，沿途向各国居民派发红包和祝福，让外籍居民亲身感受中国传统民俗的魅力，弘扬中华优秀传统文化，以文化输出向国际传递新时代中国形象，做好“家门口的外交官”，同时也增进中外居民之间的相互了解，促进了邻里关系，营造了和谐良好的社区氛围。

另外，名都城小区也在积极探索外籍居民参与社区治理的机制和方法，引导外籍人士积极参与社区发展治理，认真开展防疫工作，发挥外籍志愿者在语言、文化方面优势，针对性开展志愿服务活动。采取多种方式，通过多种途径，鼓励外籍人士参与社区志愿服务常态化活动，打造国际化志愿者队伍。

# 创建绿色社区　共建和谐家园

## ——闵行区七宝镇皇都花园

## 社区概况

皇都花园于2000年竣工，目前由润加物业服务（上海）有限公司负责专业化、一体化的物业管理。小区属七宝镇管辖范围，地址顾戴路2000弄，小区总建筑面积约42万平方米，绿化面积约5.88万平方米，小区西邻横沥港，东邻新镇路，北邻宝铭路，南邻顾戴路。小区类型为商品房小区，由36个门洞与54户别墅组成，共1824户，居住人口3918人。

近几年来，皇都花园以提高居民素质和生活质量为目标，倡导绿色文明的生活，充分创建以绿色为主题的和谐社区。根据《上海市绿色社区创建行动实施方案》，皇都花园社区通过党建引领，深入开展绿色社区创建行动，打造“共建共治共享”的发展思路，不断激发居民群众参与社区治理的积极性，进一步将绿色社区理念融入居民日常生活中去。小区成立了以党总支书记牵头，将绿色发展理念贯穿社区精细化治理中，形成创建绿色社区人人关注、保护生态环境人人有责的共识（图1）。

图1

## 特色工作

社区是日常生活和社会交往的场所，跟每位居民都有着千丝万缕的关系，绿色社区的创建需要每位居民的参与。小区物业在党总支的牵头下充分营造节能、绿色的社区建设，积极推广绿色照明灯具、建设社区内公共电动自行车充电设施等方式，积极推进绿色社区改造。

**（1）以党建为引领，组建志愿者团队，提振社区正能量**

皇都花园小区在党总支的牵头下充分优化了管理团队，在原有的志愿者团队的基础上，组建了一支“绿色守护志愿者团队”，团队由居委、物业和居民志愿者中的10余位党员组成，每月定期绿色家园守护、垃圾分类督查等各类志愿服务活动，共同履行志愿服务承诺，引领志愿服务常态化新格局。在他们的示范引领下，带动社区居民积极倡导健康生活理念，引领健康生活方式参与生态守护主题活动，营造自己家园自己管，自己家园自己护的良好氛围（图2）。

图 2

（2）积极开展“垃圾分类”，助力推进绿色社区

党总支从三个方面推进垃圾分类工作开展。一是宣传动员，营造氛围。通过在社区内开展垃圾分类宣传活动、每家每户送达垃圾分类倡议书、宣传栏张贴相关海报、微信公众号推送小区垃圾分类动态、发放指导手册等多种形式，提高居民、群众对垃圾分类的知晓率和参与率（图 3）。二是分类培训，提高认识。开展“党建引领、绿色共治”等专项活动，邀请城管、环卫、第三方等单位，先后依次对两委班子成员、居民小组长、小区志愿者、青少年、物业保洁等进行分层、分类、分批培训，提高对垃圾分类的认识，确保熟练掌握垃圾分类的方法，同时提升业务能力水平，在本职工作上发挥更大的作用，持续做好垃圾分类的宣传动员指导监督工作，推进绿色社区的理念深入人心（图 4）。

图 3

图 4

（3）依托“小手牵大手”公益行动，营造绿色社区氛围

创建绿色社区工作是一项全民参与的系统工程。因此，抓好创建绿色社区工作，必须强化对广大居民群众的宣传教育，增强广大居民群众环保意识，动员更多的社区居民作为志愿者参与到创建绿色社区工作中。小区依托社区内学校，开展“小手拉大手”“清洁家园”等实践活动，营造有利于绿色社区创建的社会氛围（图 5）。

（4）创建节水型小区，打造绿色生态生活

为了更好地向小区居民开展小区节水宣传的工作，我们把节水工作列入社区建设工作的重要内容。组建了一支有能力、有责任心的节水工作领导小组，即由党总支、居委作引导把关，由小区党总支书记、居委会主任担任组长并亲自抓节水型小区

图 5

创建工作，设一名节水工作人员负责日常节水活动的宣传及协调。除此之外，还专门配备了物业工作人员，将工作分解到各从我做起、从身边做起，转变用水观念，提倡合理用水，一水多用，使节水工作目标明确、组织有序、责任到人。经过一系列的宣传和努力，2022 年皇都花园小区被光荣评为“上海市节水型小区”，打造绿色生态生活已逐步深入人心（图 6）。

图 6

## 创建成效

皇都花园小区，设计之初就始终贯穿生态绿色理念。经过绿色社区创建，在基础设施绿色化方面，房屋墙面使用保温环保墙面、垃圾分类全覆盖、改建有两网融合再生资源回收点、加装智能电瓶车充电桩；在营造宜居环境方面，公共绿化和活动设施布局合理，车辆停放有序，建有党群服务站、医疗站、综合为老服务中心，设有残疾人辅助器具租赁点，加设无障碍设施，为老、助老服务零距离（图 7）；建有雨水收集利用设施，通过 4 处雨水收集点蓄水池，由提升泵提升到雨水处理泵房进行过滤处理，再由供水泵提升加压进入小区用水管道各用水点，可用于小区景观水池用水和小区绿化浇灌，深入践行了绿色生活理念，居民生活的健康指数、幸福指数越来越高（图 8）。

开展创建绿色社区工作以来，经过我们不懈的努力，小区的环境得到显著的改善，社区居民的环保意识也得到了提高。创建绿色社区已逐步形成一种社区文化，我们将继续巩固绿色社区的创建活动，促进小区生态建设，营造更好绿色环境，建设美好家园。

图 7

图 8

# 践行绿色发展理念　共筑绿色和谐家园

## ——闵行区吴泾镇紫竹半岛花园小区

### 社区概况

紫竹半岛花园小区地处上海市闵行区吴泾镇东川路333弄，东至龙吴路、南至江川东路、西至虹梅南路、北至东川路。小区占地面积为331 657.99平方米，建筑面积为88 011.9平方米，绿化率达45.42%。小区物业于2013年3月接管，小区交付时间为2013年6月底，到目前为止小区居住率达98%以上。社区内建有开放性的儿童乐园设施两处共约300平方米，休闲石亭和长廊共六座约500平方米，景观水景池三处约150平方米。毗邻美丽的江川河和即将开挖的兰香湖，江川河畔约50米宽、2 000米长的开放式公共绿地，与滨江公园相连接，环绕整个紫竹半岛。其不仅是高品质的房产项目，亦是一个可持续发展，注重生态保护的生活城邦，人与自然，在这里和谐共存（图1）。

紫竹半岛作为上海紫竹科学园区三大功能板块之一的居住社区，占据着浦江上游第一湾得天独厚

图1

的地理位置，黄浦江从东、南两面环抱整个社区。国际化居住理念和生活方式，以独特的社区氛围和场所感为载体，塑造和谐、舒适、休闲的人居环境，充分诠释国际化生态社区的内在含义，并形成具有紫竹半岛自身特色的社区氛围和人文环境（图 2）。

图 2

居委自成立以来，在小区物业及居民的积极配合下，各项节能、环境保护工作开展得有声有色。积极引导参与“绿色社区”创建，紫竹半岛居委积极宣传带动社区居民，使志愿者队伍等团队不断壮大。通过大批志愿者参与，建立社区层面的公众参与机制，让环保走进每个人的生活，带动社区全体居民共同参与，从我做起，从身边小事做起，为创建“绿色社区”、打造绿色、和谐社区奉献自己的一份力量。

## 特色工作

### （1）根据小区实际情况，推进“绿色社区”创建工作

紫竹半岛花园小区位于东川路 333 弄，小区占地面积 331 657.99 平方米，共有 67 幢楼，总户数 2 188 户。

在党的十九大精神指引下，紫竹半岛居委会认真贯彻落实习近平总书记关于“绿水青山就是金山银山”的号召，结合区镇相关部门的工作精神和要求，认识到创建“绿色社区”是功在当代、利在千秋、造福子孙的伟大工程，也是一项民心工程。在上级环保部门、文明办的指导下，小区以党建引领、社区自治等方面为抓手，携手物业开展创建工作，成立创建“绿色社区”领导小组，由紫竹半岛居民区党总支书记、物业经理、居委会、楼组长、党员代表及居民代表等组员，居委会具体落实创建工作的实施（图 3）。

图 3

### （2）各方参与、建立健全有效机制，提高工作效率

“绿色社区”建设领导小组经过协商讨论，制定了详细的创建工作计划和方案，每季度召开协调会，每月召开一次由党支部、居委、物业参加的社区管理工作联席会，大家各司其职，为建设管理有序、服务完善、环境优美、治安良好、生活便利、人际关系和谐的美好家园而努力。无论是党员还是群众、老人还是儿童、户籍人员还是来沪人员，大家通过生活中点滴的环保小举措，切实提升社区创绿氛围。

### （3）舆论发动、宣传引导，掀起“绿色小区”创建热潮

围绕着创建“绿色社区”这一主题，我们开展了内容丰富、形式多样的宣传活动。不定期开展以倡导绿色消费、节水节能、室内空气污染等家庭小

常识为内容的环保知识讲座；利用暑期内的青保工作，带领社区青少年积极开展垃圾分类、资源节约、环境保护行动，以孩子为桥梁，提高家庭参与率。利用宣传栏、电子屏、微信平台等阵地，不定期宣传和倡导绿色生活理念，通过大量深入浅出的宣传和发动，向广大居民传播了“绿色社区”与环境保护的知识，掀起了一股创建“绿色社区”的宣传热潮，增加了创建低碳生活绿色社区的知晓率和行动力（图 4）。

图 4

（4）加强绿化管理，践行绿色创建工作

为加快“绿色社区”创建进程，美化小区居民生活环境，首先从提高居民的绿色观念为抓手，从保护好现有的绿植开始，随之不断壮大社区内护绿团队，扩大护绿的深度和广度。随着人们的观念更新，生活水平的提高，绿化意识的增强，绿色居住环境将得到预期改善（图 5）。

图 5

在保护绿色的同时，大力整治小区的内外环境，对小区内部的环境进行整治，依托物业，特别对地下停车库，楼道乱堆物、黑色广告等进行了专项整治，形成常态化管理机制。

（5）倡导绿色消费，拒绝新的污染源

在日常生活中，人们都抱怨环境污染带来的困扰，但人们又在不自觉地制造新的污染，如生活垃圾的处理、家用化学品的使用、一次性餐具的使用、二次污染等，这些消费品是由于人们对节能、环保知识的不正确观念而形成，要使人们对环保产品、环保消费有一个正确的认识，除了向居民做广泛的宣传外还落实一些节能的行动，在物业的支持下，小区路灯、楼道换上了节能灯，绿化灌溉用水使用自然河水及雨水井，针对居民的日常生活习惯，积极宣传和引导居民购买菜篮、少用或不用塑料袋、生活用水的循环利用、垃圾分类，从自己做起，从身边的小事做起，以点带面，形成浓厚的绿色环保氛围（图 6）。

图 6

## 创建成效

（1）创建具有特色的绿色社区

紫竹半岛花园小区绿化面积 18 000 平方米，大面积的景观不仅使小区景色宜人，更美化了小区生态环境，更适宜居民居住。

通过深入扎实的创建，“绿色社区”的观念在小区中得到了较为充分的落实；一是通过创建工作初步建立了一套较为完善的环境监管理体系，小区环境问题有人抓，有人管，居民参与小区环境事务监管和管理；二是在创建过程中，小区自查自纠，解决了很多已知或潜在的污染问题，对影响小区的污染源采取了比较有效的防治措施，尽可能地减少或杜绝污染问题对居民的影响；三是通过配备环境宣传设施，组织社区环境文化建设，发动群众参与环保志愿活动，营造了较好的小区环境文化氛围；四是通过改善环境，鼓励居民参与，加强宣传教育等措施，居民的环境意识逐步增强，居民对环境问题的关心和参与程度得到提高，小区环境改善了，文化活动增加了，邻里环境意识提高了，小区居民从切身参与中感受到实实在在的好处，对创建工作更加拥护和支持，同时通过党员志愿者团队，共建单位物业公司，发挥他们的先锋模范作用，以自身为榜样，带动社区居民自主、自发、自动参与绿色社区创建（图 7、图 8）。

图 7

图 8

（2）多方协同、无缝对接，使沟通更顺畅，合作更紧密

扎扎实实的“绿色社区”创建工作，不仅美化了社区，惠及居民，同时也起到了事半功倍的作用（图 9）。加强了小区与上级部门的联系，增强了居民与居委、居民与物业之间的沟通，增进了相互的感情和凝聚力。“绿色社区”就像一条纽带，一座桥梁，把参与“绿色社区”创建各方联系到了一起，为“创绿”这个共同目标而努力，从而融洽了相互之间的感情，加强了相互之间的信任和理解。例如环保部门通过深入小区指导和帮助其开展“创绿”工作，为小区解决了环境问题，加强了环境文化建设，为小区居民做好事、办实事，得到了居民的一致欢迎和拥护，拉近了政府和居民的距离。

图 9

# 共建共享　以绿色拥抱康城

## ——闵行区莘庄镇康城社区

### 社区概况

康城社区属特大型居民住宅小区，位于闵行区莘庄镇镇西，闵行、松江两区交界处，东至北竹港、南至莘松路、西至场亭路、北至庙泾港，总建筑面积208万平方米，总规划户数1.25万户，共有286幢高层建筑，实际居住人口约3.6万人。由于规模庞大，小区设立了4个居委会、1个业委会和1家物业服务公司。上海康城社区积极探索以社区“两委一中心”（康城社区党委、康城社区委员会、康城社区中心）为核心，居民区党组织为基础，城管、市场监管、公安及房管四支执法管理力量为支撑，业委会、物业服务公司、区域单位和商户、社区居民协同参与的社区治理新模式，有效形成了党建引领下社区治理的新格局。

近些年，康城社区始终把绿色社区理念贯穿社区治理全过程，打造更加清洁美丽、绿色低碳的社区环境，融入人与自然和谐共生的社区生活理念（图1）。

### 特色工作

康城，是法国休闲小镇戛纳别称，取名康城，意在还原法式优雅生活情调，打造宜居生活环境。但是因周边商业设施、社区公建配套长期不足，业委会、物业公司矛盾重重，导致康城社区群租、居改非、违章搭建、违法经营等公共安全隐患不断，治安问题尤为突出，据统计2015年康城全年入室

图1

盗窃案共185起，平均每2天就会发生一起入室盗窃案，那时候的康城是上海“有名”的社区治理洼地。近年来上海康城在社区治理上持续发力，以党建为引领，打造社区治理升级版，以美好家园为目标，以信息化智能化管理为引擎，进一步推动实现基层党建、政府治理、社会调节和居民自治的有效衔接与良性互动，实现康城的华丽转身。

### (1) 以党建为绿色护航

为切实回应康城群众期待，莘庄镇党委坚持党建引领、多措并举，打造自治、共治、法治、德治相结合的“四治一体”社区治理新模式。2016年2月，莘庄镇党委、政府建立康城基本管理单元，积极推进政府管理力量和服务资源下沉，有效凝聚、整合发动社区各方力量，以社区“两委一中心”为核心，各方力量协同参与推动解决小区的“杂、乱、闹”等乱象。在基层资源配置方面，下沉社区事务、社区卫生、社区文化三个服务中心，配备城管、公安、房管、市场监管四个管理站，按需对接区域化党建资源，探索形成“3+4+X”社区管理服务模式。在日常运行机制方面，康城社区党委研究制定协调、联络、会议、接待、巡察、考核六项工作制度，作为整合社区条块资源的重要抓手，协调解决社区各类难点问题(图2)。

“人民城市人民建，人民城市为人民”，康城社区的治理需要更多康城居民的智慧。康城社区党委积极探索建立“莘智汇”社区公共空间，一方面打造社区综合服务一站式空间，汇集党建文化、文明实践、心愿征集、科普长廊、消防安全体验、医疗救护培训等公共服务，推动建设“莘智汇，美好生活共同体”；另一方面建立民声民智民忧一门式收集站，依托“莘智汇”搭建人民建议征集平台，定期听取居民诉求，畅通民意表达渠道，将“莘智汇”打造成为康城社区互动交流的新平台；另外，强化“莘智汇”综合议事功能，引导社区居民聚焦社区“急难愁盼”问题进行协商建议，定期发布“社区热点排行榜”，用好居民区联席会议制度和“三会”制度，加强基层协商共治和居民自治，推动社区共建共治共享(图3)。

图2

图3

### (2) 以数字为绿色赋能

如今绿色低碳已成为所有人所倡导的生活方式。在社区治理中，康城也在不断探索如何以数字化手段打通基层治理“神经末梢”，更好地为社区治理服务。在康城社区党委的支持下，康城业委会充分发挥自治功能，自筹资金用于自主研发“社区日常维修电子签核系统”。原来一个维修项目从申报到施工，少则半个月多则几个月，还会发生纸质申请单不知去向只能重新申报等问题，如今得到了彻底解决，实现了小区公共维修资金项目申请、审核、审批、施工、验收全过程公开透明。

康城体量巨大，车辆保有量多，停车位极其紧张，部分业主将车辆停放在绿化带、人行道上，不仅造成公共设施损坏，还给行人带来安全隐患。为减少小区内乱停车现象，业委会在电子签核系统内拓展开发了“违章停车管理系统”，在系统内输入车牌号码、违章停车地点并上传证据照片，系统自动记录车辆的违停次数，一旦违停三次就会自动提示，取消该车辆的停车证办理权限。系统内所有违停车辆信息简便易查，使得违章停放的车主心服口服，乱停车现象大为改善。原先小区进出车辆靠人工发卡收卡，效率极低，还容易造成小区停车收益流失。2018 年 2 月，康城社区引入智能道闸系统，据统计，第一天运行智能道闸，抬杆数超过两万次。由于道闸识别率高、抬杆速度快，车辆通行效率大幅提升，同时还有效遏制了“偷停”现象（图 4）。

图 4

### （3）以志愿为绿色添彩

小区人口多元，相对管理难度也大，但人多也意味着力量大。康城社区充分调动居民积极性，树立“我的家园，我来守护”的自治共治志愿服务理念，建有垃圾分类、平安巡查、美丽楼道守护、医疗保健、法律咨询等志愿服务团队 35 个，志愿者逾 6 000 人，在增强社区自治共治、共建共享中起到了重要作用。通过构建“党建 + 志愿服务”的工作新格局，充分利用“主题党日”、“3 · 5”学雷锋纪念日、端午、重阳等重要节点，组织开展社区环境整治、慰老助老、法治宣传等志愿服务。社区内的 500 余名党员志愿者积极发挥党员的先锋模范作用，涌现出了一批先进典型。

志愿服务始终紧扣居民关心的热点难点问题，将服务落到实处。由于康城辖区内有着 3 所学校，导致上学放学车辆拥堵，不但影响道路通行，更存在着安全隐患。如何兼顾好学生和上下班一族的出行需求，成为社区治理中的一个难点，但这是摆在无数康城人心中的一个迫切需求。社区内 3 所学校的家长们成立了“护校安园”志愿队，在上学放学时间段轮流安排人员在校门口人员聚集成进行交通的疏导，维护人员秩序，保障学生安全。依托社区志愿服务力量，这一问题得到有效解决。借助区域化党建平台，着力汇聚社区内部及周边优势资源，推进社区供需对接，以康城志愿解决康城问题，是对解决许多社区问题的最好答案（图 5）。

图 5

## 创建成效

建设安全有序、整洁舒适、环境宜居、幸福和谐的美丽家园是社区居民的共同期盼。2016 年康城社区以平安小区协同治理模式的建设标准，全面开展技防、物防、人防升级改造。先后建成 2 个监控中心、布设2 400余个高清监控探头、修缮楼宇对讲系统和智能化门禁系统。同时，物业公司聘用120余名保安，持证上岗，并配备GPS巡逻仪和巡逻车，实现可视化巡逻轨迹。社区也积极动员居民组建了一支500多人的平安志愿者队伍，在社区民警的带队下，随机检查物业履职情况、小区“三防”运行状况等（图6）。经过努力，小区安全环境全面改观，特别是最影响居民安全感的小区入室盗窃案件数量从2015年的185起锐减为2017年的15起，再到近两年的0起。曾经的“老大难”小区焕然一新，居民们纷纷点赞。2018年以“美丽家园”建设为契机，拓宽了康城南门道路，每个路口新增了铁艺道路指示牌、每栋楼安装了欧式风格的夜光山墙牌，月牙湖改造成音乐灯光喷泉（图7）。2019年继续紧扣安全防线夯实“美丽家园”工程建设工作，落实基层建设，逐一完成了社区安防设施改造、电缆改造、凯旋门修复工作，小区南北门岗亭增设了膜结构顶棚，各期试点地下非机动车库已

图6

完成粉刷、消防喷淋和门禁、充电桩的安装。同期，垃圾分类作为康城的重点工作之一，从始至终有序推进，发放上万份垃圾分类宣传材料，每家每户上门宣传，做到全民知晓、全民参与，完成相关个人、商户、社区单位、志愿者的动员培训会议30余场。正式实行垃圾分类后，将所有楼栋楼层的垃圾桶集中合并为26个生活区点位及5个商户点位，后续

图7

康城社区以宣传教育和上门执法双管齐下，拍摄垃圾分类宣传片《不可或缺的平凡》，志愿者轮流在非投放时间进行值守，曝光台公布乱投放现象（图 8）。在居委、志愿者的大力宣传下，在物业、城管的大力支撑下，在康城居民的大力配合下，垃圾分类工作平稳有序。2020 年以来，康城又接连开展了景观河改造、道路及路灯修缮等一系列工程，兼顾社区安全与社区环境，不断将社区治理中短板补齐，提升居民生活质量。

如今的康城正朝着平安舒适、环境友好、文明进步、整洁有序的新型社区坚实迈进。绿色是充满生机的颜色，也是康城社区治理的底色，下一步康城将继续推进绿色社区建设，巩固绿色发展成果，汇聚众智，凝聚合力，共同守护康城的“春天”。

图 8

# 11

# 嘉定区

## 优秀示范案例

# 一朵蔷薇　绿色共享

## ——嘉定区安亭镇陆巷社区

### 社区概况

陆巷社区是随着上海国际汽车城建设，由 7 个自然村民组、30 个生产队、685 户动迁家庭组建的农民集中居住小区。小区分为 225 弄、801 弄东片、801 弄西片和 650 弄 4 个小区。由于动迁居民观念的传统，农村乱种植的“乡土情结”一直没有得到“释怀”，依然在社区中持续发酵。随着城市化进程的发展，吸引了大批流动人口入住社区，居民自治意识相对比较薄弱。针对“毁绿种菜”的问题，为强化居民自治意识，2017 年社区自治项目蔷薇巷初试水，随着时间的推移，项目渐入佳境。绿色社区创建的实施，伴随项目的推进，打造“蔷薇巷”品牌，创造宜居家园（图 1）。

### 特色工作

为根治毁绿种菜的社区顽疾，从源头上防止居民将小区公共绿地变成“私家菜园”，陆巷社区率先践行“人民至上”理念，以党建为引领，以问题

图 1

为导向，以居民骨干为核心，以居民协商会议为载体，以社区规划为中轴线，进行“愿景协商讨论”，引导居民全程参与绿色社区创建。

（1）党建引领，骨干带领，让更多的居民走出来

①党建引领开启实践样板

2017年6月，陆巷社区围绕党建引领，组建以党员先锋为核心的骨干队伍，区块治理分片走访到户，与居民拉家常，短短一年中，走遍225弄所有住户，发放问卷400多张，在反复征集民意基础上，保留“种”，一致决定“种蔷薇”替代乱种植。第一批蔷薇就种在小区主入口围栏边，这里不仅能够让居民直观地看到蔷薇的成长，更是一个实践样板。次年春天连续绽放，居民心中自治的种子也由此生了根发了芽。从最初的10来户参与种蔷薇到现在100%家家种花，“蔷薇巷”由此展开了续篇（图2）。

图2

②培训机制带动全民参与

蔷薇巷自治项目启动伊始，5位党员和社区积极分子组成了“蔷薇巷”项目核心骨干团队。社区书记带领居民参与动力营造、愿景规划等进阶工作坊，组织开展微沙龙及社区陪伴进阶课程培训，以“百千万”行动训练营形成核心团队－骨干成员－参与居民－全民参与的治理梯队，从“骨一代”发展到现在的“骨三代”，形成了60多名居民自治骨干队伍和600名的积极参与者队伍。在疫情防控、

图3

人口普查、疫苗接种工作中，“骨二代”“骨三代”为社区治理带来的新鲜的血液（图3）。

（2）以项目营造为载体，落实全过程协商，提升社区治理的居民主体性

①以“种植”为引导，开启居民协商之门

“蔷薇巷”开展前期遇到瓶颈时，居委在试点自治项目推进中，尝试居民一起参与，围绕一事一议机制，第一步，走访居民骨干，了解需求“种”。第二步，发放民意征询单，解决“种什么”的问题。居委倾听居民心声，一下子拉近了彼此之间的距离，参与讨论的居民逐渐增多，逐渐形成了有事一起商议，无事一起交流，协商之门悄悄在社区打开。

②以“蔷薇”为媒介，激活居民全过程参与

蔷薇巷自治项目的初期，围绕“种什么”，协商人群由一开始的居民骨干、居民代表参与协商，到现在全民参与；协商形式从一开始的举手表决，到现在的个人提议，集体附议；一旦出现议题，由社区党组织负责召集，居民骨干参与制定协商流程，从骨干代表扩散至全体居民一起参与。如，2019年在推进垃圾分类定时定点集中投放过程中，小区从67个垃圾投放点位，减少到11个点位，全程由居民动员和解释，逐个小区推进，无一位居民投诉和反对（图4）。

③以“规约”为平台，推动协商治理平台

2020年疫情后，他们商讨如何在后疫情时代做好社区治理。针对“只留一个出入口”的疫情防控

图 4

问题，通过居民协商会议，入户走访，问卷调查，在律师指导下起草《农民别墅出租管理规约陆巷别墅试行版》。2021 年，居民规划师们通过全流程民主协商，并进行入户征询改造“夹弄”，讨论并制定《美家美巷管理规约十条》。针对小区公共安全问题拟讨论出台《陆巷社区电瓶车安全隐患清零方案》（图 5）。

图 5

④ 以“自治”为动力，持续推进绿色创建

美家美巷一期的成功，为二期的展开做好了铺垫。在为美家美巷二期做入户征询的时候，被居民 100% 接受支持，甚至已有居民描绘出蓝图，二期在居民行动力的加持下，很快的初步成型。不仅如此，225 弄小区的闲置土地原来杂草丛生，通过居民们议事协商，决定把荒地变成绿地。通过居民的力量，铲除杂草，到一片空地再到大草坪，又为绿色社区添上了一笔浓浓的色彩（图 6）。

图 6

### （3）服务嵌入、功能叠加，社区共营常建常新

① 盛典活动举办，点燃居民自治热情

2019 年 4 月首届“蔷薇地景艺术节”开幕，让原本反对声的居民成了最积极的推广员，第二届“蔷薇地景艺术节”——云赏花，让居民们有了创新意识和超前意识，催生了更多的年轻力量的参与。第三届的举办，从公共空间的花卉景观逐步走向庭院“搭台唱戏”。2022 年疫情防控，居民又成功举办第四届“蔷薇地景艺术节”——云赏花（图 7）。

图 7

② 运维守护机制持续形成，小区美景常见常新

“88 号小花园”自落成后，小区 30 多处景观全程均由居民自行组织开展维护；格桑花海一年两季翻新也由居民自行计划完成；“美家美巷”自建成后，居民自发倡议签订管理规约，定期养护，保持格弄整洁美观（图 8）。

图 8

## 创建成效

（1）人人参与社区治理，共建、共享、共治全过程民主协商机制初见成效

“蔷薇巷”自治项目的推进旨在依托项目运作培育社区精神，让居民真正当家做主，开展社区自治，打造优美宜居的生活环境，建设绿色社区，从而提升社区居民满意度和居住幸福感。因此在“蔷薇巷”项目实施过程中陆巷社区党支部、居委会并没有为居民“代劳”，而是本着引导和启发的原则，让居民通过亲身参与，培养他们的自主意识和自治本领。随着项目的推进，社区环境的改变，居民们从观望到行动、从被动到主动参与到绿色社区的创建中来。用实际行动践行“人民城市人民建，人民城市为人民”理念（图 9）。

图 9

（2）社区共识理念形成，公共事务的全人群参与和社区共享机制有序实现

不论是在疫情防控中还是在人口普查工作以及后续的疫苗接种工作中，我们都可以看到不仅仅是骨干在参与，社区的居民也逐渐愿意加入社区治理的队伍中来。在疫情防控中，配合骨干志愿者做好排班轮岗守好了小区的每一扇门；在人口普查工作中，年轻人的加入使得陆巷这个农民别墅社区自主填报率超过了 86%；疫苗接种工作中，由于骨干通过入户、微信告知等方式多元地发动，社区适龄人群接种率超过 90%（图 10）。

图 10

（3）社区文化价值形成，居民的归属感、成就感、自豪感油然而生

自蔷薇巷自治项目开展以来，“设计师”全部由居民担任，从一开始的碎片式的想法到现在一体式的设计，成就感油然而生；“推广员”全部由居民担任，与亲朋好友聊天时，“蔷薇巷”便是他们侃侃而谈的“谈资”，归属感自然流露；“导游团”也全部由居民担任，从一开始的羞怯、被动到现在的

驾轻就熟、游刃有余，为大家介绍“蔷薇巷”一路走来的点点滴滴的同时，社区的核心文化价值也在慢慢形成。随手捡拾纸屑、遛狗时的三件套……居民自治的魅力不仅在观念的改变，更是让居民有了主人翁意识。近年来，随着环境的改善，生活体验感变好，仅225弄小区就有5户居民从城市“回迁”（图11）。

图11

陆巷社区的景从一朵蔷薇花开始，坚持以党建为引领，以蔷薇为媒介，以项目营造为路径，以“百千万工程”为依托，以社区微更新、微改造为载体，从而有了一座花园、一片格桑花海、一个花苗基地、一个可食用玫瑰基地、一条“美家美巷”、一片大草坪，创新打造“蔷薇巷”社区治理品牌。陆巷社区也从乱种植问题到社区治理难题都因这朵“蔷薇”而得到解决，最终实现共建、共治、共享，建成绿色社区（图12）。

图12

# 活力宜居　向“绿”而行

## ——嘉定区华亭镇华旺社区

### 社区概况

华旺社区原联华村，2005 年被列为上海市宅基地置换 15 个试点单位之一，2008 年起，村民陆续迁入新区华亭佳苑居住，2014 年 11 月，撤村成立华旺社区居委会，下设 6 个居民大组。小区占地面积 17.17 万平方米，辖区范围东至华霜路，南至华旺路，西至华亭泾河，北至华亭佳苑北围墙，绿化覆盖率 40%。华旺社区于 2008—2021 年连续 7 次被评为上海市文明小区、2018 年被评为上海市老年教育村委示范点、2019 年被评为全国综合减灾示范社区、2021 年被评为上海市节水型小区、2022 年被评为全国示范性老年友好型社区（图 1）。

一年来，华旺社区党总支、居委会在市、区有关部门的关心指导下，在华亭镇党委、政府的领导下，依靠小区全体居民的共同努力，坚持以习近平新时代中国特色社会主义思想为统领，以党的二十大精神为引领，以基层社区治理现代化建设为抓手，结合本社区现状创特色，因地制宜创“新点”，积极提高居民的综合素质，打造活力宜居环境，创建文明绿色社区。

图 1

## 特色工作

绿色社区建设，“绿”的不应该仅仅只是环境与设施，更应该是居民的观念和心态，因此华旺社区以党总支为核心，社区居委会为主体，以业主委员会和物业为依托，以小区事务办为纽带，创新社区管理服务模式，形成事情共商、资源共享、文明共创、难题共解、活动共办的工作格局，引导居民更积极主动参与到社区建设，更爱护自己的社区，大家共同努力，为社区创建“加点绿色”（图 2）。

图 2

### （1）做好党建引领聚人气

华旺社区将“绿色社区”与“我嘉物业”党建工作站有机融合，深化社区党组织领导下的“五位一体”工作机制，完善居民自治机制、民主协商机制、社会参与机制。通过每周一次两委会、每月一次工作例会、每季度一次联席会、每年居民会议等，努力增强服务能力，更精准细化解决居民的诉求（图 3）。

同时利用社区睦邻中心、新时代文明实践站、妇女之家、综合文化活动中心等群众喜闻乐见的功能服务区，大力宣传绿色社区创建事项，把社区党组织的桥梁纽带作用融入创建绿色社区的方方面面，全面构建“共建、共享、共创”的绿色新局面。

图 3

### （2）打造宜居环境接地气

辖区内建有幸福广场、中心花园、音乐喷泉、水幕电影、健身长廊、休闲绿地、篮球场、门球场、足球场、室外健身点等，深受居民欢迎。此外聘请专业的物业公司，有专职的绿化养护队，定期对小区绿化进行修剪、施肥、确保花木生长旺盛，始终保持着“季季有花、四季常青”的花园式形象（图 4）。

图 4

小区从 2015 年起就开始实行垃圾分类，早晚固定时间段开启，由专人值守，日常由保洁人员和城投公司不定时收集可回收物和有害垃圾，同时向居民发放垃圾分类宣传资料、组织召开“美丽社区我先行”垃圾分类动员会、“学做懂礼仪的文明人”

等活动，提高群众对绿色社区创建的知晓率，增强参与意识。

社区在原设计不足的情况下，结合居民建议，进行了车位、主干路和绿化等美丽小区升级改造工程。如小区主干道在2021年全部重新铺设柏油路，划分停车位，现有车位1 150个，与社区居民户数达到1∶1比例，同时也确保了消防通道的畅通无阻。此外，小区内所有楼道口安装无障碍扶手、更换防滑地砖，小区大门、主干道安装高清摄像头、人脸识别系统等，都为居民的安全出行保驾护航（图5）。

图5

（3）拓宽宣传渠道扬正气

创建绿色社区的重点不在于居委、物业怎么做，关键在于要让居民能够认识到自己的责任和充分行使自己关于环境保护的权利，从而实现人人参与，共建绿色社区的目的。

为了进一步加强社区创建绿色社区的浓厚宣传氛围，华旺社区充分利用小区电子屏、宣传栏、微信群和集中培训等向居民宣传环保知识和科普文化，引导居民树立爱护环境、倡导环保的思想意识，使绿色社区创建活动深入人心。

（4）丰富居民活动树底气

倡导健康生活方式。建立两个健康自我管理小组，每月开展一次活动；建设健康小屋，聘请专业医生每周定期开门，为居民提供免费健康检查（图6）。

图6

发挥社区办学点作用。通过开展丰富多彩、寓教于乐的社区文化活动，强化对广大居民的宣传教育，倡导居民养成健康良好的生活习惯。如每周一、三舞蹈班，周二、四歌唱班，周五腰鼓班，每天晚上乒乓室、舞蹈室免费开放供居民活动。此外，社区还有太极队、门球队等多个艺术小队积极运作（图7）。

图7

依托我嘉·邻里中心、文化驿站、秀空间等开展各类演出活动，打造“15分钟社区综合服务圈”，大力宣传绿色环保理念，进一步探索绿色社区创新治理新格局。

## 创建成效

自创建“绿色社区”工作开展以来，社区结合实际，不断完善基础设施建设、提高居民服务水平、营造良好宜居环境，促使生态文明绿色理念在社区内深入人心。

通过社区党总支、居委会、业主委员会、物业服务、事务办之间的及时沟通、顺畅协调，在绿色社区创建行动中，社区及时掌握民意、准确集中民智、充分运用民力，大力宣传绿色低碳、生态环保理念，营造自己家园自己建、自己家园自己爱的良好氛围。

通过日常巡查、强力清除、居民监督等常态化手段，坚决纠治乱堆乱放、乱涂乱画、张贴广告、毁绿损绿等问题，打造消防设施、活动设施齐备完善，达到“灯亮、地净、管通、楼面靓丽、雨污分流、绿化到位、环境整洁”的人居环境（图 8）。

图 8

退休党员干部和青年骨干自发组成文明志愿者队伍，不定期活跃在楼道、健身点、长廊和凉亭等容易产生散落垃圾和出现乱张贴、黑广告的地方开展志愿服务活动，营造健康绿色的生活环境（图 9）。

图 9

在绿色社区的创建活动中，社区投入了大量的人力、物力、财力和精力，也取得了一定的成效。今后我们也会以此为契机，加大社区环境治理力度，继续实施绿化美化，把绿色社区工作引向深入，让华旺的居民生活得更加幸福快乐。

# 持续绿色健康理念　共筑和谐美丽家园

## ——嘉定区菊园新区嘉富社区

### 社区概况

嘉富社区居委会于1997年8月开始筹建，居委会范围：东起新城路，西至嘉行公路，南起环城路，北至平城路。辖区内建筑面积18.4485万平方米，居民5400余人，区域内共有63家商铺，共建单位36家。交通便捷，周边主要道路纵横交叉，棋盘路贯穿其中，离轨交11号线嘉定北站仅5分钟车程，居委会有活动室、社区居民邻里中心、老年人日间照料服务中心、生活服务中心等活动场所（图1）。

近年来，社区党总支坚持以习近平党建思想和社会治理思想为指导，依托菊园新区区域化大党建格局，充分发挥基层党建引领作用，不断探索创新社区治理，基本形成了“六治”安天下的工作机制。初步建成远近闻名的和谐幸福社区。

嘉富社区通过党建引领，采取“总支领治”“三家协治”“区域共治”“能人助治”“居民自治”和“依靠法治”等“六治”工作模式，让社区的面貌和社

图1

区治理发生了深刻变化。自 2013 年先后对小区做了综合改造、进行了“幸福楼组”“幸福弄堂”“幸福花园”“嘉宁公园”“嘉宁坊入口闲置地块——海绵城市、垃圾箱房改造活动室、亲水平台”，雨污水混排，电网改造，“菊园第一家试点定时定点垃圾分类投放”，“幸福广场”等系列微改造。建设面积 3 000 多平方米，累计投入资金 600 多万元。在美化小区的同时、努力将我们的家园建设得更环保、更低碳（图 2）。

嘉富社区先后荣获全国和谐社区建设示范居委会、全国综合减灾示范社区、上海市文明小区、市平安小区、市绿色社区创建单位、市老年友好社区、市民主法治小区、区创先争优“五好”基层党组织等 30 多项荣誉称号。

图 2

## 特色工作

### （1）党建引领有合力

嘉富社区坚持以习近平新时代中国特色社会主义思想为指导，认真贯彻党的十九大及十九届历次全会精神、认真学习宣传贯彻党的二十大精神，认真贯彻上海市第十二次党代会精神，弘扬伟大建党精神，自觉践行人民城市重要理念，近年来，在党组织的引导下居委、业委会、物业紧密配合为小区发展同谋划共出力：社区通过网格包干、责任到人，织密“邻里网”紧紧依靠群众、深入发动群众，构筑起同心协力、共守家园的强大正能量。

嘉富社区坚持为创建绿色建设建立了领导小组，确定以嘉富社区党总支书记为组长，居委副主任为副组长，责任区社工及物业为小组成员，负责嘉富社区绿色社区的规划建设工作，同时吸收社区党员作为攻坚小组成员，在绿色社区推进中，深入群众，做好协调动员等工作。将绿色社区创建作为一项重要工作来抓，严格按照“绿色社区”创建的工作要求，形成了齐抓共管的良好创建氛围。

### （2）长效管理共治理

嘉富社区虽然已有近 30 年的历史，但环境整洁有序，小区和谐祥和，深得居民好评。而这一结果的取得，与“小区是我家，管理靠大家”的理念在居民心中扎根分不开。

嘉富社区党总支、居委会 2010 年组织开展以“七彩自治家园”为特色的居民自治建设，先后成立精神文明建设、老龄工作、人民调解、治安保卫、社区事务管理、文化体育、公共卫生、新居民自治管理、物业与环境等九大专委会、“幸福大妈”志愿者团队、嘉富顾问团、加装电梯工作小组等多个群众自治组织，逐步形成了居民民主自治的制度化和常态化，增强社区居民的凝聚力、向心力和亲和力，促进居民区各项工作的健康发展（图 3）。

图 3

自成立了九个专业委员会以来，社区的各项工作朝着自我教育、自我管理、自我服务的方向有序的发展。嘉富社区还秉承“党员议事会”“儿童议事会”“顾问团参谋”等多方共治，了解、解决居民所需所求（图 4）。

图 4

（3）物业管理很到位

目前小区内做到摄像全覆盖，物业落实保安 24 小时不间断看管巡查，做到发现问题及时上报及时处理。小区内门禁采用人脸识别系统，所有线路采用架空，小区内消防设施完善，定期检查、维护，责任到人并做好记录，遇到问题有据可查。对外来人员车辆做好询问登记，小区内车辆有序停放，严禁占用疏散通道和安全出口，做到确保小区内居民的人身和财产安全。小区公共收益使用管理公开透明、规范有序，每半年在小区内向全体业主公示，用于补充专项维修资金及小区公共设施、绿化更新改造，由物业公司向业主委员会申请，批准后使用，做到规范合理（图 5）。

图 5

（4）整合资源来共建

结合辖区单位及共建单位自身特长、认领资源整合运用、组织共建活动、办好民生实事等事项。自 2016 年开始的每月为社区 70 周岁以上老人举办的集体“嘉富生日会”、每年年底为社区独居老人举办的“嘉富过大年”等共建项目得到了居民的一致认可与拥护，已在居民心中扎根（图 6、图 7）。

图 6

图 7

社区党组织在了解居民所需后同谋同策形成项目化建设积极向上级各部门争取经费，自 2017 年来的“幸福楼组”建设已为社区内 30 多个楼组解决了楼道内部墙面严重脱落现象，每个楼道还内部商议形成各有特色的楼组，楼上楼下集体搞卫生、一起包汤圆、全家做游戏的温馨场面俨然让社区真正成为“一家人”（图 8）。

嘉富社区从社区内部发掘居民潜力、资源，结合共建单位、上级部门支持；通过推动党建引领社

图 8

图 9

图 10

区、小区治理创新、保障各项工作程序规范、高效开展、为居民带来实惠。

## 创建成效

### （1）幸福系列营造绿色美好家园

人民城市人民建，人民城市为人民。嘉富社区继“嘉富有春晚”“嘉富过好年”等系列品牌项目后，本着“嘉富　加福　家家幸福”的服务理念，自 2016 年先后通过三方联席会议、楼组会议、专委会、居民代表会议等各种方式多方面听取居民所求所愿，整合社区内部资源及共建力量进行了“幸福楼组”“幸福弄堂”“幸福花园”“嘉宁坊入口闲置地块——海绵城市、垃圾箱房改造活动室、亲水平台”“嘉宁公园”“幸福广场”“嘉富小区充电桩”“嘉宁坊车库集中充电系统”“幸福花墙”等系列微改造（图 9 ~ 图11）。这些项目的实施让老小区“逆生长”，在改善老旧小区面貌的同时，嘉富社区为推进“绿色社区”建设积极利用宣传栏、电子屏等多种形式，开展健康、法律、环境卫生等方面的宣传。同时，社区组织居民广泛开展环保知识、健康知识、消防知识、法律法规、反腐倡廉、家庭美德等科普知识教育，提高居民对新时代文明实践社区建设的知晓度和认同感（图 12）。

### （2）垃圾分类显成效

自 2019 年 1 月 21 日起嘉宁坊小区作为菊园新

图 11

图 12

区垃圾分类的第一个试点，实行定时定点垃圾分类投放，取得了很好的效果，因小区相对独立，居民分类意识提高，垃圾投放点由先前的 7 个缩减至 3 个、最终 568 户居民集中于 1 个投放点（图 13）。2020 年，嘉富小区定时定点垃圾分类投放工作也如期开展，点位从原来 15 个撤并为 3 个（并设立一个误时投放点）从而实现社区在撤点的同时充分考虑上班族及租房人员的工作时间和习惯（图 14）。为了做好相关工作，居委通过群发短信、点位宣传等途径广而告之，得到了居民们的理解与认可。并将撤销的点位改造成了停车位，有效缓解了小区的停车难问题。目前，嘉富垃圾分类点每日干湿垃圾纯净度达 99%，并且小区建筑垃圾点位安装了喷淋系统（利用海绵城市回收系统将收集的雨水循环再有效利用）大大降低了装修垃圾的尘土飞扬问题。

图 13

图 14

（3）“我嘉科普公园”来入驻

2022 年 10 月 29 日，嘉定首个“我嘉科普公园”——“食安主题园”在位于菊园新区的嘉宁公园正式启用。充满趣味性的食安科普元素、错落有致的健身设施，让市民在休闲健身之余还能学到食品安全方面的知识。走进这座“食安主题园”，标识着园内各个区域方向的指引牌赫然立在门口。顺着指引牌，“食安总览”“小青龙的厨房”“小青龙跳跳棋”“小青龙的餐厅”“膳食塔翻翻乐”“运动健身区”6个区域清晰可见，这些区域充满趣味性、互动性。其中，“小青龙的厨房”以照相亭的形式呈现，通过打造生动有趣的体验场景，传播“保鲜存储”和“流通加工”知识，并配以“味精大王”绘本二维码，增强互动性。“小青龙的餐厅”则以漂流亭和外部延伸区相结合的形式展现，在漂流亭内部，通过设置食品安全VR体验，市民们可以身临其境感受食品安全、食品健康等科普知识，外部延伸区则结合了原来的休闲廊架区及公园步道，以中式风格呈现了“二十四节气膳食养生”要点，现场布置的宣传栏中讲解了如何挑选韭菜、豆芽、梭子蟹、淡水鱼等农产品的方法。“小青龙跳跳棋”则以地面棋盘的形式呈现，体验者根据骰子数字，跳至对应格子回答相应的食品安全问题，最终达到终点者即为胜利。“膳食塔翻翻乐”则融合了2022成人和儿童膳食营养及建议数据，以翻翻乐的形式传播食品安全知识（图15）。

图15

嘉富社区本着“持续绿色健康理念　共筑和谐美丽家园”的理念从人文、事务、环境等多方面着手，通过可持续发展、可循环利用、可复制推广等模式致力打造以人为本的绿色社区（图16、图17）。

嘉宁坊

图16

图17

# 12

# 金山区
## 优秀示范案例

# 汇聚小微绿色力量　激发绿色社区生态活力

## ——金山区朱泾镇金龙居民区

## 创建概况

金龙居民区位于朱泾镇东南，东至江川路，西至罗星南路，南至金龙新街，北至320国道，辖区内共有4个居民小区（沈浦泾南路90弄、始尚佳苑、紫金名苑、郁金香庭、水上华庭）和一条商业街（金龙新街），管辖面积0.7平方千米，有1 438户居民，总人数4 514人。近年来，获得了“上海市平安示范小区”“上海市文明小区”“上海市节水型小区”“上海市园林式小区”“上海市地震安全示范小区”“金山区先进基层党组织”等荣誉称号。

图1

这一年来，金龙居民区党总支、居委会紧紧围绕“绿色文化”理念，深挖基层资源，调动基层积极性，以提高社区凝聚力、居民满意度，实现社区服务新跨越为目标。坚持以习近平生态文明思想为统领，结合实际，整合社区资源，打造“预约幸福”品牌项目，发挥党员、楼组长等居民自治协商作用，覆盖宣传绿色社区知晓率，组建六支绿色社区创建志愿者队伍，建设绿色环境。力求打造志愿组织全覆盖、协商共治全覆盖、绿色行动全覆盖、管理机制全覆盖的新的“四覆盖”模式，为创建绿色社区提供了强有力保障（图1）。

## 特色工作

金龙居民区在创建绿色社区中围绕“预约幸福”品牌，持续致力于建设共商机制，加强组织班子建设，健全工作机制，走出自己的绿色发展特色，将绿色社区创建成效转化为居民的幸福感、获得感、归属感。结合社区自身特点，深挖基层资源优势，组建志愿队伍，让绿色社区发展从理念走向实践。新增民生实施绿色工程，让居民看得见，更能感受到。营造“绿色幸福”的良好氛围，进一步表明了我们在金龙辖区内实现绿色发展的积极行为，更彰显了合力建设幸福绿色社区的坚定信心。

### （1）围绕“预约幸福”品牌建设，拓宽双向沟通渠道

金龙居民区制定、完善、围绕“预约幸福”品牌，通过党建引领，居委会、业委会、物业公司，“三驾马车”共同配合，搭建沟通议事平台。社区居民区党支部干部每周走访一户困难、问题户，了解他们最关心、最在意的问题；社区网格员每周三次收集楼组长建议，记录、上报、解决居民“急难愁盼”的问题；业委会和物业每季度开展一次居民会议，集思广益讨论绿色相关项目问题，有效对接，双向沟通，创建绿色社区品牌，让每个居民成为既是发展绿色社区，建设绿色家园的受益者、共享者，也是服务绿色社区，守护绿色社区的参与者、贡献

图 2

者，才能在共建、共治、共享中走出一条金龙特色的绿色社区发展之路（图 2）。

### （2）组建绿色志愿队伍，织密一张绿色践行网

金龙居民区招募、组建、培训六支志愿队伍，党员先锋战斗堡垒队、银发护绿队、金龙先锋青年服务队、老伙伴志愿者队伍、平安同行队、巾帼女子巡逻队。加强志愿队伍建设，完善志愿服务制度，激发各组织绿色志愿意识，弘扬志愿精神，优化基层群众自治制度，开展内容丰富、形式多样、便民利民的志愿服务活动，努力形成长效机制，为金龙社区建设绿色理念宣传打下至关重要的堡垒作用。依托党群服务站点、新时代文明实践站、儿童之家等阵地，利用节日节点等契机，开展寓教于乐的活动，深化绿色理念入人心，助推金龙社区走上绿色发展道路（图 3）。

图 3

### （3）新建绿色实施项目，铺设绿色、温馨、安全居住环境

金龙居民区打造绿色、干净、温馨环境，力求“推窗可见绿，出门即入园”成为居民的普遍期盼，紫金名苑主干道铺设沥青，郁金香庭新增停车棚，始尚佳苑补种绿化，绿意盎然，不仅提升小区的颜值，也体现了居民对绿色品质生活的追求。近几年来，金龙居民区严格执行垃圾分类制度，做到日日清、日日查、日日改，让小区环境管理更加标准化、专业化；持续推进林长制，建立“一长三员”制度，即设林长、副林长、网格巡查员、监督员、管护员。对小区绿化做到时时巡、时时督、时时改，提升小区绿化覆盖率，确保零破坏。安全系统提升档次，安装智能化安防系统和监控系统，让智能设备守护居民的安全（图 4）。

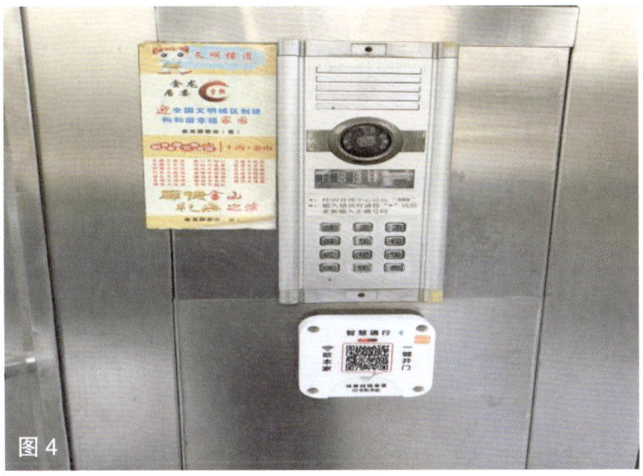
图 4

## 创建成效

金龙居民区周围就是实验小学和东风幼儿园，学习氛围浓厚，辖区中上学幼童和银发老人居多，为了让绿色社区深入民心，利用好金龙“合”课堂和“银发领跑”志愿服务，创建过程中共计开展活动 80 余场，服务居民 6 000 余人次。滋养老少朋友的绿色理念，推动居民尤其是老少朋友心中播撒绿色生态的种子，号召大家做绿色生态的实践者、推动者，持之以恒，久久为功。

一方面，金龙居民区利用好青少年萌生绿色生态理念生根，举办“花灯溢彩　点亮美好”花草灯手工 DIY 亲子活动，打造“15 分钟青少年幸福活动圈”，开展线下短视频拍摄与制作等活动，暑期安排系列趣味活动，不仅统筹安排防溺水健康教育宣传还注重孩子的节水优先，关爱绿化的绿色文化的宣传，逐渐组建了一支金龙先锋青年服务队，从学习到实践的长大过程，让青少年在金龙锲而不舍传递治理“接力棒”的实践中人人参与、人人共建、人人分享（图 5）。

图 5

另一方面，“绿色是幸福”早就是金龙“银发领跑”志愿队的行动口号，参与绿色社区创建共商共治、爱国卫生月活动、写春联送春联、防诈骗等志愿服务活动。有生态美好才有生活幸福，“散步有公园，抬头有蓝天，吃的是无公害，喝的是清洁水，身边有鸟语花香，城外有青山绿水”银发领跑志愿队每个人心中的信念（图 6）。

图 6

党的二十大报告指出，我们要加快发展方式绿色转型，实施全面节约战略，发展绿色低碳产业，倡导绿色消费，推动形成绿色低碳的生产方式和生活方式。下一步，金龙打造的绿色社区品牌，注重实施项目的建设，深化智能化服务居民，孵化志愿服务队成果，创新绿色社区制服理念。让绿色社区品牌成为每个居民生活、生产的践行标杆。

# 绿色社区　让美丽家园更美好

## ——金山区朱泾镇北圩社区

### 社区概况

北圩居民区位于朱泾镇西北部，东始中官塘，西至秀州塘，南始万安桥，北至秀州街，占地面积约为319 500平方米。北圩居民区辖区内有北圩新村、秀南新村、金昌苑、宝华铂翠、万安世家五个完整小区，总户数为2 150户，常住人口5 769人。辖区范围内有公共网球场、篮球场、多功能居民活动室、康健绿地等公共活动场所，辖区设有楼栋老年扶手、人车分离通道、残疾人专用通道等辅助设施，另设老年人日间照料中心、助餐点等为老服务设施，社区内生活配套齐全、居民生活便利（图1）。近年来，通过深化书香社区、党建驿站、加装电梯、老年友好型社区创建等社区治理品牌项目，先后获得全国示范性老年友好型社区、上海市文明小区、上海市节水型小区，金山区党支部建设示范点、金山区社会建设创新项目、金山区食品安全示范村（居）、金山区反邪教优秀小区等各级荣誉（图2）。

图1

图2

### 特色工作

（1）基础设施完善，提升绿色环境满意度

一是绿化环境优美。北圩居民区绿化环境布局合理，绿化覆盖率高达50%以上，物业公司定期对小区的绿化进行护绿保养，特别在植树节期间，对树木进行整枝，对草皮进行修整，对部分损坏的绿地进行修复补绿，同时组织楼组长、志愿者在小区内进行绿化的认领，并做到小区内无折绿现象发生，使小区内呈现出一派绿意盎然的景象，以符合绿色社区要求，为创建绿色社区奠定了基础（图3）。二是地理优势明显。公建配套设施完善，康健绿地，将社区内休闲场所与居住小区连接在一起，以步行、篮球、网球等运动方式作为社区内运动主题，以游憩交往场所打造社区人文特色名片（图4）。康健绿地中的健康步道利用现有的道路进行绿道标识统一和面层改造，以较为经济的方式、最快的速度实现健康理念。

图 3

图 4

社区西面沿河区位，沿河走廊设计，打造居民绿色休闲健康步道。

### （2）宣传氛围浓厚，推进绿色环保志愿服务

一是打造绿色阵地。开辟环保宣传橱窗，定期更新内容，宣传环保知识，设立小区禁鸣标志，号召环保家庭生活，提高居民环保意识，受到了小区居民的一致好评。在辖区内摆放了带有明显标记的废电池、旧衣物回收箱，使居民养成了自觉把废旧电池、旧衣物扔进专用回收箱的好习惯。二是开展绿色活动。居民区积极组建了环保志愿者队伍，党群融合、小手拉大手，开展认领小树苗活动、小卫士改陋习作品展活动及针对居民养犬户的不文明遛狗现象开展系列活动，在志愿者们的宣传、指导下，居民有了较强的环保意识，不文明遛狗现象也大大减少了（图 5）。

图 5

### （3）创新基层治理，打造绿色社区品牌

一是“社区下午茶”推进自治协商。将居民议事会、人大代表联席会、社区党群服务站点、社区班子联席议事会等议事活动纳入“社区下午茶”议事品牌。整合社区“离退休干部”资源，推动社区有时间、有热情、有精力的老党员、老干部、老专家参与社区治理（图6）。在加装电梯等重点项目中，发挥了积极作用。通过“老青结对”的形式，挖掘、整合社区人才，为社区人才搭建交流参与平台。持续做好老少共建活动，充分利用社区教学点及社区“关工委”力量开展形式多样的活动。二是“党建驿站”筑牢共治基础。通过党员志愿服务队，发挥党组织在小区区域内的治理核心作用，健全小区横向文化、安全、环保、邻里帮扶、文明创建、心理健康等方面的服务机制，实现社区事务协调共商、资源共建共享，落实好“小区化党建、联动式服务”的民意收集、服务承诺、民愿圆梦等机制（图 7）。

图 6

图 7

不断强化法治，在议事过程中邀请法律顾问参与，提供专业法律支撑，及时提供社区纠纷法律意见。三是“五老服务”夯实为老服务。构建“助老、服老、念老、伴老、敬老”服务机制，通过助老送餐，解决独居老人吃饭问题；通过鼓励社区老干部以老服老，提升自治力度，持续推进加装电梯平层入户，解决老年人下楼难问题；通过定期开展社区“大篷车”服务，培育老年志愿者老有所为，构建为老服务常态化；通过“三全值守”发放联系卡，居民随时能够联系社区干部。不断优化社区服务配置、不断完善社区 15 分钟服务圈，不断提升社区居民的幸福感和满意度（图 8）。

图 8

## 创建成效

### （1）完善组织架构，构建绿色社区体系

一是成立了领导小组，系统有力创建。以创建绿色社区为契机，从思想上高度重视，成立了北圩居民区绿色社区创建工作领导小组，由居民区书记担任组长，副书记担任副组长，两委班子成员、业委会成员和物业工作人员担任组员，领导小组以横向沟通、纵向领导为主要职能，落实创建经费，全面负责创建工作，使绿色社区创建工作开展有组织、有领导、有步骤、有落实。二是厚植党群根基，凝聚合力推进。坚持党建引领，坚持群众主体地位，整合、协同多方力量。充分发挥人大立法联系点作用，广泛听取居民群众的意见建议，做到察民情、聚民智。通过区域化党建提升党组织凝聚力，培育居民自助互助队伍。组织社区老干部议事协商，积极发挥“三驾马车”作用，促进社区骨干群体互动交流、自治协商（图 9）。

图 9

### （2）完善建章立制，理顺绿色社区机制

一是建立了工作清单，推进分类治理。将民情民事梳理问题清单、任务清单，对标对表解决问题，落实清单销项制度。将社区问题分类处置，分为民生类、法律类、党建类、城市建设类、教育类等，因地制宜地采用定期议事、一事一议、重大事项随时议等方式，合力讨论问题、解决问题，提升居民自治水平。落实网格化治理，封闭式小区、新建小区落实分类治理，建立“居委 + 物业 + 志愿者队伍”组织架构，形成小区管理“内循环”。二是创新思路，构建绿色基础。在社区基础性改造实施过程中，积极推进环保绿色理念，为创建绿色社区打好基础。因地制宜，积极应用可实现资源，改造“屋里香”主题公园，新建老年人日托中心，完善老年

活动室配置，不断优化社区服务阵地。激活志愿群功能，在社区党群服务站点、新时代文明实践站点等日常志愿服务工作中，发挥志愿群体作用，进一步强化了群众自治功能，为社区治理打好基础（图 10）。

图 10

（3）垃圾分类长效，构建绿色生活环保理念

一是实行全民垃圾分类。推进小区生活垃圾定时定点投放，实行分类收集，日产日清，有效降低了垃圾对环境的污染。小区内无焚烧垃圾、杂物、露天烧烤等污染环境现象。落实各物业公司做好垃圾分类工作，垃圾分类点位安排保洁员做好日常保洁和宣传工作，居民自觉将垃圾进行分类投放，至今未发生环保纠纷矛盾和事故，居民反响良好（图 11）。二是居民环保意识提升。随着生活水平的不断提高，居民对生活质量、生活环境的需求也越来越高，推广环保家庭生活显得尤为重要。社区居民普遍使用购物袋代替塑料袋，减少一次性餐具使用，家庭装修中使用环保材料，逐步接受绿色环保产品，养成绿色消费习惯，积极倡导更加绿色环保的社区生活方式（图 12）。

绿色社区创建是适应新时期绿色环保的需要，获得社区居民的普遍拥护，通过完善基础、理顺机制、构建理念，为居民群众构造一个更加绿色先进、环保美丽的社区生活大家庭！

图 11

图 12

# 党建红赋能生态绿 助力和谐宜居万盛

## ——金山区山阳镇万盛社区

## 社区概况

万盛金邸社区位于金山区山阳镇，东至杭州湾大道，西至蒙山北路，南至龙轩路，北至龙皓路，社区有31幢66个楼栋，共1884户，占地面积149550.2平方米，社区绿化面积80204平方米，大小绿植物品种约25种，绿化覆盖率高达53.63%（图1）。

近年来，万盛居民区党支部、居委在市、区有关部门的关心指导下，在山阳镇党委、政府的领导下，万盛居委会扎实开展“绿色社区”创建工作，整合社区资源，发挥居民自治，大力弘扬“做文明市民，创绿色社区”的思想理念，形成了环境整洁优美、社区秩序稳定、邻里关系和睦、社区活动丰富、百姓安居乐业的社区环境，先后获得了“上海市节水型小区”“金山区平安示范社区”“金山区科普示范社区”“2022年上海市绿色社区示范单位”“2022年金山区民主法治示范社区”等荣誉称号。

图1

## 特色工作

### （1）“树品牌”打造“绿阵地”

通过打造“馨工坊”“红色物业”“一轴四力三联”“万万盛盛说普法”“居商联动”等品牌项目，针对各年龄段人群开展“最美家庭”“比学赶超”“环保科普”等一系列绿色文化活动，推行绿色低碳全民行动，培养居民群众绿色生活意识，从身边点滴小事做起，积少成多，聚沙成塔，以点带面，让绿色低碳环保理念在全社区形成一股的全民生活新风潮。

此外，社区积极探索“线上绿色宣传阵地”，借助社区云、万盛微宣视频号、万万盛盛说普法视频号等，多渠道宣传普及宜居和谐理念，形成强大的创建氛围，使居民群众认识到创建绿色社区对于提升人居环境、提高环境素养和促进绿色发展的重要作用，目前居民的绿色消费意识不断提高，垃圾分类回收量平均每月200%超额完成（图2）。

### （2）“聚共识”奏响“大合唱”

搭建“汇聚缘”议事平台，邀请辖区居民、法

图 3

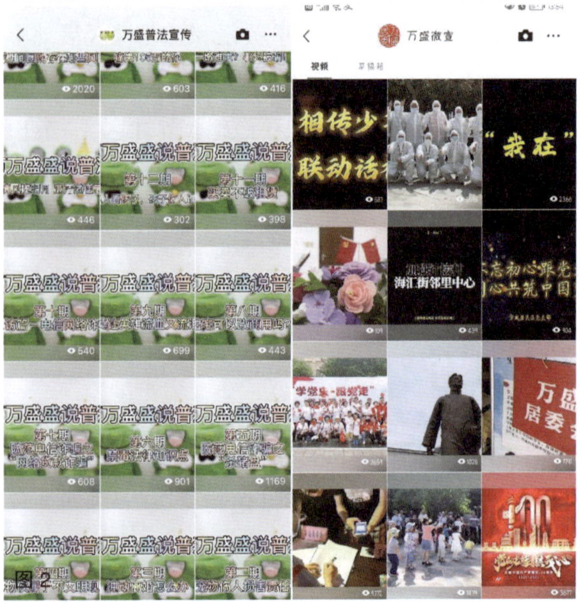

图 2

图 4

律顾问、党员顾问团、商铺代表共同参与，成立了以万盛居民区党支部书记为组长、辖区共建单位和党员顾问团代表为成员的“创建绿色社区工作领导小组”，针对社区痛点、难点积极开展沟通协商会议，形成社区党组织和辖区单位齐抓共管，社区居民广泛参与长效创建机制（图 3）。

协同结对单位定期组织的便民服务日活动，包含了配钥匙、衣服缝补、轮胎修补、磨刀、免费义诊等项目，以点带面，倡导绿色健康生活方式，引导越来越多的居民主动参与绿色社区建设，逐步形成共建共治共享的良好局面（图 4）。

### （3）“小公约”推动“大文明”

针对小区治理中的多发问题反复讨论、征求意见，数易其稿后出台《万盛金邸小区居民公约》，其中包括《公共区域管理细则》《宠物管理细则》《车辆管理细则》《垃圾分类管理细则》《出租屋管理细则》等。

通过《居民公约》的实施，目前已对小区乱扔垃圾的居民上门签署《承诺书》43 张，超过 3 次乱扔垃圾屡教不改者，联合城管执法部门上门罚款 3 户；联合物业多次针对小区开展环境整治工作；联合业委会针对停车难的问题，与海汇街地下车库达成车位租赁协议，社区业主可以凭相关证件以按年缴纳 150 元 / 月交满 1 年送 1 个月的价格在地下车库进行车位租赁，缓解了辖区停车难的问题（图 5）。

居民在遵守《居民公约》的前提下，签署《承诺书》，均可凭房产证在物业前台办理 200 次 / 年的免费充电卡，1 次可充 5 小时，如物业公司发现居民有 3 次违反《居民公约》行为，物业公司可以单

图 5

方面取消免费充电卡，形成一种相互制约、互惠互利的良性循环。

（4）“补短板”共建“绿家园”

以建设文明、美丽、洁净、安全的家园为目标，结合“雪亮工程”、车牌采集系统等载体，积极引入人脸识别及大数据分析等新兴技术，辖区楼道完成智能安防系统全覆盖。

一是完善设备，近年来改造楼道及地下车库节能灯 800 余个，更换社区公共用水点节水型水龙头 20 处，更换小区智能道闸 6 处，修补进出口柏油路面 20 平方米，新增光伏捕虫灯 6 个，维修更新太阳能路灯 80 个，新增地面非机动车车棚 4 处，电瓶车简易充电桩 6 处（图 6）。

二是补种绿化，每年开展 1 次园艺师进小区，围绕修剪枯枝、施肥、洒水、养护等方面进行现场指导，同时给喜欢种植花草的居民或者小朋友们传授植绿知识。社区先后补种草皮 1 000 余平方米，

图 6

修复商业街绿化点 30 处，利用废旧轮胎制作四季海棠小景 40 余个（图 7）。

三是美化景观，推动海汇街美丽街区项目建设，加快构建 15 分钟社区生活圈，更换了部分苗木并在建筑周边进行绿化补种，安置光伏环保景观灯 8 处，使小区居民推窗见绿，出门见景，一步一景，景随人行，为居民营造充满绿色的生活空间，共建共享绿色生活。

图 7

## 创建成效

以党建引领为“中心轴”，赓续红色血脉，深化党建品牌建设，牢牢把握人民城市“五个人人”的努力方向，弘扬“习近平生态文明思想”和中华民族传统文化，为居民提供涵盖家庭亲子、文化教

育、休闲美食、健康养生、文创生活、环保制作六大板块，保证活动开展有“吸引力”、社区治理有“专业力”、和谐氛围有“凝聚力”、服务内涵有“延伸力”，促进资源联享、组团联学、愿景联议，为绿色社区创建正向赋能（图 8）。

目前绿色社区、环保共享理念已经在我社区深入人心，万盛居委连同物业公司及结对单位，通过开展传统文化活动、绿色环保宣传、环境整治志愿者服务等，引导各个年龄层的居民群众都积极参与到社区发展治理中来，打造共谋共建共治共享的社区治理新格局，提高了社区治理社会化、法治化、智能化、专业化水平。

接下来我们还将进一步以“留白增绿、见缝插景”的方式，致力于打造居民身边的小美好，不断提升揽赏美景，出门入园的生态宜居空间新格局，构建和谐宜居绿色万盛！

图 8

# 聚焦治理短板　创建绿色社区

## ——金山区石化街道紫卫居民区

## 社区概况

紫卫居民区地处石化城区北部，坐落于蒙山路1517弄，东至蒙山路、西至卫零路、南至板桥西路、北至龙泉港，占地面积163 728平方米，共有居民1 316户，常住人口3 876人。紫卫居民区牢固树立绿色发展和生态文明理念，以党建为引领，整合社区资源，协调各方力量，聚焦社区治理短板，搭建居民自治协商平台，提升公众参与环境保护、践行绿色生活方式的积极性。努力打造整洁优美宜居、邻里和睦友善、文化娱乐丰富、平安稳定和谐的绿色社区。先后获得全国民主法治示范村居上海市培育单位、上海市党支部建设示范点、上海市文明小区、上海市节水型小区等荣誉称号（图1）。

## 特色工作

（1）党建引领、决策共谋、发展共建、成果共享

①搭建平台有抓手，多方联动促发展

以党建引领社区建设，夯实红色物业基础，“三驾马车”凝聚合力，确保小区治理主体“不缺位”。搭建沟通议事平台，居民民主协商，实现决策共谋、发展共建、建设共管、成果共享，推动社区精细化管理。楼组按块区划分网格，将社区民警、协管、律师等力量纳入网格内，实施网格化管理，形成自我发现、自我处置、共建共享、多方联动等自治共治机制（图2）。

②居民协商工作坊，破解难题有实效

利用美丽家园项目建设契机，拓展停车区域增

图1

图 2

设二百多个车位，但“僧多粥少”现象仍较为突出，为解决停车难问题，2022 年 7—8 月，紫卫居民区多次召开居民协商会议，就紫薇苑小区停车位管理方案进行协商、广泛听取意见建议。经协商讨论，就车位产权关系、收费标准、进一步挖掘资源增加供给等达成共识。随后，由居委会牵头，先后二次全小区居民征询停车位方案意见，目前有关停车位增设等工作正在推进中（图 3）。

图 3

③“党建 + 法治”树理念，依法依规守规矩

积极探索党建引领下的“四治一体”建设的社区治理新模式。依托公共法律服务站，顾问律师下社区，为居民提供法律咨询及援助服务。通过司法所、顾问律师等专业力量指导参与，居民民主协商，讨论修订完成了包括文明公德、文明行车、公共安全、邻里和睦、文明养宠、文明装修、垃圾分类等内容的《紫卫社区居民公约》，确保了管理规范有序，有效推动节能节水、生活垃圾分类、环境绿化等绿色社区建设（图 4）。

图 4

（2）同心疫情防控、守护美好家园

2022 年 3 月 18—25 日，紫薇苑作为石化街道第一个实施疫情封控的小区，在一周时间里，小区居民同紫卫疫情防控领导小组、机关干部、居委会工作人员、安保人员以及众多“大白”志愿者们一起共克时艰，用他们的点滴坚守演绎着很多感人的故事。疫情发生接到小区封控指令第一时间，居民区迅速建立疫情防控领导小组，下设 8 个工作小组迅速部署开展工作。共完成小区全员核酸检测四轮 8 980 人次，接听居民求助电话，解决居民“急难愁盼”问题近 500 起；提供居民就医服务 20 余件（包括医生上门问诊、转运、线上医疗咨询），上门为行动不便人群采样 104 人次，药品采购 29 人次；接驳外卖、快递近 7 000 件（图 5）。

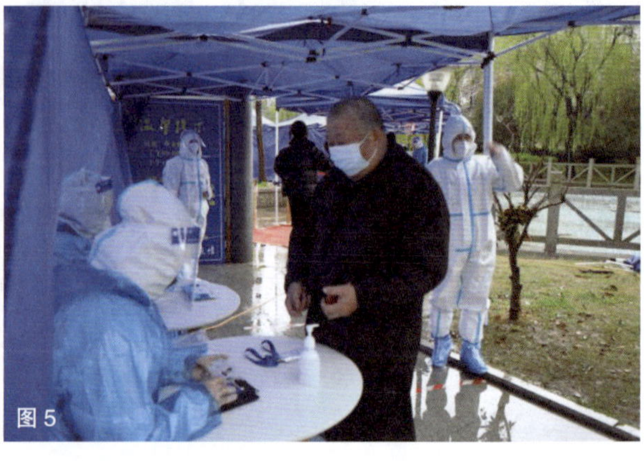

图 5

在随后的两个月封控时期，居民区积极发挥疫情防控小组统筹领导作用，组织小区党员、块区长、志愿者等骨干力量，共同参与，发挥特长，群策群力，在大家的齐心努力下，保障了小区居民正常的生活秩序。

### （3）瓶子菜园、自治家园

利用居委会房顶平台，发动社区居民参与以农耕活动为媒介，融变废为宝、有机种植、亲子互动和邻里和睦为一体的“瓶子菜园”项目建设，引导居民参与农耕种植活动，各自认领并负责种植与养护。在上海环保先锋机构专业力量指导培训下，利用废弃水桶、油桶加工成种植器皿，选取 2～3 个月成熟期的蔬菜品种进行栽种。定期开展农耕课堂、种植指导、经验交流、成果分享等一系列活动。六年来，居民积极参与认领，蔬菜品质不断提升。参与自治项目的居民志愿者，将采摘的绿色有机蔬菜赠送给社区孤寡、困难老人。她们在获得协同劳动、分享生态种植经验、收获丰收快乐的同时，也营造了绿色睦邻健康的社区共享空间。由于该项目品牌凸显、成效显著，各种媒体也给予宣传和报道（图 6）。

新民晚报 数字报纸

全球日报50强

中国数字报业实验室理事单

新民报系媒体： 新民网 | 新民晚报 | 社区版 | 大学版 | 新民周刊 | 新民地铁 | 美国版

版面导航 数字报首页

上一篇 下一篇 2017年12月10日 星期日 放大 缩小 默认 朗读

崇尚自然 绿色环保

——“我眼中的生态文化”比赛作品选登

“瓶子菜园” 金山区石化街道紫卫居民区有一个占地百余平方米的屋顶“瓶子菜园”，共1500多个废弃的油瓶、矿泉水瓶里种植了生菜等各种蔬菜，十分吸引眼球。这片菜园既能让大家在一起劳动、交流，增进邻里感情，又能增强居民的环保意识。潘凤 摄

图 6

### （4）加装电梯顺利推进，居民期盼得以实现

多层住宅加装电梯是民心工程，是紧贴居民生活的“关键”小事，也是增进民生福祉的民生大事。为加快推进加梯这项民生工作，党总支班子成员认真学习掌握加梯政策，根据街道工作要求，第一时间召开楼组长动员会，启动加梯工作，发放征询单征求居民意见，对意愿强烈楼组，分别组织加梯推进会，邀请加梯代建单位介绍加梯基本情况，同时对接加梯代建公司工作人员到小区设摊咨询、蹲点驻守、上门答疑居民对于加梯的相关政策、惠民条款、电梯价格、安装位置、是否噪音遮光、后期维保等问题。同时，在楼组长群里发送加梯视频、照片，通过楼组长向居民宣传，使加梯在居民中口口相传。发挥居民自治作用，发动意愿强烈的居民和楼组长做本楼居民的思想工作，紫薇苑 13 号楼和 28 号楼加梯成功签约，并于 2021 年 12 月 31 日举行加装电梯开工奠基仪式，目前项目建设已接近尾声，不久，两栋居民楼的居民将开始享受“上上下下”的幸福体验（图 7）。

图 7

在整个项目推进过程中，紫卫居民区始终坚持发挥党建引领作用、“三驾马车”贯穿始终。积极发动、营造加梯宣传氛围，引入有资质加梯公司，帮助协调解决居民实际困难和合理诉求，发挥楼道内在职党员骨干力量，通过楼栋居民自治协商等方式，凝聚共识，加装电梯取得实效。

（5）青年的诉求，我们的追求

紫卫青年中心贴近青年实际需求，探索实施了“三个有效”工作法，即：有效联系才能有效服务；有效服务才能有效凝聚；有效凝聚才能有效引领，把中心打造成小区居民的邻里共享客厅、社区青年的文化共享阵地、“两新”企业青年走进社区治理的共享阵地（图8）。

图8

## 创建成效

通过绿色社区创建，全面提升了社区居民的素质，提高了居民环保意识和社区管理水平，营造了一个美丽、洁净、祥和的居住环境。2021年，成功创建市级“绿色社区”示范单位（图9）。近年来，先后荣获上海市平安社区、上海市燃气安全示范小区、上海市4A级青年中心、金山区食品安全示范村（居）、金山区民防先进单位、金山区无违建创建先进居村、金山区民主法治示范社区、科普示范社区、金山区综合治理先进集体、五星级党群服务站等荣誉称号。

图9

# 党建引领绿色社区创建 多元力量擦出共治“火花”

## ——金山区石化街道山鑫居民区

## 社区概况

山鑫居民区坐落于蒙山路1090弄，始建于1999年，东接战斗港路、西临蒙山路、南至龙胜路、北至卫清西路，地处石化街道最繁华的商贸、金融、交通中心。小区占地面积17万平方米，建筑面积15.8万平方米，绿化面积8.5万平方米、绿化覆盖率达53.8%。小区共有多层居民楼132幢，居民1 530户，实有人口4 537人。社区周边还有幼儿园、实验小学和蒙山中学，教育资源非常丰富（图1）。

山鑫居民区在党建引领下，坚持美好环境与幸福生活共同缔造理念，各主体共同参与社区人居环境建设和整治工作，将绿色发展理念贯穿于社区基层治理全过程，着力推进绿色社区创建。

图1

## 特色工作

（1）党建引领，多元力量社区治理

① 精准谋划，创新组织架构，由“各司其职”变“组织统领”

一是建立“1+3+X”管理模式，突出党建核心力。注重发挥党的组织优势，统筹推进社区综合治理。以服务型党组织建设为抓手，以“支部领导团队、党员融入团队、团队凝聚群众”为工作要求，探索并建立社区“1+3+X”自治共治组织架构和管理模式：“1”即居民区党组织；“3”是居委会、业委会、物业公司；“X”是社区党员群众、驻区及共建单位等其他力量，形成组织共建、资源共享、实事共做的党建新格局。二是强化“两会一司”组织建设，突出党建统筹力。近年来，在街道社区自治办、社区党建办、房管所等职能部门给予指导和帮助下，我们一方面在小区业委会中成立了党的工作小组，另一方面积极探索和打造红色物业。通过把党组织有效嵌入业委会和物业公司，切实强化社区基层党组织的领导核心作用。除了做好基本的物业服务外，物业公司在各门岗筑起社区疫情防控的最强防线，配合居委会做好“红色关爱”“红色代办”服务，在整个疫情防控工作中，物业公司始终坚持服从组织安排，为社区疫情防控提供了坚强保障（图 2）。

图 2

② 多方协力，制度保障创先，由“单打独斗”变“协同作战”

一是交叉任职，实现力量共融。鼓励和推荐符合条件的“两委”班子成员，兼任业委会委员，通过交叉任职，从而在日常工作中实现有效对接，精准发力，实现了资源共享与力量共用。二是居民区联席会议制实现难题同解。每个季度召集小区三位一体商讨物业达标考评及季度工作完成情况；对社区管理难点、居民群众切身利益的问题，定期召开会议研究协商。同时对于居民十分关注的房屋维修基金使用和公共收益问题，我们引入了专业的社会组织共同参与小区综合治理工作，建立规范的管理和使用制度，对每一笔资金使用进行追踪确认，确保业委会、物业科学高效、规范运作。为了改善一期房屋漏水渗水严重现象，我们“三驾马车”积极向上级争取并成功落实山鑫阳光城一期房屋综合改造项目。三年来，小区通过“三驾马车”齐心协力，共获得 6 个改造项目，投入项目资金 5 000 余万元。这些项目的竣工大大改善了小区的技防设施短缺、小区停车难、安全管理落后的现状，从根本上解决了困扰居民十多年的房屋渗水问题。居民的安全感、满意感指数直线上升。三是居民协商，实现资源优势互补。建立以党组织为核心的资源整合区域化党建工作模式，实现绿色社区创建和服务民生等方面的持续深化与优势互补。如对接街道相关部门制定住宅小区“美丽家园”建设方案、绿色社区创建工作方案和创建物业达标考评方案范本，以区域化党建为平台，修改并形成“一居一方案”的季度达标考评方案，进一步整合了考核评价机制（图 3）。

山鑫居民区与邻近的维多利亚广场（维多利亚 B2 区地块）原为一个整体，按原规划山鑫置业拟将两者整体开发，两块区域共用一个垃圾中转站。小区建设时，未考虑垃圾箱房等配套设施。且维多利亚 B2 区地块至今仍未开发，垃圾中转站的建设难以落地，居民生活垃圾清运受到严重影响，群众反响极大。为此，山鑫居民区采取居民协商的模式，邀请了反对和支持的居民代表一起坐下来协商，通

图 3

过多次沟通协商、改变建造方案、最终达成共识（图 4）。

推行居民协商工作坊，由党总支引领，专业力量介入，居民共商共议，在社区工作中发现居民需求，围绕居民需求破解社区问题，搭建社区居民提出诉求和建议的平台，营造良好的基层议事协商的氛围，激发社区居民对社区的关注，提升全社区居民的社区价值感和归属感。

图 4

（2）创优载体，提升社区服务效能

通过以“大”化“小”、化“小”为“无”逐步解决了社区无生活垃圾房、一期房屋漏水渗水严重维修难、停车难、噪音扰邻等历史遗留问题。结合原有联系服务群众机制，制定了组团式联系服务群众方案，并按块区划分责任楼道，对所负责的居民家中定期进行走访了解民情。同时，还搭建居民群众与物业、业委会的沟通平台，在小区内建立了“楼组长微信群”、楼组群等，提升了社区“急难愁盼”问题的反馈及解决效能，使小区“无违创建”、平改坡、美丽家园建设等工程项目一一落实，实现了从物业公司“无事不见面，见面无好事”到“事先多沟通，遇事多协商，难事共解决”的转变。

由于小区建设时未规划地下停车场，居民对增设停车位及充电桩对呼声非常强烈，为解决停车难矛盾，党组织多次召开“三驾马车”专题会议开展协商讨论，邀请业主代表倾听意见建议，利用美丽家园项目增加 305 个车位，2022 年又在东、西两片区布点安装了 15 个机动车新能源充电桩基本满足小区居民停车和充电的需求（图 5）。

图 5

在社区走访过程中了解到小区老年居民觉得位于居委会三楼的老年活动室楼层太高，各类老年活动都不方便参与，宁愿挤在底楼一间不足 8 平方米的车库内的情况后，党总支立即召开三位一体会议，通过讨论协商达成一致，由物业公司让出底楼一间 60 平方米的休息室作为老年活动室使用。2 个月后，焕然一新的老年活动室呈现在大家面前时，老人们都很激动。同时也分外珍惜这个来之不易的活动室，所以自发成立了一支老年活动室志愿者，自愿为老年活动室的老人们提供服务，并且每天打扫好卫生，做好监督员，保持室内空气流通，做到无人吸烟。

为进一步提升管理效能，充分发挥党员志愿者的战斗堡垒作用，党总支结合居民区党建服务站点建设，以党建项目为抓手，依托党员志愿服务机制，组建以党组织为主，“三驾马车”为辅的层级服务体系，持续深化社区“大管理”机制，提升管理效能。例如：2020年疫情发生后特别是2022年大上海保卫战期间，第一时间发出倡议，面向社区招募志愿者。小区党员群众主动请缨，结对单位党组织党员和区级机关驻点干部也参与其中。一支一百余人的、以党员为骨干的志愿服务队伍就此组建，成为社区疫情防控的中坚力量（图6）。

图6

图7

图8

### （3）注重宣传，践行绿色社区理念

为了提升居民环境保护重要性认识和对“绿色社区创建”认知度，不断推进绿色社区建设，山鑫居民区多次组织社区居民在山鑫新时代文明实践站观看垃圾分类宣传片；充分利用社区宣传栏资源，每月至少更换一次绿色环保内容，组织居民开展多方面讲座、培训。实施“一米阳台”举措，居民在家种植花草，既美化自家阳台又提升小区整体环境面貌（图7）。“阳光妈妈”慈善公益互助社，志愿者们在社区的公益课堂上学习各类工艺品制作后又定期组织居民进行制作，并进行义卖，每年参与公益义卖5～6次，近年来共筹得义卖资金3万余元（图8）。对于这些善款，阳光妈妈们也坚持取之于民、用之于民，节庆走访弱势群体、制作手工月饼送给孤寡老人等等，让他们感受到社会大家庭的温暖。充实绿色社区资料柜，经常性上门向居民发放环保、垃圾分类宣传资料；开展丰富的绿色社区活动，增强居民健康意识。如，利用金山团青暑期报到平台多次组织辖区青少年开展“低碳环保”系列活动、讲座，引导小朋友们了解五谷的历史来源和作用，感受真实劳动中学习农艺技巧，用劳动锤炼意志品德。让孩子们自己动手制作“我的一袋米”，体会到一碗米的来之不易，教育他们珍惜粮食、不浪费，做到光盘。引入二十四节气歌，孩子们了解了二十四节气的重要性，知道春耕、夏耘、秋收、冬藏的含义。打造心目中的“小小花园”。专门开辟一块区域，给孩子们提供种花养花的快乐园地，从小养成爱绿护绿习惯，树立绿色环保理念（图9）。

## 创建成效

近年来，先后被评为“全国科普示范基地”“全

图 9

国抗震减灾示范社区”“上海市文明小区”“上海市平安小区”“上海市园林式住宅小区”上海市“妇女之家”等称号。

2022 年 11 月 2 日，在金山区深化推进基层治理体系和治理能力现代化建设会议上，山鑫居民区以“党建引领社区治理，多元力量擦出共治‘火花’”为主题作交流发言，并被评为金山区首批党建引领基层治理实践研学基地（图 10）。

图 10

# 13

# 松江区

## 优秀示范案例

# 天生丽质仍需治　共治共享谱新篇

## ——松江区方松街道泰晤士小镇社区

## 社区概况

方松街道泰晤士小镇位于松江新城的核心区域，东临华亭湖，南至文诚路，西至三新北路，北至新松江路。小镇建成于2005年，常住人口数2 838人、居民户数1 253户。占地总面积为1平方千米，总建筑面积50万平方米；公共区域绿化面积为20.38万平方米，绿化覆盖率达到60%。居住区物业管理覆盖面100%，共有居住区、商住区和公共区3个业委会。小镇内有10个封闭式纯居住小区，2个开放式居住区和1个商住混合区，是一个集居住、旅游、休闲等多功能于一体的大型社区（图1）。

## 特色工作

近年来，泰晤士小镇居民区党支部、居委会在区级、街道相关部门的关心指导下，积极推进社区人居环境建设和整治，不断满足居民对美好环境与幸福生活的向往，深入推进绿色社区创建工作。

（1）建立健全社区人居环境建设和整治机制

①制定工作方案，明确创建标准

市、区两级推进会召开后，居委会在认真领会把握区级、街道工作方案后，制定了《泰晤士小镇绿色社区创建工作方案》，在党建引领“六方三联

图1

九同创”特色制度的基础上，牵头成立了“泰晤士小镇创建绿色社区领导小组”，商圈党支部、新桃源物业、新森林绿化公司、新城公司、综合行政执法队泰晤士小镇工作站、泰晤士小镇业委会等相关职能部门（单位）积极参与绿色社区创建工作，明确分工，责任到人，为创建工作提供了强大的机构保障。同时，居委会通过建立“联动群”，与辖区物业、商圈、大型商户等共建共享，与辖区单位建立联络机制。据统计，共建立了12个微信工作群（图2、图3）。

图2

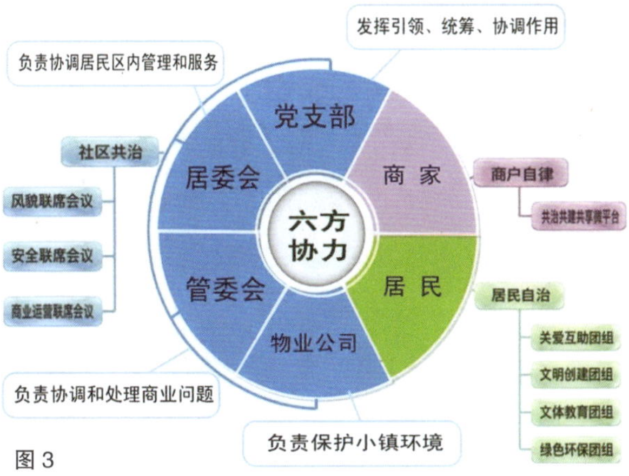

图3

② 社区园艺师进社区，培育社区绿色文化

2022年，街道共招募了4名社区园艺师，定期开展绿化问诊、居住区绿化修剪指导和培训，加大对居住区绿化养护的支持。通过社区园艺师的共同参与，确保了小镇高覆盖率的绿化景观面貌长期保持优良（图4）。

图4

（2）拉高标杆，促进共建共治共享

一方面，小镇工作小组认真研读街道制定的《方松街道市容环境综合管理“路长制”实施方案》和《方松街道关于加强市容环境“三制并举律管家”队伍建设的实施意见》，详细了解“路长制、网格制、门责制”三制并举治理模式，主动联合城管、物业、市容服务队等多方力量开展各类整治（图5）。

图5

另一方面，不断从管理方面提升自身的“软件设施”，制定了规范性公约六份，分别为《居民公约》《泰晤士小镇特色风貌管理规约》《业主大会议事规则》《美丽家园管理公约》《专项维修资金管理规约》和《养宠公约》，为小镇实现“管理有依据、权利受监督”提供了制度保障。

**（3）深入实施，推动特色化项目开展**

自工作小组创建以来，积极配合相关单位（部门）不断改善和提升小镇内基础设施的硬件水平。

① 加强区域环境综合整治，推进生态小镇建设

一是加强水生态治理，提升美丽河湖品质。泰晤士小镇社区周边及内部河道众多，景观优美，水生植物种类丰富。每到夏季，蓝藻大量爆发。由于地理位置和水流方向原因，部分河段极易聚集垃圾。2022 年，街道河长办邀请第三方进行专业的生态治理行动，通过控源截污、前期预处理、水质净化、水体循环及增氧等技术，营造了一个“水清、景美、生态”的绝佳境地。同年，街道对小镇市政设施进行维修，并对沿河护栏护岸进行日常养护和改造提升，进一步优化了小镇的整体面貌（图 6）。

图 6 整治前 整治后

二是推进垃圾分类工作，提升生活环境品质。自 2019 年 7 月 1 日上海正式实施《上海市生活垃圾管理条例》以来，小镇居委会通过前期调研，针对封闭式小区采取定时定点垃圾投放，开放式商住街区采取定时定点上门收集的回收方式，满足社区内商户和居民们的不同投放需求。截至目前，在 10 个封闭式小区及商住公共区域内，共设置了 19 处临时垃圾投放点位，在投放时间段安排志愿者在现场指导居民如何分类投放及扫描绿色账户。

为切实提高居住区生活环境质量，街道对生活垃圾房进行了改造，购置了一批酵素除臭设备，从源头上消除垃圾房各类垃圾产生的异味和臭味，全面提升垃圾箱房的环境面貌，为居民提供了一个更整洁、更规范的生活垃圾投放环境（图 7）。

垃圾房改造前

图 7 垃圾房改造后

三是打造红色教育路线，增强旅游文化气息。为了深入“行走教学、情景教育、沉浸体验”，小镇增设了一条市级红色教育线路，以小镇的中心市政广场为起点，循着“四史”学习教育红色线路的轨迹，居民和游客可以一边游览小镇美景，一边在体验浓烈的现代化、国际性、生态型以及旅游文化气息中追寻新城发展足迹（图8）。

市级红色教育线路打卡点

打卡点分布图

图 8

卡口”以及“3D感知管理平台系统”的应用，快速掌握小镇公共区域动态信息，解决了小镇技防薄弱的问题。2019年，“雪亮工程”建设项目正式落地，在居民区、商业街等多处全方位优化小镇视频监控系统，强化了社区治安防控体系建设，居民、商户生活及工作安全更有保障。2021年，泰晤士小镇正式推进“智能安防社区”建设，全面实现小区出入口人脸识别、车辆识别和楼道口智能门禁，进一步提升了社区防范和抵御安全风险的能力（图9）。

图 9

② 增强科技赋能，推进智慧小镇建设

泰晤士小镇是松江区花园城市的一张名片，节假日游客人流量峰值高达5万人次，小镇内共有商户185家。由于商住混合，小镇入室盗窃时有发生，究其原因是小镇安防体系的陈旧、老化，小镇原有609个监控设备损坏率高达6成。为打造社区安防高地，泰晤士小镇以“智慧公安”建设为契机，推进了智能安防升级改造，在商圈、各停车场及人员密集公共区域新增或更换高清监控设备，配合“微

③ 深耕“美丽街区”建设，推进低碳小镇建设

一是打造15分钟生活圈。泰晤士小镇社区设计理念充分借鉴国内外先进的多元复合城市设计概念，近年来不断更新社区内的基础设施，打造“15分钟生活圈”。为了给居民提供更多生活服务便利，除了超市、学校、医院等基础设施以外，不断引入健身会所、规划馆、美术馆、图书馆等大型体育健身和艺术文化交流中心。在泰晤士小镇社区“15分钟生活圈”逐步建成的过程中，让越来越多的居民

体验到了高品质的生活方式，足不出“镇”就能满足生活所需（图 10）。

二是翻新并增设健身步道。2006 年开镇之时，已有 3 条健身步道沿河而建。随着时间的推移，步道路面老化破损严重，已无法满足居民日常休闲、健身锻炼的需求，也严重影响小镇形象。在区体育局和街道相关部门的支持下，对健身步道进行了增设和翻修，为居民又提供了一处兼具休憩、锻炼和赏景功能的绿色空间。截至 2021 年 10 月，泰晤士小镇内健身步道增加到了 5 条（图 11）。

图 10

改造前
改造后
图 11

三是持续推进低碳社区创建。2021 年，泰晤士小镇作为低碳社区试点之一，率先启动了相关工作。通过罗列任务清单，销项式推进低碳化建设。陆续在泰晤士小镇 R8 区商业街、大小岛设置了太阳能路灯 36 个，每年向社区居民开展绿色社区创建宣传，并推荐居民使用太阳能光伏设施，装修过程中使用经济适用、绿色环保建材。2023 年，小镇将继续开展光伏非机动车停车棚改造，不断践行低能耗、低污染、低排放的节能减排目标，力争上海市低碳示范社区创建成功（图 12）。

R8 区商业街太阳能路灯
蚯蚓塔
图 12

## 创建成效

通过各类讲座、野生动物保护宣传活动，居民环境保护意识逐渐加强。随着流浪猫 TNR 救助项目的持续推进，每年居民们自发自费绝育流浪猫，缓解了小镇流浪动物扰民现象。同时，居民日常散步发现受伤的野生动物（鸟类），会主动告知居委会，通知林业站及时救治。

近年来，在多方努力下，小镇收获了诸多荣誉，其中不乏国家级荣誉如去年获得了2022年全国示范性老年友好型社区、2022年度上海低碳示范创建单位、松江区先进基层党组织、2020年度松江区方松街道新房（12345热线）工作先进集体、“美·特色”最美妇女之家、2018年度松江区平安示范小区等（图13）。

未来，小镇将继续通过各类讲座、亲子活动、每月25日的便民服务，在小镇居民、商户中广泛宣传、深入人心，在每年的美丽家庭、最美商铺的评比中，在小镇中营造出浓郁的绿色社区氛围。结合绿色社区创建宣传、低碳社区创建契机，将绿色发展理念贯穿社区设计、建设、管理和服务等活动的全过程，使广大居民自觉参与其中，维护绿色成果。

小镇市政广场高标准保洁区域

小镇规划馆旁公厕改造后（智慧公厕改造）

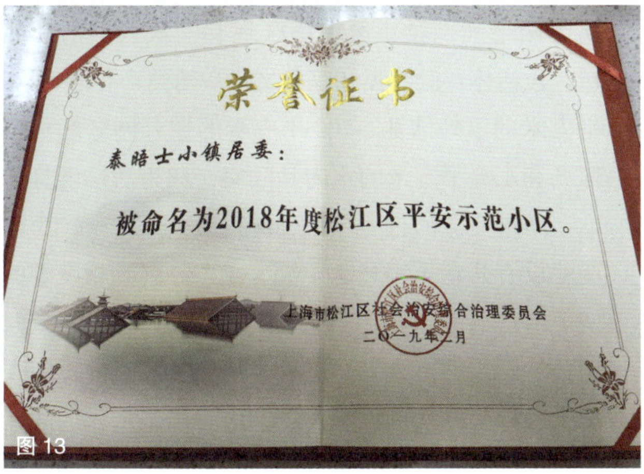
荣誉证书

泰晤士小镇居委：

被命名为2018年度松江区平安示范小区。

上海市松江区社会治安综合治理委员会

二〇一九年二月

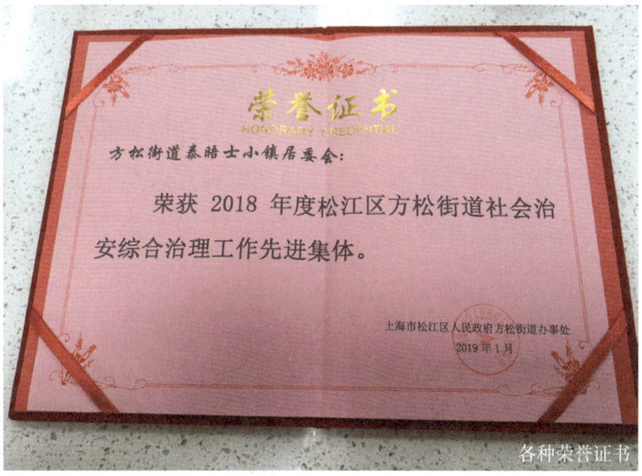
荣誉证书

HONORARY CREDENTIAL

方松街道泰晤士小镇居委会：

荣获 2018 年度松江区方松街道社会治安综合治理工作先进集体。

上海市松江区人民政府方松街道办事处

2019年1月

图13 各种荣誉证书

# 以红带绿 以绿促红 携手共建绿色社区

## ——松江区泗泾镇景园社区

### 社区概况

松江区泗泾镇景园社区位于赵非公路579号，建成于2010年，至今已有13年。地理位置上，景园社区东至方泗路，南至泗陈公路，西至洞泾港，北至杜家浜，占地面积51.6万平方米，管辖颐景园和云顶两个纯别墅小区，都是非常稀缺的园林别墅社区，绿化率达52%，管理户数688户，常住人口2 200人。小区运用了中国古典园林的造园手法，将欧式别墅的阳刚之美和江南私家园林的阴柔之秀融合，集宾有堂，眺望有楼，玩月有亭，藏书有阁，推窗见绿，出门见景，诗情画意，引人入胜，处处皆是美景。2014—2016年间景园社区下辖泗泾颐景园被评为上海市优秀物业管理示范住宅小区、2014年泗泾颐景园被上海市绿化委员会评为园林式居住区、2019年景园社区下辖云顶别墅被评为松江区文明小区、2019年泗泾颐景园被评为上海市文明小区（图1）。

绿色社区创建是深入贯彻习近平生态文明思想中“绿水青山就是金山银山”理念的重要体现，近年来，泗泾镇以党建为引领，以“绿色”为出发点，通过强化组织领导、探索示范引领、落实督查反馈等措施，把绿色发展理念贯穿社区设计、建设、管理和服务等活动的全过程，并以景园社区为试点，外提颜值、内修气质，串起邻里“珠”，穿起治理“线”，连成同心“链”，努力绘就一幅以绿色生态为底色的美好生活画卷。

图1

### 特色工作

#### （1）以娱会友，串起邻里“珠”

景园社区坐落于千年古镇四水汇流的泗泾镇，属于两个纯别墅小区，小区现有七块公共活动区域，包括体育健身类和综合文化活动类，有近1 000平方米的室外泳池、700平方米的室外网球场和篮球场和130平方米的室内乒乓室，成为居民健身活动、增进交流的打卡场地，深得居民们喜爱。小区还建设有儿童乐园和老年健身点，环绕颐景园湖的两个亲水平台，浓荫围绕绿波粼粼，都是居民打拳、钓鱼和聊天的好去处，进一步拓展共建资源，配齐配全各项文体活动设施，让社区居民不出社区同样享受丰富多彩的文化生活（图2）。

#### （2）多方联动，穿起治理“线”

每月由居民区党支部组织居委、物业、业委会、职能部门等召开“四位一体”联席会议，集中讨论，商议对策，解决了多起老旧难题和民生“痛点”：完成颐景园一期自来水总表分装工程，并对供水管道进行升级改造；完成雨污水分流改造工程，解决水系污染并对小区部分路面进行整体沥青铺设；升级

图 2

改造小区智慧安防系统，利用移动互联、智能传感、人工智能先进技术，布满社区之“眼”，筑牢安全防线（图 3）。

图 3

### （3）干群合力，连成同心“链”

定期开展各类绿色讲座和培训，通过上门入户、业主群、电子屏、张贴海报等形式积极宣传“绿色社区”创建工作，引导居民自觉养成保护环境、热爱家园、美化家园的行为，成立“绿色志愿者”队伍，落实落细垃圾分类，开展清洁家园爱护绿化活动，组织亲子家庭参与植树活动，通过“大手牵小手”，让孩子们从小树立环保意识，养成良好习惯，延续绿色文化优秀传统。“绿色”不是选择而是必须，绿色化、生态化是社区发展的目标之一，使社区的水更清，空气更净，处处鸟语花香，人居与自然和谐融洽（图 4）。

图 4

## 创建成效

景园社区属于别墅型社区，每户独门独院，邻里之间交流较少。为进一步增强居民间的联络，提升社区凝聚力，景园党支部通过以“书香景园—文化长廊”为主题（图 5），倾心打造“一馆一廊多元”，“一馆”即朝阳馆，展示党建引领下社区榜样的力量；“一廊”即山水长廊，展示二十四节气，以文化雅韵寄情于山水，融情自然；“多元”即多个活动区域，有茶室区、活动区、读书区及摄影角等，并积极挖掘社区内的才艺达人，成立了“常青”合唱队、“舞之韵”舞蹈队、书画队、乒乓队、拳操队、摄影沙龙、“开卷有益”读书会等多个社区文化团体，配齐配全各项文体活动设施，搭建起社区与居民间联系的桥梁，“外来客”成了自家人，积极打造一个“常见面、多互动、有温度”的熟人社区（图 6）。

社区是居民生活和城市治理的基本单元，是联系、服务居民的“最后一公里”，下一阶段，红色党建引领下的绿色社区建设将成为景园社区开展各项工作的主旋律、大方向，引导社区居民加强自我管理、自我服务、自我监督的主人翁意识，执工匠精神之心，走尽善尽美之路，共同建设优美宜居、和谐共生、共治共享的美好家园。

图 5

图 6

# 绿色社区共创建　德法同行幸福园

## ——松江区小昆山镇翔昆苑社区

## 社区概况

翔昆苑居民区是小昆山镇第二个动迁安置小区，成立于 2015 年 11 月，区域范围：东起新建河、西到翔昆路、南临文翔路、北至平原街，区域面积 172 458.7 平方米，建筑面积 333 111.87 平方米，绿化面积 63 965.00 平方米，绿地率 36.12%，规划停车位 1 817 个，其中地面 1 157 个、地下 660 个，居民区共有 80 个楼道、2 915 套住宅，总人口 6 852 人（图 1）。

图 1

2015 年成立至今，翔昆苑社区陆续被评为（第八批）全国民主法治示范社区、上海市“美丽家园”建设特色示范小区、松江区民主法治示范社区、松江区首届十佳公共律师服务工作室，松江区无违创建先进居村、松江区平安示范小区、松江区消防工作先进集体等（图 2）。

图 2

## 特色工作

自成立以来，翔昆苑居民区始终以提高居民文明素质和生活质量为目标。2021 年起，我们以“法润翔昆、德法同行”为主题，全面提升居民素质，以党群联手的形式，倡导居民绿色环保的生活，积极创建绿色、文明、宜居、和谐的社区。

### （1）坚持党建引领，推动社区人居环境建设

翔昆苑居民区充分认识到创建“绿色社区”是在小昆山镇快速城镇化和人口大量增加的情况下，营造优美和谐的生态环境和方便舒适的人居环境的需要。

① 抓实组织领导，提升治理能力

为把创建绿色社区的各项工作落到实处，我们构筑了“1 + 3 + X”三级治理体系，其中，“1”指的是居民区党总支，“3”指的是镇司法所、律师团队和政法类高校等专业力量，“X”指的是居民自治力量，将辖区内共建单位（社区民警、城管队员、驻站律师）纳入了“创绿”的合作参与机制中，引入专业力量系紧“法结”。

② 引导群众参与，夯实治理单元

大力引导居民参与社区治理，通过居民议事厅、

“三驾马车”联席会议等多种形式丰富社区议事渠道。以楼道为最小治理单元，通过“法治板凳课堂”，邀请专业人士定期宣讲，加强《民法典》《上海市绿化条例》的宣传，推动居民移风易俗，强化绿色环保理念，社区内无“毁绿种菜”的现象出现（图3、图4）。

③ 引入专业力量提升创建品质

居民区积极引入专业力量参与小区景观、功能区域升级改造。自2021年以来，小区南北中轴线的法治长廊两旁设计布置了“德”“法”景观小品、中央街心花园渗透性海绵地块的改造，同时积极倾听民声，对居民提出的地下车库坡道噪音问题进行了改造，给居民营造一个更加舒心安静的居住环境（图5）。

图3

图4

图5

（2）筑牢绿色基础，推动基础设施建设管理

① 贯彻绿色理念，推动社区建设改造升级

翔昆苑社区在建造之初就立足绿色环保理念，运用了KC发泡陶瓷板、防潮防霉涂料等十余种绿色节能建筑材料，小区绿化面积63 965平方米绿化覆盖率达36.12%以上。近年来，小区内的路灯、景观照明灯和楼道内的灯，全部换成LED节能灯既能照得更亮又能起到节能的效果。

② 强化环保意识，推动生活垃圾分类工作

实行生活垃圾定时定点分类投放，因地制宜设置24小时投放点3处、零时投放点6处。设置环保分类垃圾桶及专门的废旧电池收集箱，垃圾收集更科学化，方便保洁人员按可回收和不可回收及时收集清运，充分利用小区垃圾房的智能生化机，实现湿垃圾不出小区，让居民养成良好的绿色环保习惯（图6）。

③ 美化社区环境，推动无违小区建设

成立无违建专项小组，由党总支书记担任小组负责人，班子成员担任片区第一负责人，成立了16人的巡察队伍，发现问题立即整改，荣获松江区无违建创建先进居村。

图 6

（3）营造绿色氛围，推动绿色文化建设传播

我们利用各种宣传载体为创建绿色社区营造一个良好的人文氛围，使创建绿色社区活动达到家喻户晓、人人皆知。

用好宣传平台，营造绿色社区创建氛围。利用社区宣传栏制作环保宣传版面（图 7）；结合楼道板凳课堂，引导居民树立爱护环境、倡导环保的思想意识；发挥小区中央花园“琢玉亭”平时人气足的优势，开展各类环保主题活动。通过开展一系列的绿色文化活动，居民环保意识得到普遍提高，居民参与创建绿色社区的自觉性也大大增强。

图 7

（4）打造绿色环境，推动建设宜居社区

① 完善公共空间建设管理

为满足居民在公共空间活动的需求，小区建成之后又在南区 14 号楼旁新增了一处公共健身设施，健身设施下方是铺有低碳环保防滑的透水性塑胶，踩上去脚感舒适。

② 强化社区安全管理

为了保障小区有火情时消防车顺利进入，在每一个主路口小区道路设置了黄色地面的消防通道标识，设置机动车和非机动车车辆的管理规定，物业门岗在下班高峰期提醒进入小区的车辆务必停放在规定的位置上，对每栋楼的灭火器、顶上喷淋装置定期维护检查，一旦发现有损坏立即更换（图 8）。

图 8

③ 推动社区助老服务

2020年期间对120多户纯老家庭进行的烟感报警器的安装，给老年人吃上一颗定心丸，保障老年人的生活安全；2021年期间我们还对老年活动室进行适老化改造，进一步完善无障碍设施，在卫生间增加了扶手，为老年人提供更多便利。对于子女不方便来照顾需要助残服务的老人，我们积极与综合为老服务中心沟通为老人送餐上门。

（5）培育绿色品牌，推动建设美丽家园

翔昆苑居民区着力打造绿色创建品牌，以“美丽家园”建设为抓手，进一步加强、加深居民的绿色环保意识，开展了一系列的活动，如3月5日学雷锋日开展的清洁家园活动、3月12日开展的植树节活动暨我为小区添绿色的环保活动、5月4日青年节开展的“我为家园出一份力”活动等，还利用居民议事厅、法治板凳课堂，用朴素接地气的语言来增强居民的环保意识，使广大居民由被动转化为主动参与到社区环境治理中，形成了人人参与创建绿色社区的良好氛围。2021年6月翔昆苑社区被评为上海市100个“美丽家园”建设特色示范小区。

## 创建成效

作为小昆山镇目前居住人数最多的动迁安置小区，翔昆居委会面临“老年人多、租户多、流动人口多”等治理难题，通过板凳课堂、居民议事厅等交流平台，进一步将绿色创建深入扎实，通过居民自查自纠，解决了很多已知或是潜在的问题，尽可能地做到发现问题即整改，截至2022年10月底小区已经有23户家庭获得了美丽庭院的称号。通过增加文化活动，利用现有的翔昆酬勤书法班、翔昆戏曲沙龙团队、翔昆舞飞翔舞蹈团队、翔昆太极拳团队通过开展丰富多彩、寓教于乐的社区文化活动，强化对广大居民的宣传教育，吸引居民群众广泛参与，倡导居民养成健康良好的生活习惯。比如戏曲沙龙以沪剧演唱的形式编排了传播绿色环保理念的戏曲节目，大力发展群众文化队伍，推动绿色文化传播。通过开展的一系列社区治理活动，改善了社区的环境，鼓励了居民积极主动参与到社区治理活动中，通过加强宣传教育，居民的环保意识逐步增强，对环境问题的关心和参与度也逐步提高，居民从绿色创建中真正感受到了好处，绿色社区的创建工作才能不断持续。

当前，社区内环境优美、活动丰富、和谐稳定，绿色社区、绿色理念、绿色生活的种子已经在社区生根发芽，开花结果。我们将进一步加大社区环境治理力度，继续推进绿色社区建设，使社区环境更加宜居，让居民有更多的获得感、幸福感、安全感。

# 党建引领聚合力　老旧小区微“整形”

## ——松江区泖港镇港湾社区

## 社区概况

港湾社区位于泖港镇，于2018年3月正式成立，辖区总面积约为58万平方米，其中身为老旧动迁小区的港湾小区是六个居住小区中面积最大的，总建筑面积约为12.47万平方米，于2004年竣工，总户数970户，常住人口2580人，居住人口类型包括动迁安置户、自购户、外来租户（图1）。

图1

为充分了解居民诉求和需求，港湾居民区党支部通过“三零”工作法即“沟通零障碍，服务零等待，工作零距离”，在居委会筹备初期和大调研走访中深入居民家中，并对居民普遍诉求进行汇总分析，港湾小区主要存在的问题包括房屋屋顶漏水；两侧墙体部分裂缝渗水；雨污水未纳入总管网，小区内部管网普遍堵塞损坏；道路损坏、绿化缺失严重；小区停车位缺损，楼道自来水进水管生锈严重等。近年来，港湾社区居委在市、区有关部门的关心指导下，依靠小区广大居民群众，坚持绿色发展理念，以基层社会治理现代化建设为抓手，结合本社区现状创特色，因地制宜出亮点，积极创建文明绿化社区。

## 特色工作

### （1）“地毯式”排摸，全方位宣传

为顺利开展绿色社区创建工作，居委会多次召开两委班子专题会议，成立领导小组和工作小组，层层落实责任。对小区35幢房屋进行工作分组，为了详细、快速、准确地了解小区楼道内违建、屋顶违建、破墙开门、太阳能热水器安装情况等，工作人员采取“白+黑”“5+2”的工作模式，对于各类情况详细记录，为整街坊改造项目的顺利开展奠定了良好的基础。同时通过楼组长入户宣传、座谈会的形式，对小区内住户进行进一步宣传，呼吁居民针对存在的违建进行自清（图2）。

### （2）环境综合整治，扫清改造“障碍”

根据前期调查摸底的基础数据，为了更好地开展整街坊改造项目，力求项目进展顺利，针对小区

图2

楼道内违建、屋顶违建、破墙开门、太阳能热水器安装等情况，居委会成立以居委干部为组长的工作小组，为了配合居民的作息时间，居委会工作人员放弃休息，多次上门与居民沟通。经过努力，多数居民表示愿意配合，为小区改造献出自己的一份力。为了确保在时间节点内保质保量完成，居委会联合镇拆违办、城管等部门对违章进行环境综合整治，成立联合工作小组，并仔细研究科学分析调查摸底的统计数据，利用双休日休息时间持续奋战，对楼道内无异议的相关违章搭建进行了地毯式的整治拆除工作，并做到拆除一处修复一处，力求“整街坊改造”项目体现“以人为本”，真正惠及小区居民。对于少数居民存在不配合的情况，工作小组及时根据现场情况调整工作方案，整合多方资源，确保项目有条不紊推进。仅用 40 天，共拆除 213 户房屋违章搭建，以及 314 个存在安全隐患的太阳能设备（图 3）。

### （3）多措并举，助推小区改造提质

一是落实专人做好项目对接工作，针对在项目开展过程中，居民反映的热点、难点问题，及时与施工方进行协商解决，力求保障居民的正常生活和出行；二是为确保项目施工期间的安全问题，居民区党支部成立以社区党员为主的“红鹰志愿者”队伍，协助施工单位进行安全巡逻和安全宣传，并对施工中存在的问题、居民提出的意见，及时与施工方进行反馈与监督（图 4）。

图 3

图 4

## 创建成效

### （1）以党建为引领，发挥党员先锋作用

整街坊改造项目有效体现了“党员引领 + 居民自治”的模式，在宣传、环境综合整治、安全巡查等过程中，社区党员充分发挥模范带头作用，以点带面，带动居民转变思想，充分体现了社区居民自治成果，助推整街坊改造项目的顺利推进，最大限度调动居民参与整治改造工作的积极性，开展党群自治的社区模式，发挥居民自治共治功能。

### （2）提升党员凝聚力，发挥党组织战斗堡垒作用

党员同志是社区工作的宣传者、践行者和引导者。在各项社区工作中，只有党员同志积极参与和支持，凝聚力量共前进，建言献策共发展，以自身行动感染身边的居民，引导居民主动参与到社区建设中，以人格魅力提升感召力，切实发挥党组织战斗堡垒作用。

### （3）激发居民自治活力，促进社区共治共享

坚持社区事就是居民事，扩大居民活动平台和组建居民自治团队，调动居民积极性和主动性，让居民有了能说话、敢行动的地方。以党建为引领，开展党群自治的社区模式，发挥居民自治共治功能。

# 创建绿色社区　共享美好生活

## ——松江区中山街道郭家娄社区

## 社区概况

郭家娄社区位于松江区中山街道国际生态商务区的东南侧，西至边界东至茸惠路，南至广富林路，西至茸吉路 – 茸德路，北至茸盛路，占地面积 0.49 平方千米。社区下辖信达仁泰苑、绿地依翠园两个封闭小区，居民区总户数 1 965 户，常住户数 1 828 户，常住人口 4 315 人，楼组 40 个。社区先后获评全国安全发展和综合减灾示范社区、松江区 2A 级民主法治示范社区、松江区 2021 年度绿色社区创建示范单位，正在创建上海市低碳环保社区（图 1）。

近年来，郭家娄社区在市、区精细化办的悉心关心下，在街道党工委、办事处的坚强领导下，积极投身“科创、人文、生态、绿色、节能”的“乐居家园”建设，特别重视坚持把加强基层党组织建设、居民自治机制建设、社区服务体系建设与绿色社区创建有机结合，以郭家娄党支部为核心的社区基层党组织以党建促“绿建”，推动绿色社区创建实践转化为长效工作机制，串起社区绿色发展的“线”“圈”“链”。

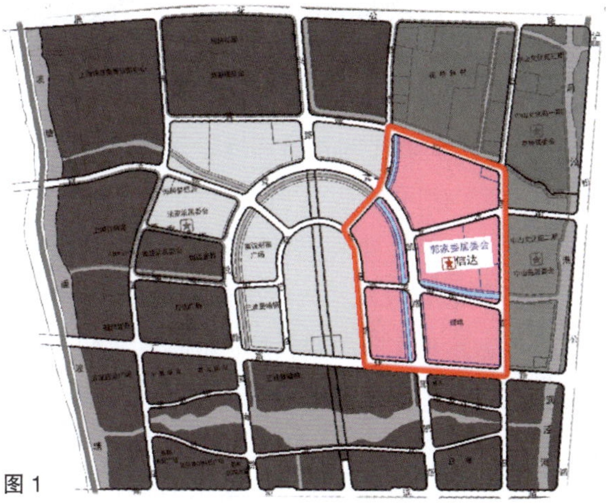

图 1

## 特色工作

### （1）描绘绿色发展基线，赋能新时代“美丽家园”建设

通过成立绿色社区创建工作领导小组，建阵地、搭平台、强治理，郭家娄社区绘就了清晰的社区绿色发展基线，社区生产、生活正逐步走出一条节约、循环、低碳的发展之路。

① 深化绿色发展理念

郭家娄社区坚持从实际出发，突出培育重点，一方面注重社区市民业主议事骨干力量和各方参与议事平台的培育，从学习培训入手，分别组织了居委会、业委会、物业以及党员代表、居民楼组长代表等参加区、街道的创建专题培训，也多次到徐汇梅陇镇、长宁新泾镇等中心城区的示范社区参观学习，带领参与创建的社区“中坚力量”在转变绿色生活和生产方式的观念上，形成共识，凝聚人心；另一方面注重对社区居民的宣传和普及，通过社区阵地宣讲、邻里活动、群文演艺等形式多样的潜移默化，倡导简约适度、绿色低碳的生活方式，反对奢侈浪费和不合理消费，居民生态环保、健康生活理念深入人心，居民绿色出行正成为社区新风尚（图 2）。

② 完善绿色发展组织体系

思路决定出路。创建之初，社区对标对表，建立了一个工作领导小组、制定了一个创建方案、出台了一个居民公约。随着区级示范单位的挂牌，郭

图 2

家娄社区党支部进一步强化了组织领导，通过党建联建共建的形式，逐步完善治理架构，把党建共建单位、居民志愿者社团组织以及民间公益服务组织等也渐渐纳入绿色社区建设中。不仅如此，还通过辅导并成立了沿街商铺自治组织，着重注意协调配合、提升素质发挥他们的自治力量，进一步健全工作组织架构，在高质量建设绿色社区、“美丽家园”“美丽街区”和“优秀物业管理小区”上行稳致远（图 3）。

③ 壮大绿色发展参建力量

参建主体由原来以社区“三驾马车”为主不断横向拓展到如今辖区派出所、城管、房管、商务区管委会、各级各类民非、公益组织，都在主动积极参与联建。他们通过社区议事会、社区云、联席会等多种平台渠道，共商共议、群策群力，先后形成《郭家娄社区一事一公约》《绿地依翠园垃圾分类管

图 3

理制度》《郭家娄社区人居环境建设和整治机制方案》《郭家娄社区管理公共设施维护管理制度》等规约制度，在提升社区文明程度、改善社区人居环境、提高社区智慧水平等方面的微治理、微更新、微改造上，逐步实现共建共管、共治共享的工作格局。与此同时，通过招募社区内有专业技能的居民与社区签约成为社区规划师，使得绿色发展的参建力量也不断向深度延伸，疫情防控期间，他们科学

图 4

设计居民核酸采样路线和点位布置，为社区成为“无疫单位”发挥了重要作用（图 4）。

### （2）打造生态宜居生活圈，共享新时代“美好生活”

随着创建工作的深入，郭家娄社区越来越坚定生态宜居、低碳环保的社区发展目标，朝着“人与自然和谐共生”的方向，下足“绣花功夫”，由外而内，环境友好圈子越做越细。

① 打造共享幸福生活圈

融入松江新城国际生态商务区绿色生态城区建设，共享五龙湖“15 分钟生活圈”空间，社区居民开窗见绿、出门即景，在家门口就能享受到一站式便捷生活服务，居民的幸福感、获得感和满意度排名常年位居高位（图 5、图 6）。

② 营造“娄里楼外”自治圈

信达仁泰苑小区以“娄里楼外 E 家亲”自治品牌为载体友邻善治，积极打造“儿童友好社区”、“二星级青年中心”以及“居家养老服务中心”等五个社区空间。通过科学合理规划设计社区公建配套用房，进行了集约高效分区使用，居民利用淘汰的二手书籍为小朋友建设了“漂流图书馆”，利用闲置的健身器材为年轻人众筹了健身房，利用收集

图 5

图 6

的废弃材料为老年人开设了手工艺活动室等。不仅如此，居民还利用生态瓶、轮胎花坛等绿植补绿增绿，填充社区的转角空地，开展多处“一米花园”建设；挖掘社区停车潜力，规范停车位设置、新增无障碍停车位，并畅通消防生命通道。绿地依翠园整合闲置公共区域，居民自娱自乐把自己创作的书画作品裱装上墙装饰点缀，建成“共享型”绿色休闲娱乐场所 -- “桑榆社”和“奇妙园”，集中满足“一老一小”的社区看护、交往需求。真正做到了激活“小空间”释放“大能量”，实现了空间促品质、空间促活动、空间促交流（图 7）。

③ 创造赋能治理智慧圈

进一步提升社区绿色化、信息化和智能化水平。绿地依翠园是松江新城第一家使用四分类智能垃圾收集箱的小区，扫码开门、满溢报警、监控回溯、人脸识别等等智慧化功能的实现，让垃圾分类成为社区的“时髦事”，成为 2021 年度住建部评选的最美垃圾房优秀案例（图 8）。辖区内万科物业的“住这儿”和绿城物业的“绿城生活”，成为居民“一手掌握”的“掌上家园”，修水电、送吃喝、寻帮助等，居民足不出户，通过 App 就能享受到市、区物业管理优秀示范项目的管家式服务。除小区监控、停车电子道闸、电梯升降、消防控制以及水泵控制等智能化系统之外，郭家娄社区全域均安装有鹰眼系统和周界系统，其中，绿地依翠园更是为了解决高空抛物管理难题还增设了 25 个高空抛物监

图 7

图 8

图 9

控探头，有效缓解了社区矛盾，实现“美好生活”。

（3）建设低碳转型生态链，实现新时代“美美与共”愿景

郭家娄社区绿色基因无处不在。信达仁泰苑小区共 11 幢高层建筑，总建筑面积 125 141.63 平方米，其中有不少于 20% 的装配式住宅。小区贯彻海绵城市设计理念，建设有下沉式广场和雨水花园，实现对雨水的循环利用、节水灌溉。不仅如此，小区建造之初，包含有地源热泵技术、独立新风系统、地下采光以及室外透水铺装等六项绿色建筑技术，2018 年就取得了绿色建筑二星设计标识认证。随着“双碳”工作目标的提出，郭家娄社区以低碳转型发展为特色亮点，正以“上海市低碳社区创建”为契机，延展社区“美美与共”的绿色发展生态链条。

① 贯彻节能降碳

信达仁泰苑社区的地源热泵系统，通过地埋管、冷却塔进行能量转换，夏季将建筑物的空调热量转移排放到地下恒温层进行空调制冷，冬季从地下恒温层吸收热量为建筑供热，实现对浅层地热能的可持续利用（图 9）。

② 引导循环利用

垃圾分类已内化为居民的自觉行为，但分类投放增加了居民使用普通塑料袋的数量，也就增加了“白色污染”。为闭环解决这一难题，2021 年，社区以政企合作的模式，引进了云袋自动取代机，居民只要分类投放垃圾后，扫码即可在云袋机上免费领取可降解塑料袋，作为收益补偿，社区集中把可回收塑料垃圾无偿提供给供应商作为生产原料。同时，鼓励居民减少一次性餐具使用，外出就餐自带餐具（图 10）。

③ 大力鼓励使用新能源

社区内约有 1/5 的公共区域照明工具使用太阳能，各种型号的太阳能路灯、草坪灯达 266 盏。社区共有停车位 1 973 个，其中，安装有充电桩的仅 404 个，但社区新能源汽车保有量已达 23%，特别是仅去年就新增新能源汽车近 140 辆，比 2020 年新增提高 8 个百分点。为进一步支持和鼓励居民使用新能源，近期，社区“三驾马车”议事会议正研究制定进一步加大社区新能源汽车充电桩安装数量和安装实施管理办法（图 11）。

图 10

## 创建成效

近年来，在社区各方参建人员的共同努力下，2021 年度郭家娄社区被评为全国安全发展和综合减灾示范社区、2022 年度绿地依翠园物业被评为上海市物业管理优秀示范项目、2020 年度信达仁泰苑被评为优秀示范住宅小区。

为贯彻节能降碳，信达仁泰苑的地源热泵系统，全年节约能耗约 30%，相当于每年减少约 374 吨二氧化碳排放。社区通过居民议事会决策，市场化采购了新的维护单位，对标“低碳社区”要求进一步提高维护管理标准，从而进一步节约能耗。社区内配备的云袋自动取代机减少了生态环境污染，通过降解分解成水和二氧化碳，既环保又方便，秉承生态环保的理念，又能避免白色污染。同时社区内大力鼓励使用新能源，减少能耗，绿色环保。

同时，各方参建人员通过多平台渠道，共商共议、群策群力，有效形成多款规约制度，在提升社区文明程度、改善社区人居环境、提高社区智慧水平等方面逐步实现共建共管、共治共享的工作格局。倡导大家从我做起，自觉将保护环境、节约资源、综合利用等意识和行为渗透到日常生活中。

不仅如此，社区居民自发自觉参与建设，维护优质生活圈。去年，居民通过人大提案，解决了社区外在建工地施工噪声、长水街茸凯路公交站点设置不科学等问题。社区内外籍居民自发建立的环保志愿者组织，为社区内 45 种乔木、6 种果树制定了“生长台账”并定期开展为沿街树木“除四害”、为社区“母亲河”郭家娄巡河的“清洁家园”行动。

社区组建老年舞蹈队，吸纳了许多退休职工和老年人。他们的活动，一方面使社区居民的业余文化生活不再单调、枯燥，促进了邻里关系，营造了和谐良好的社区氛围；另一方面，在社区重大节日期间，社区发挥他们的宣传作用，寓教于乐，广泛向居民宣传绿色环保的概念、鼓励居民爱护花草、树木，不要践踏花草，培养居民绿色文明的生活习惯，使广大居民深刻认识到优美环境、绿色、蓝天、白云、空气对我们每个人甚至子孙后代是多么重要（图 12）。

人不负青山，青山定不负人。党的二十大把“站在人与自然和谐共生的高度谋划发展”写入报告，吹响“美丽中国”建设的号角。中山街道不忘初心、牢记使命，始终坚持把“美丽中山”建设作为“必修课”，郭家娄社区也将在“绿色社区”建设中踔厉奋发，久久为功持之以恒地推进社区长绿、常绿。

# 14

# 青浦区

## 优秀示范案例

# 党建引领聚民心　绿色社区谱“幸”篇

## ——青浦区夏阳街道南箐园社区

## 社区概况

青浦区夏阳街道南箐园社区地理位置优越，东至G1503高速、西至华青南路，南临318国道、北临美丽的青浦环城水系，整个辖区面积为22万平方米。社区周边的公共服务设施比较齐全，使得居民的日常生活既便捷又美好（图1）。

图1

辖区内的鑫塔水尚小区，竣工于2014年。小区西临青浦实验中学和豫苗幼儿园、北临面积达77 000平方米的南箐公园、并有市级河道淀浦河和村级河道闵宅泾。整个小区占地面积94 706平方米，其中绿化占地33 620平方米，小区分南北两区，共29幢楼45个楼栋，目前常住人口为2 279人。

近年来，南箐园居民区党支部坚持将党建引领作为一根红线贯穿各项工作的始终，也紧紧围绕建设新时代“幸福社区”为总体目标，结合绿色社区创建，以居民需求为核心，相继建立了党群服务站、新时代文明实践站以及标准化综合文化活动室等红色阵地，打造共建共治共享的社区治理共同体，社区也先后被评为绿色小区、节约用水示范小区、平安示范小区、无群租小区等，特别是2022年在建党百年之际被评为青浦区先进基层党组织。

自绿色社区创建以来，社区始终坚持党建引领，贯彻落实“人民城市人民建，人民城市为人民”重要理念，坚持学习贯彻习近平生态文明思想，将坚持美好环境与幸福生活共同缔造理念贯穿在社区治理中，对标对表各项创建标准，积极推进各项工作，努力提升着居民的获得感、幸福感和安全感！

## 特色工作

### （1）党建引领，建立健全社区人居环境建设和整治机制

社区以建立和完善全覆盖的社区基层党组织为核心，以疫情防控、生活垃圾分类、三大整治等工作为切入点，开展小区党组织引领的多种形式基层协商，主动了解居民诉求，促进居民形成共识，实现决策共谋、发展共建、建设共管、效果共评、成果共享（图2）。

① 健全组织机构

居民区党支部、居委会高度重视本项创建工作，在区、街道相关部门的不断指导下，第一时间根据各类文件通知精神，结合社区实际，成立了由居民区党支部书记任组长、副书记任副组长、业委会负责人、物业经理、楼组长、居民代表、志愿者代表、小区在职党员以及驻区单位负责人等为成员的创建领导小组，有力地夯实了组织基础。

在领导小组成员当中，有专业的电气工程师，

图 2

也有长期从事质量管理的项目经理，还吸引了小区内的老教师、老社区干部等加入。同时，社区成立了“五鑫”志愿服务队，下设护绿志愿队、爱国卫生监督员队伍以及环保宣传小分队等，大家都有明确的职责分工，为创建工作提供了人力保障，2022 年被评为了新时代文明实践志愿服务先进集体。

② 营造宣传氛围

社区充分利用电子屏、展板、横幅、宣传栏等方式营造浓厚的疫情防控和创绿氛围，并制作了宣传手册、宣传道旗、分类垃圾袋等加强引导。同时，将小区划分为 5 个网格，每个网格有 5 ~ 7 个楼道，每个楼道配备了 1 名社区干部、1 名党员楼道长、1 名楼组长以及若干志愿者进行包楼包组进行“扫楼”式入户宣传，紧紧织密五大网格，号召广大业主共同参与到创建中来。

③ 建立工作机制

要深入推进创建绿色社区工作必须要有章可循，有法可依。在领导小组成立后，按照市、区《绿色社区创建行动实施方案》的要求，在充分征求各方意见建议的基础上，研究制定了本社区的创建总体方案和年度推进表，落实各项创建任务具体责任单位和责任人，明确各项任务完成的时间节点。

通过与辖区相关单位如实验中学、豫苗幼儿园及青浦区调查队、街道城建中心等职能部门的结对共建，形成合力。其中，实验中学创建成功为绿色学校，豫苗幼儿园创建为上海市文明单位，南箐公园被评为星级公园。

与此同时，社区还建立了一系列工作机制，如基层协商机制、宣传动员机制、协调推进机制和常态长效机制等，充分利用“社区云”、业主群、支部微课堂、月度季度半年度例会等线上线下议事平台，针对需要协商解决的事项做到事事有回应、件件有落实，不断提高全体居民的知晓率、支持率和参与率。

### （2）因地制宜，推进社区基础设施绿色化

结合社区自身特点，提出具体绿色化推进内容，特别是从社区建设、交通系统、能源系统、环境美化及日常管理等维度进行环保理念的贯穿。对于社区内的各类基础设施，联合物业公司及相关保障单位加强日常检查和定期维护保养，并对房屋安全进行列档记录，确保居民正常使用（图 3）。

同时也做到生活垃圾分类和光伏设施全覆盖，入夏以来太阳能灭蚊灯已安装到位，对现有节能照明系统也将再次进行提能升级。小区建设和装修时均采用当时最新的绿色建材，如小区建筑外墙采用天然石材，搭配双层中空玻璃，保温等性能比较好。而辖区海绵化设施大多集中在南箐园，主要有健身步道、健身苑点及市民广场等。特别是在社区道路治理上，则加强了绿化、卫生等方面的常态管理，社区每日安排志愿者及物业专职人员进行分时段巡逻、保洁和维修，对路面砖块有任何松动或破损立即报修，做到即知即改，确保路面完好、整洁、通行安全（图 4）。

图 3

图 4

（3）强化服务，营造社区宜居环境

南箐园辖区范围内绿地布局较为合理，绿化覆盖率达 50% 以上，环境宜人。作为社区创建特色之一的南箐公园，由入口树林区、儿童乐园区、广场休闲区、草坪区、自然生态区和农艺区 6 部分组成，蜿蜒的双向健身步道将各区域有机串联，整个公园能满足周边较多社区居民的日常健身休闲活动。近年来，还新建了月季园，有大花、丰花、玫瑰等 8 大品类，共计 42 个月季品种上万棵。同时，社区内南淀浦河路还创建为上海市林荫道，一路种满 103 棵榉树，夏日苍翠欲滴，冬日红褐相间，不仅景色优美，还能降噪防尘。

目前，小区的社区公共活动空间和设施基本能满足居民需求，街道投资上百万元在原有综合活动室的基础上建设了日间照料中心，除了基本的老年活动项目，还配备了部分康复器材，为老年人日常生活和出行提供了便捷。同时，辖区两家共建单位的学校体育场地也每天定时向居民免费开放，进一步扩大了百姓公共活动空间，使得家门口的“最后一公里”变成了服务群众的“一百米”。

近年来，社区不断对停车秩序进行了优化管理。通过开展实地调研、联席会议及业主大会，通过了《小区停车管理细则》，对机动车和非机动车位都进行了划线、编号和归类等，特别是针对地下车库 801 个车位分别用红黄蓝色对产权位、出租位和临停位进行“三色管理”和上墙公示，并安排专人 24 小时巡逻值守。并经多方努力协调，辖区公共停车场给予了大力支持，制定了优惠停车的举措，有效缓解小区内违规占道及乱停车现象，畅通了消防救护等生命通道。社区内还合理配建了总计 300 平方米的电动车充电场所，配置 13 处充电设施、121 个充电口，规范管理、规范充电，降低安全隐患。

（4）同频共振、提高社区信息化智能化水平

社区充分利用现有信息平台、整合小区安保等数据，提高数字化智慧化管理。小区入口处安装了由平安部门统一的智能化安防系统，并能正常使用。为了提能升级，针对小区现有楼道门禁系统及公共区域监控设备，在业委会及广大业主的大力支持下，通过开展实地调研、专家咨询、第三方评估、业主大会等流程，即将启动 2.0 版本的升级改造，为智慧社区添砖加瓦（图 5）。

图 5

目前，小区物业为上海明君物业管理有限公司，它是 2020—2021 年度 3A 级上海市物业管理行业诚信承诺企业，其管理的小区曾被评为全国物业管理示范住宅小区及上海市物业管理优秀示范项目等荣誉。前段时间明君物业携手碧桂园服务，以碧桂园强大的运营平台和品牌影响在鑫塔持续开展优质的物业服务。

南箐园社区以切实解决群众身边的“关键小事”、引导业委会、物业参与小区治理，建立健全居民区党组织领导下的业委会、物业公司联动共建

机制，建立协调议事、联合办公、重大事件协商、物业服务评议等制度，在党建引领下，精准施策，分类推进，打造红色业委和放心物业，以推动居民群众品质生活，携手共建基层治理新格局。

## 创建成效

创绿工作是一项全民参与的系统工程，我们坚持把宣传发动和努力推进作为创绿特色之一摆在突出位置。除了利用电子屏、宣传栏、小喇叭等方式营造宣传氛围，还定期组织会议学习、专题讲座，我们还通过每月主题党日、青年党员议事厅、共建共治群等平台，对居民提出的关于社区基础设施、社区服务、基层治理、人居环境等方面的诉求进行定期汇总和协商，比如拟定创绿倡议书、修改居民公约等。并充分利用各类节假日组织不同人群参加小区内的志愿服务和宣传活动，如垃圾分类、节约用水、爱绿护绿、小手拉大手等实践活动，使绿色生活新时尚成为共识，形成人人参与的良好氛围（图 6）。

图 6

下一阶段，我们将进一步扎实有序开展绿色社区创建行动，将绿色发展理念贯穿社区设计、建设、管理和服务等活动的全过程，以简约适度、绿色低碳的方式，不断提升社区群众对美好环境与幸福生活的向往，以上善若水的青浦城市精神为打造幸福南箐园而努力！

# 构建幸福仁恒　创建绿色社区

## ——青浦区徐泾镇仁恒西郊社区

### 社区概况

仁恒西郊居委会是从2021年4月开展绿色社区工作，2021年6月在镇、区、市三级工作专业指导下，完成了创建工作，并验收通过，成为本区首批绿色社区示范小区。

仁恒西郊雅苑南至崧泽大道，北至双浜路，东至金字圩路，西至徐盈路。社区总面积13万余平方米，规划户数1 470户，总人口3 988人，其中户籍人口411人，外来人口3 577人。是一个新建成的多元化社区，主要体现在外国友人多、民族多。人员结构复杂，层次多样，人员需求不同。通过绿色社区创建，以创新社区管理服务模式，增强和改善社区服务功能，激发居民自治活力，努力改善民生为基础的基本要求，全面建立社区居民自治体系，公共服务体系和社会事务管理体系，提高社区居民文明素质（图1）。

### 特色工作

（1）领导高度重视，建立绿色长效机制

仁恒西郊社区创建在青浦区快速城市化和人口大量增加的大趋势下，为了营造优美和谐的生态环境和方便舒适的人居环境，增强社区居民绿色环保

图1

观念和意识，倡导“科学、环保、健康、文明”的生活方式入手，扎实有效地开展创建绿色社区工作，力促人与自然的和谐统一。一是成立“创绿”联席会。为把创建绿色社区的各项工作落到实处，社区将辖区内共建单位纳入了“创绿”的合作参与机制中，成立了由社区各类组织和辖区单位负责人共同组成的创建团体，并制定了工作计划和目标责任制，形成社区组织和辖区单位齐抓共管，社区居民广泛参与的长效创建机制，群策群力，在社区形成共创“绿色社区”的良性工作机制。二是创立宣传载体。通过各种宣传渠道和方式方法，将绿色社区作为传播绿色文明、社区居民环境意识和参与能力的重要载体。如宣传栏、楼道群、社区微信公众号等各类宣传阵地，同时开展各类活动，在活动中宣传绿色社区建设，成立了社区环境卫生管理队伍、党员志愿者队伍、楼道监督小组等宣传员兼职督察员队伍（图 2）。

（2）建立健全社区人居环境建设和整治机制

为了完善社区各类基础设施，推进社区基础设施绿色化，集中开展大规模了社区大规模的排查工作，发现问题及时集中治理。其中儿童乐园、志愿者服务站，信访调解接待点、谈心室、棋牌室、乒乓室、舞蹈房、健身房、阅览室、多媒体多功能活动室、妇女之家等活动场所，有力保障社区居民的文化生活和文化素养的高品质生活，满足社区居民的个性化，提升社区居民的归属感和幸福感。一是生活垃圾分类社区全覆盖。根据生活垃圾分类指导手册及分类标准，设置垃圾分类回收箱，箱体分类按颜色标识明显，选放合适位置，按分类要求投放（图 3）。二是停车规范整治。小区采用人车分流设计，地面为人行步道配合绿化设计，地下空间为停车库，地下车库设置多个通风口用以采光及通风，最大化做到节能减排。同时加强巡查监管，最大限度地保护了行人的安全，特别是儿童的人身安全。

图2

图3

三是适老化建设。结合社区实际，仁恒西郊社区居委前期开展调研工作，吸收采纳居民意见，尤其是社区内老年人的意见建议，通过改造无障碍出行通道、增加活动空间和形式，增配老年助餐点、增强老年人联系关爱频次，着力打造适应老年化生活的社区。特别是已投入运营的老年人助餐点，满足了辖区内 60 岁以上老年人的助餐需求。每天有 12 元、14 元、16 元三种套餐可供选择，均做到荤素搭配，菜品保证两周内不重复。同时助餐中央厨房根据大部分老年人需求，采取低糖、低盐、低油的清淡口味，对食材的采购、加工、生产到分装各环节都严格按照食品法规定进行，任何一个产品都可追溯，也配备有检验室，可以让社区老年人吃得放心、吃得安心。

中央厨房提前两周会提供菜单，通过线上微信公众号、微信群和线下助餐点张贴、发放菜单等方式，让社区老人提前了解每周餐品。切实解决了小区高龄、孤寡、独居、空巢等特殊困难老年人的“吃饭难题”。目前平均每天的订单量在三四十份。为了更好服务社区老人，居委也和中央厨房、助餐机运维人员建立了工作微信群，对于老年朋友提出的关于菜品的意见建议会及时反馈，不断提升社区为老服务水平（图 4）。

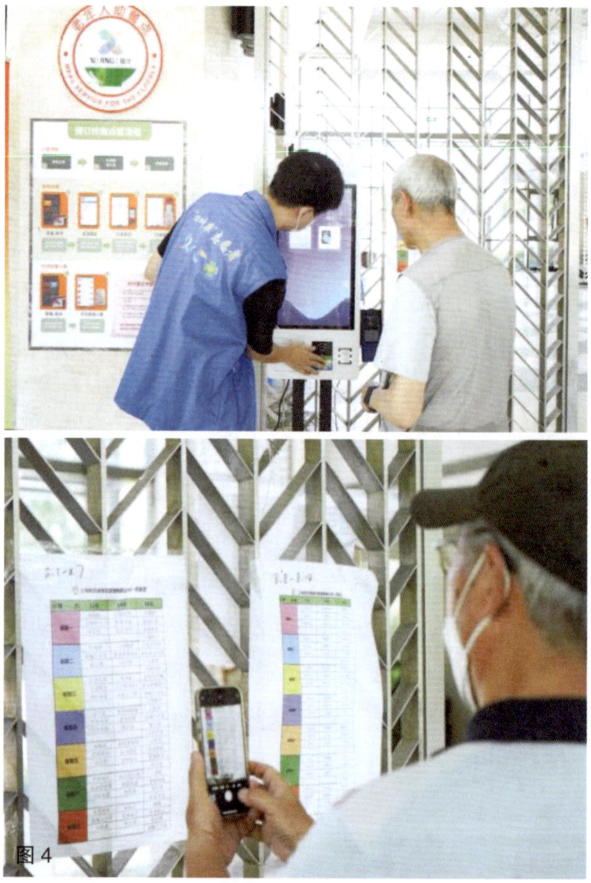
图 4

### （3）开展各种活动，丰富绿色文化生活

社区通过开展丰富多彩、寓教于乐的社区文化活动，吸引居民群众广泛参与，倡导居民养成健康良好的生活习惯。社区以“仁恒小讲堂”为平台，建立志愿者骨干队伍，开展垃圾分类、卫生、红色基因等宣讲，带动居民参与社区建设，并通过各类活动，掌握楼组动态，关注社区舆情。

充分发挥社区群众性文体活动的深厚基础优势，利用现有的文化广场、篮球场、户外健身路径等良好硬件设施开展各种文体活动，组织社区宣讲队伍、文体团队等，采取广场文化、居民论坛等形式对居民进行创建绿色社区的宣传。结合重要的环境纪念，不定期组织社区居民参加各类环保主题文化活动，如每年 6 月 5 日的世界环境日，开展环保宣传日活动，发动居民积极行动起来，自觉遵守社区环保公约。社区环保志愿队伍组织开展“关注生态、节约能源”和回收废旧电池等一系列环保公益活动，使居民的环保意识不断得到提高，也吸引更多的居民加入志愿者队伍。

通过开展一系列的绿色文化活动，绿色文明新风吹遍社区，居民环保意识得到普遍提高，居民参与创建绿色社区的自觉性也逐步增强。

### （4）突出创绿亮点，加强居民环保意识

一是创新设计理念，环保贯穿始终。小区自建设之初就将环保理念带进社区，每家每户设置了厨余垃圾粉碎机，直接从源头减量，减小垃圾分类的压力。楼体外墙、室内外泳池等建材均采用环保材料。我社区绿化覆盖率 37%，远高于一般标准。地下车库设置多个通风口用以采光及通风，最大化做到节能减排。如电动车充电投币设施、光伏设施应用等（图 5）。二是完善基础设施，加强日常管理。

居委会和小区物业加强做好日常管理工作，对于居民的诉求认真对待，做到件件无小事，事事有回应。三是改善工作方法，提供便民服务。在向居民宣传环保节能的同时，居委会作为社区组织，也从各方面改善工作方法，提高工作效率，提升居民满意度。以往人口登记工作一直是老大难问题，居民比较反感工作人员经常上门，前来居委登记又不方便，经常产生漏登错登的情况，特别是外国友人，有的交流沟通都较为困难。为了解决这个矛盾，居委会发挥网络优势，设计了在线登记表格，中英文双译版本，实现实时登记，后台管理，既解决了人口登记的矛盾又提高了各个环节的能效。

厨余垃圾粉碎机

图 5 小区太阳能灭蚊灯 小区太阳能草坪灯

## 创建成效

作为绿色社区，绿色理念，绿色生活的种子已经在仁恒西郊社区生根发芽，开花结果，我们将加倍珍惜已取得的成绩，进一步加大环境治理力度，把创建绿色社区工作引向深入，继续保持无违社区、先进基层党组织以及创新“仁恒小讲堂”等荣誉称号。在今后的工作中将继续沿着环保、和谐、幸福的绿色理念不断前进，加强常态化管理，发挥好居委、物业、业委会的功能，更好地服务于社区，不断提升着居民的幸福指数，打造一座生态宜居、充满活力、幸福精致的现代化绿色社区。

# 创建绿色社区　助推幸福社区建设

## ——青浦区赵巷镇崧湖社区

### 社区概况

青浦区赵巷镇崧湖社区位于崧文南路59弄11号，社区于2014年建成，2018年5月成立，至今已有9年。地理位置东至沪青平公路，西至上海绕城高速，南至南淀浦河路，西至青湖东路，社区总建筑面积共有25.33万平方米，住宅总面积17.44万平方米。社区先后被评为长三角生态绿色一体化发展示范区党群服务示范阵地、平安示范小区、无群租小区等，并荣获青浦区先进基层党组织、青浦区三八红旗集体等（图1）。

图1

自绿色社区创建以来，社区始终坚持党建引领，贯彻落实“人民城市人民建，人民城市为人民”重要理念，坚持学习贯彻习近平生态文明思想，将坚持美好环境与幸福生活共同缔造理念贯穿在社区治理中，对标对表各项创建标准，积极推进各项工作，努力提升着居民的获得感、幸福感和安全感！

### 特色工作

（1）党建统领，提升社区人居环境舒适化

以“助力新城建设、提升人居品质”为主线，紧密结合“绿色社区”创建目标任务，最大限度激发基层干部与群众的参与热情，促进居民形成共识，实现决策共谋、发展共建、建设共管、效果共评、成果共享。

① 领导重视健全组织，夯实创建工作基础

以上级党委要求为目标，严格按照标准，认真学习传达《赵巷镇“绿色社区”创建行动实施方案》有关精神，研究部署辖区创建绿色社区工作，进一步增强“四个意识”，提高政治站位，主动担负责任，成立崧湖居委“绿色社区”创建专项行动领导小组及工作专班，由居民区党支部书记任组长、创建专职干部副组长，业委会负责人、物业经理、楼组长、居民代表、志愿者代表、小区在职党员以及驻区单位负责人等为成员的创建领导小组，有力地夯实了组织基础（图2）。

② 强化机制凝合聚力，聚焦创建工作重心

职能部门下沉。全面提升社区巡查发现运行机制，召集群防群治队伍，分片分区，提出“1+1+N+X”下沉式管理办法，对辖区内人居环境问题进行全面安排部署，进一步夯实工作责任，明确目标任务，严明绿色社区创建要求，全力开展辖区环境整治，确保工作落到实处（图3）。

“三驾马车”互助。青湖轩、青湖苑业委会成员下沉小区参与防控、服务居民，赢得群众认可。业主大会、业委会日趋成熟。社区、业委会、物业公司“三方联动”，积极推动对群众反映的小区高

图 2

图 4

图 3

图 5

空抛物、电梯故障、生活垃圾堆积、垃圾运输车扰民调整时间段等问题解决（图 4）。

同时，将开设居民接待日，组织业委会成员轮流坐班，形成居民与业委会之间信息传递“红色通道”，抓实服务群众的“最后一公里”。

议事平台互补。充分利用“社区云”、联勤联动问题发现处置群等微信群、月度季度半年度例会等线上线下议事平台，针对需要协商解决的事项做到事事有回应、件件有落实，不断提高全体居民的知晓率、支持率和参与率（图 5）。

协同单位共创。当前，青浦区正稳步推进新时代幸福社区建设，崧湖社区在绿色社区建设中，也加盟了“幸福合伙人”、进驻了三师参与辖区建设工作，以满足人民对美好生活日益增长的需求为出发点，实现从“城市建设”到“贴近居民生活的身边项目”，让品质建设渗透到社区（图 6）。从而进

图 6

一步去探索发展绿色社区，凝聚合力，多方联动，让绿色社区创建融入公众参与，关注人民的需求，方便服务群众。城市建设并不是简单地治理、建设、发展，而是既要改善城市面貌，又要满足人民对美好生活的向往，搭建共建单位沟通互动桥梁，各尽其能、各展其长，心往一处想、劲往一处使，形成社区共治的强大动能（图 7）。

图 7

（2）因地制宜，提升社区基础设施绿色化

崧湖社区中心总面积 1 040 平方米，按照“集成办公、规范管理、综合服务、寓教于乐”的指导原则，集成原“一站两中心”功能，建立党的建设、宣传文化、综合服务、平安管理、物业治理、矛盾调处等六大功能，不断强化党建统领、推进绿色社区建设、数字治理、引导全民参与，注重硬件提升、软件升级和个性服务，全力建设“安全、和谐、美丽”的幸福家园和温暖港湾，形成了“共建、共治、共享”基层社区治理体系（图 8）。

① 基础设施完善，提升居民幸福感

开设了视听室、多功能厅、乒乓房、舞蹈房、烘焙室、亲子乐园、书房等党群活动阵地，进一步丰富了幸福载体，提升绿色社区品质和居民的幸福感（图 9）。

② 安防设施提能，提升居民安全感

社区充分利用现有信息平台、整合小区安保等数据，提高数字化智慧化管理。小区入口处安装了由公安部门统一的智慧安防系统。同时在创

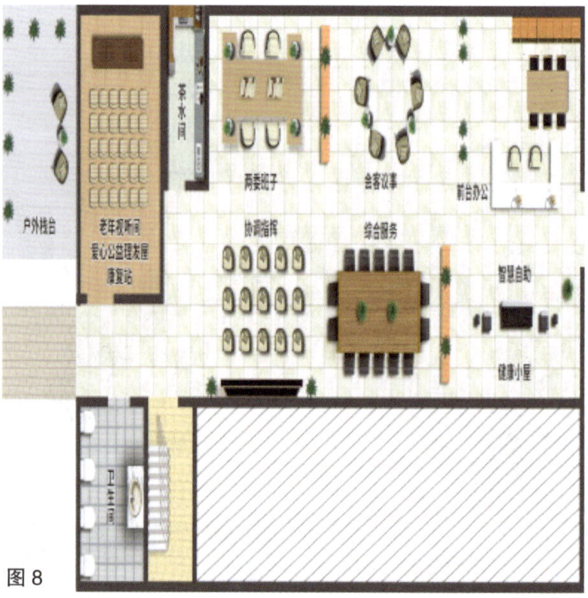

图 8

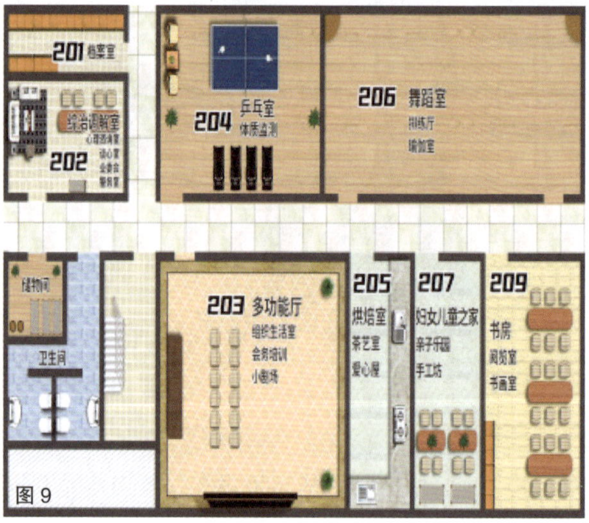

图 9

建初期针对小区现有楼道及公共区域监控设备进行提能升级，在原有模拟线路的视频监控设备上提升到目前的数字线路，同时在电梯内增设了电瓶车预警 AI 系统及高空抛物监测探头，进一步加强了社区内安防系统功能和全覆盖，提升居民的安全感（图 10）。

③ 服务点位便民，提升居民获得感

为居民罗列社区服务点位并制图进行版面公示，点位内包括社区便民服务点、健身苑点、洗车点等，让居民在社区内就能充分了解崧湖社区内所有服务点位，进一步得到居民认可和一致好评（图 11）。

图 10

图 11

④ 生活点位惠民，提升居民满意度

为居民制作 15 分钟生活圈，圈内包括辖区内环城水系休息小栈、菜场、超市、影院、学校等，把对居民的关怀融入日常细微之处，进一步提升居民们的满意度（图 12）。

⑤ 物业服务亲民，提升居民舒适感

结合社区自身特点，提出具体绿色化推进内容，特别是从车辆管理系统、能源系统、环境美化及日常管理等维度进行环保理念的贯穿。对于社区内的各类基础设施，联合物业公司及相关保障单位加强日常检查和定期维护保养，同时也做到生活垃圾分类和光伏设施全覆盖，对现有节能照明系统也再次进行提能升级。小区建设和装修时均采用当时最新

图 12

的绿色建材，如小区建筑外墙采用天然石材，搭配双层中空玻璃，保温等性能比较好。而辖区海绵化设施配备完善，主要有健身苑点、地面停车位及小区内花坛、步道等（图 13）。

图 13

特别是在社区日常基础设施和道路维护中，则加强了绿化、卫生等方面的常态管理，物业借助微信渠道，建立了涵盖各部门的“管理服务群”，通过群内沟通处理问题，在最短时间到达现场处理问题并及时反馈，提高工作效率（图 14）。

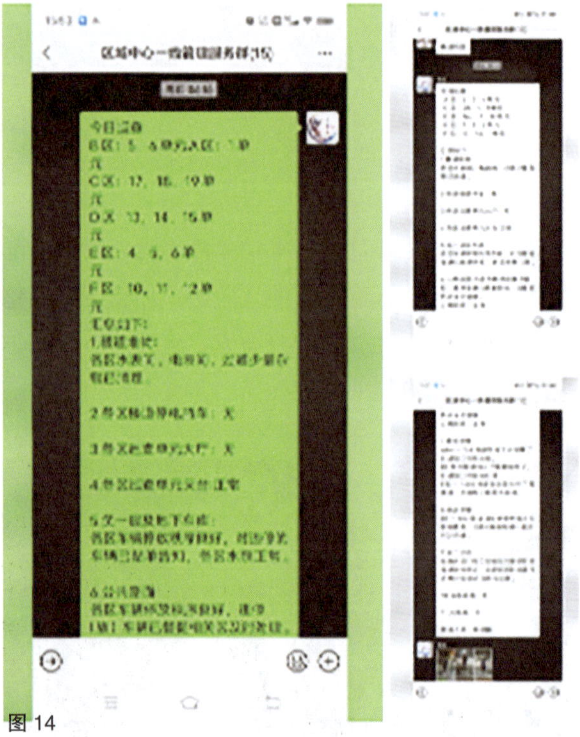
图 14

（3）夯实载体，提升社区创绿氛围多元化

为使绿色社区创建专项行动深入民心，积极宣传绿色社区创建专项行动内容、主要任务，做到全方位宣传，在宣传对象上，通过线上线下、主题宣传活动等途径，做到辖区内全覆盖；在宣传内容上，紧扣建设绿色社区目标，侧重文明行为引导，高标准打造，各条线全覆盖；在宣传形式上，采取提质扩面、多点突破的办法，做到传统媒体、新媒体、宣传栏窗等媒介载体全覆盖，还定期组织会议学习、专题讲座，同时，利用协同单位共建共创共享共治活动等载体，为居民们传达绿色社区创建专项行动的意义，对居民提出的关于社区基础设施、社区服务、基层治理、人居环境等方面的诉求进行定期汇总和协商，比如拟定创绿倡议书、修改居民公约等（图 15）。并充分利用各类节假日组织不同人群参加小区内的志愿服务和宣传活动，如垃圾分类、爱绿护绿、家庭环保趣味赛、邻里节等实践活动，使绿色生活新时尚成为共识，形成人人参与的良好氛围（图 16）。

图 15

图 16

## 创建成效

通过绿色社区创建行动进一步改善社区环境，因地制宜开展社区人居环境建设和整治，重点整治小区及周边园林绿化、环境卫生、路灯照明、智慧安防等环境问题。合理布局和建设各类社区绿地，增加林荫下公共活动场所、小型运动场地和无障碍设施。加强噪声治理，提升社区宜居水平。并且抓好绿化、硬件建设，开展社区内创建宣传活动，完善创建资料的收集和整理。响应创建绿色社区的号召，使社区面貌焕然一新。社区广泛开展环保文化、家庭文化、广场文化活动，以创建绿色家庭、文明楼道为载体，倡导绿色消费互帮互助的新型社会道德风尚。同时，通过创建全国文明城市、人居环境整治等多项工作，崧湖社区已在营造社区宜居环境上进行了一些实践探索，基础设施逐步完善、管理水平逐步提升，但这距离绿色社区还有一定距离。绿色社区创建行动涉及面广，周期较长，需要社区居民的广泛参与和长期努力。人人献出一份力量，形成共建共享绿色社区的强大合力，我们就能早日达成创建目标，全面提升社区的绿色化水平，打造更加美好的生活环境（图 17）。

图 17

# 引领绿色生活新时尚　共造社区宜居环境

## ——青浦区赵巷镇秀景社区

自“绿色社区”专项创建工作开展以来，秀景社区从增强居民绿色环保观念和意识，倡导“科学、环保、健康、文明”的生活方式入手，将绿色社区创建与提升人居环境、综合整治等工作相融合，不断加强社区软、硬件设施的建设力度，基本实现社区人居环境整洁、舒适、安全、美丽。

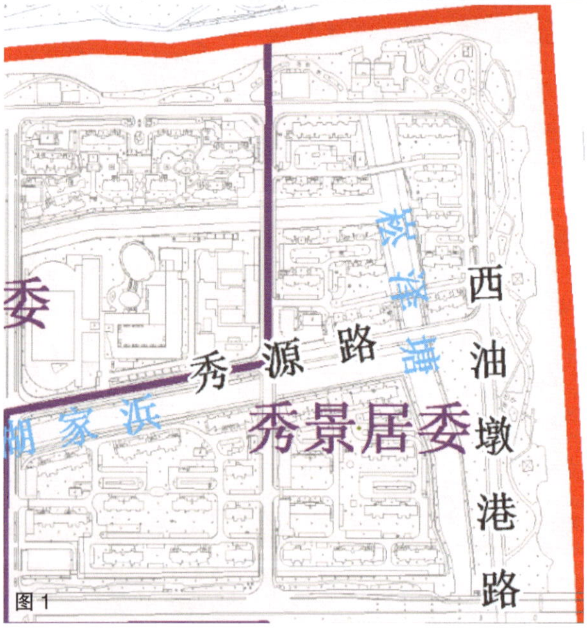

图 1

## 社区概况

赵巷镇秀景社区四至范围：东至油墩港，西至崧泉路、崧润路，南至盈港东路，北至上达河。辖区占地总面积 11.1 万平方米，建筑总面积 28.9 万平方米。辖区内共有小区三个，分别是秀景苑一期、秀景苑二期和秀景苑三期，三个小区共有房屋 3 108 套，截至目前，已交付房屋 3 096 套，已入住套数 2 933 套，实有人口总数 7 455 人。其中来沪人员 3 171 人，本市人员 4 284 人。沿街商铺已开设 32 家。社区周边的公共服务设施比较齐全，使得居民的日常生活非常便捷（图 1）。

## 特色工作

### （1）党建统领，构建基层社区治理新格局

以“红”助“绿”、以提升社区人环境为主线，紧密结合“绿色社区”创建目标任务，秀景居民区支部坚持以党建引领为核心，不断推动绿色社区创建加强基层党组织建设、居民自治机制建设、社区服务体系建设相结合的创新探索，凝聚社区力量同心共建美好绿色社区，保障绿色社区创建工作能稳步推进。

① 健全组织架构，夯实工作基础

以各级创建要求为目标，研究部署辖区创建绿色社区工作，进一步增强“四个意识”，提高政治站位，主动担负责任，成立秀景社区“绿色社区”

创建专项行动领导小组及工作专班，由居民区支部书记任组长、分管领导为副组长，业委会负责人、物业经理、楼组长、居民代表、志愿者代表、小区在职党员以及驻区单位负责人等为成员的创建领导小组，有力地夯实了组织基础。

② 整合各级力量，聚焦创建工作重点

整合社区各级力量。全面提升社区巡查发现运行机制，组织社区群防群治队伍，分片分区，由班子成员分包，对辖区内人居环境问题进行全面安排部署，进一步夯实工作责任，明确目标任务，严明绿色社区创建要求，全力开展辖区环境整治，确保工作落到实处（图 2）。

图 2

“三驾马车”共力。以居委为核心，三个小区业委会成立党的工作小组，以党建引领驱动居委、业委会、物业公司“三方联动”，积极推动小区各项基础设施建设及各项问题处理。同时，形成联动机制，定时组织联席会议。绿色社区创建过程中积极完成三个小区内机动车车位及非机动车停放区域的标号及划分工作、光伏设备的增设、公共区域破损的维修等工作。抓实了服务群众的“最后一公里”（图 3）。

充分利用沟通议事平台。利用“社区云”“微信群”及各级联席会议等平台积极协商、处理了社区各项问题。并用好楼组长、志愿者等力量在小区内收集居民各种问题，通过线上 + 线下的方式形成共建共治共享工作模式，为居民提供多元化服务，对于居民反映的各项问题都能做好事事有回应。

图 3

（2）内外皆修，合理打造小区绿色新面貌

① 以“智”助“绿”，打通服务居民“最后一米”

三个小区入口处安装了由公安部门统一的智慧安防系统结合数字哨兵，以“人脸识别”守护社区安全。同时秀景苑一期在创建初期针对小区现有楼道及公共区域监控设备进行提能升级，在原有模拟线路的视频监控设备上提升到目前的数字线路，秀景苑二、三期也在连同业委会更新小区内监控视频设备，同时在电梯内增设了电瓶车预警 AI 系统及高空抛物监测探头，进一步加强了社区内安防系统功能和全覆盖。并积极引进“规划师”，通过绿色化、功能化、适老化在秀景苑二、三小区改造绿色休闲长廊，为社区居民提供全方位服务。并结合社区开设的电视室、多功能厅、乒乓房、舞蹈房、烘焙室、妇女之家、书房等党群活动阵地，进一步丰富了幸福载体，提升绿色社区品质。给居民们带来了实实在在的获得感、幸福感、安全感（图 4）。

图 4

② 以“改”助“绿”，创建低碳环保健康生活

结合社区自身特点，提出具体绿色化推进内容，在秀景苑一期北门处划出一片区域进行新能源汽车充电桩集中改造，并积极增设太阳能光伏设备及海绵化建设，引领绿色低碳生活社区新风尚。为居民制作“15 分钟生活圈”，圈内包括辖区内环城水系休息小栈、超市、药店等，把对居民的关怀融入日常细微之处（图 5）。

图 5

在内部管理中，物业公司在社区日常基础设施和道路维护中，则加强了绿化、卫生等方面的常态管理，物业借助微信渠道，建立了涵盖各部门的“管理服务群”，通过群内沟通处理问题，在最短时间到达现场处理问题并及时反馈，提高工作效率。社区也整合力量将继续加强垃圾分类工作、优化社区各项管理，通过结合提升“人居环境”“综合整治”等工作定期开展环境整治工作常态化保持社区环境整治力度。

（3）加强宣传力度，营造浓厚社区氛围

为使绿色社区创建专项行动深入民心，通过线上线下、主题宣传活动等途径，积极宣传绿色社区创建专项行动内容、主要任务，做到全方位宣传，辖区内全覆盖。在宣传内容上，紧扣建设绿色社区目标，侧重文明行为引导，高标准打造，各条线全覆盖；在宣传形式上，做到传统媒体、新媒体、宣传栏窗等媒介载体全覆盖，还定期组织会议学习、专题讲座，对居民提出的关于社区基础设施、社区服务、基层治理、人居环境等方面的诉求进行定期汇总和协商，比如拟定创绿倡议书、修改居民公约等。并充分利用各类节假日组织不同人群参加小区内的志愿服务和宣传活动，使绿色生活新时尚成为共识，形成人人参与的良好氛围（图 6）。

图 6

## 创建成效

推进社区基础设施绿色化是绿色社区创建的基础，绿色社区创建又是“三大整治”，特别是“人居环境”的提升，绿色社区创建以简约适度、绿色低碳的方式，推进社区人居环境建设和整治，不断满足居民群众对美好环境与幸福生活的向往。通过创建“绿色社区”，现小区内绿意浓浓，秩序井然，配备的各项绿色设备及智慧安防设施时刻守护着社区居民们。通过常态化的宣传工作，社区居民们也能在邻里间传递绿色低碳健康生活方式，以“绿”为底色，居民生活更加宜居。形成环保文明的社区文化（图 7）。

今后的工作中，秀景社区还将继续巩固创建成果，加快补齐社区建设短板，继续打造绿色宜居的美好环境、推广绿色生活方式、培育绿色文化氛围，引导居民践行健康的生活方式。

图 7

# 贯彻绿色发展理念　携手共建绿色社区

## ——青浦区重固镇福兆社区

### 社区概况

近年来，重固镇福兆社区积极践行“人民城市人民建，人民城市为人民”重要理念，将绿色发展理念贯穿社区设计、建设、管理和服务等活动的全过程，通过“建立健全社区人居环境建设和整治机制、推进社区基础设施绿色化、营造社区宜居环境、提高社区信息化智能化水平、培育社区绿色文化”等，积极构建共建共治共享的社区治理体系，进一步提高社区环境管理水平，基本实现了社区人居环境整洁、舒适、安全、美丽的目标。

重固镇福兆社区于2019年10月筹备，2022年3月正式成立。福兆社区下辖2个小区，分别为1个商品房小区（佳兆业）、1个类住宅（摩登蜂巢）。两个小区总占地面积117 000平方米，绿化覆盖率达到33.5%以上，共有居民2 075户，人口总计5 674人。

图 1

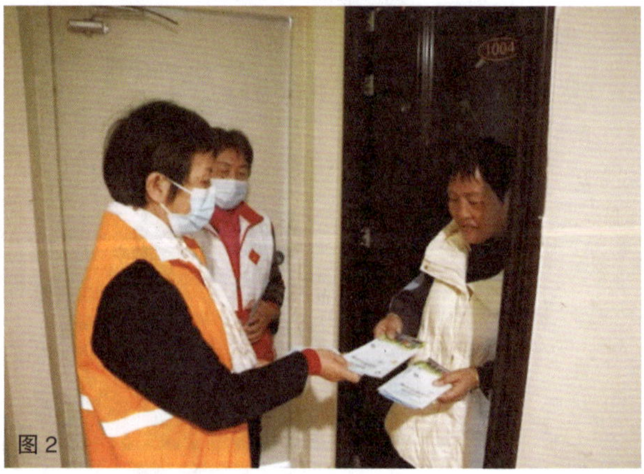
图 2

### 特色工作

#### （1）加强组织领导，党建引领促推进

① 建立工作领导小组

成立了以支部书记为组长，“两委”班子为副组长，条线干部、物业公司负责人、居民组长为组员的“绿色社区创建行动工作领导小组”，并建立了“两委”班子人员“切块包干”工作机制（图1）。

② 发动社区力量同创共建

积极发动社区在职党员、居民参与绿色社区创建行动，并组建了垃圾分类、人居环境整治、平安志愿者等各类志愿服务队伍，共计招募志愿者291人，确保了绿色社区创建行动的有效推进（图2）。

#### （2）搭建沟通平台，共建共治谋共识

① 搭建住宅小区联席会议平台

每季度至少一次召开住宅小区联席会议，围绕社区公共服务、社区治理中的突出问题共同研究、解决问题（图3）。

② 搭建“群英会—共治议事”平台

利用现有居民群、组长群、党员群等微信群，

建立线上沟通议事平台。向社区居民征集绿色社区创建工作的有效意见（图 4）。

图 3

图 4

### （3）借力专业人才，借势借力抓整改

① 借力“三师”资源

推进“规划师、设计师、工程师”专业人员驻社区，帮助设计建造、养护社区绿化景观，保持“季季有花、四季常青”。2022 年，社区累计出动绿化整治人员 30 人，修剪树枝共计 86 处，整治断带死株树木 6 处，整治绿化带堆物 6 处，阻止毁绿占绿行为 3 处（图 5）。

② 借力部门资源

针对绿色社区创建过程中“难点、痛点、盼点”，及时更新问题清单，主动约请相关部门解决问题，共破难题，形成工作合力（图 6）。

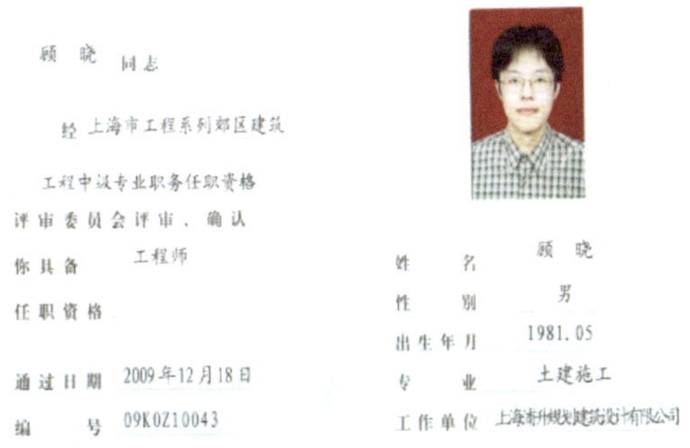
顾 晓 同志

经 上海市工程系列郊区建筑

工程中级专业职务任职资格

评审委员会评审，确认

你具备 工程师

任职资格

通过日期 2009年12月18日

编 号 09K0Z10043

姓 名 顾 晓

性 别 男

出生年月 1981.05

专 业 土建施工

工作单位

图 5

图 6

### （4）推进社区基础设施绿色化

① 加大巡察整治力度

发挥社区居民自治力量，定期组织居民志愿者开展环境巡查，人居环境大整治活动等，2022 年以来，社区已开展环境整治 26 次（图 7）。

图 7

② 基础设施建设绿色化

开发商在小区规划建设过程中积极落实海绵化和经济适用、绿色环保的理念和建材，比如，目前居民户家中用水器具大都为节水型器具。针对摩登蜂巢小区巡查中发现的雨污混接情况，落实物业公司开展雨污混接综合治理，并在房屋雨水、污水立管粘贴相应标识牌，进一步推进雨污混接综合治理。

③ 推进垃圾分类“新时尚”

福兆社区是全镇第一家对垃圾箱房引入磁感应喷淋消毒除臭系统的社区，实现了对垃圾箱房的高效除味和除菌消毒；在垃圾分类点加装 24 小时智能视频监控，对居民投放不分类等问题开展实时管理。2022 年以来，累计完成“垃圾分类”志愿者培训 2 次，召开垃圾分类工作会议 12 次，举办宣传积分兑换活动 1 次，累计发放倡议书 2 100 份，兑换积分 229 000 分，参与人数达到 300 余人（图 8）。

图 8

④ 加强社区居民活动场地管理

定期安排相关技术工作人员对社区内 2 处儿童游乐场、1 处网球场和 4 处便民健身场所进行维修保养。2022 年维修器材 8 次，修补塑胶 2 次。同时，社区周边满足了“15 分钟生活圈”各项设施，提升了居民的幸福感（图 9）。

⑤ 加强消防安全管理

社区设有微型消防站，配有消防车辆、灭火器材、破拆救生器材、救人防护器材和通信设备，共有工作人员 17 名，其中 7 人持有相关消防技能证书。

图 9

消防站坚持 24 小时专人值班制度，在春节、安全生产月、进博会等重要节点，组织社区居民与周边商铺开展灭火紧急疏散的消防演习活动共计 6 次，参与人数 300 余名（图 10）。同时，社区大力开展入户宣传，签订《消防安全告知书》共 2 000 户。依托科技赋能，两个小区内的 70 部电梯全部完成智能监控设备安装，从源头杜绝电动车入户。

图 10

⑥ 全域使用智能化安防系统

目前各小区均已完成智能安防系统的安装，安装安防探头共计 428 处，形成安防围墙电子围栏 22 处，智能安防系统使用完好率达到 98% 以上（图 11）。

⑦ 全域落实节水措施

加强节水宣传，增强居民节水意识培养，发放《居民节水倡议书》共 1 900 余份，居民生活节水型器具普及率达 100%（图 12）。

图 11

图 12

## 创建成效

### （1）以阵地建设点亮绿色文化

① 打造社区绿色文化长廊

社区内设有电子屏 3 处、宣传栏 8 处，自创建以来，进行布展宣传 8 次，参与居民 520 余名。同时，创设节水发明金点子墙，让居民分享节水经验，每季度评选节水达人（图 13）。

图 13

② 建设好绿色社区“微”阵地

建设以每个楼道为单元的绿色社区“微”阵地共 60 处，利用楼道宣传栏不定期张贴环保海报、居民绿色倡议书等，内容常换常新，做好巡查、维护、清洁工作（图 14）。

图 14

### （2）以主题宣传弘扬绿色文化

① 常年开设绿色文化课堂

倡导绿色文明的生活方式，定期邀请相关专家学者进社区，举办垃圾分类、节能减碳等知识培训讲座，2022 年开展绿色环保讲座 4 次，受教人数 200 余人（图 15）。累计发放各类节约用水、用电等宣传单 1 550 份。利用微信群设立绿色“云”课堂。由专人管理，线上发布电瓶车不入户等安全消防提示，垃圾分类细则和《居民公约》等，搭建随看随学的良性平台。充分挖掘社区文化骨干人才。鼓励居民们编排垃圾分类主题情景剧、节水三句半

图 15

等文艺节目，通过社区文艺演出向居民倡导绿色文明的生活方式（图 16）。

图 16

图 17

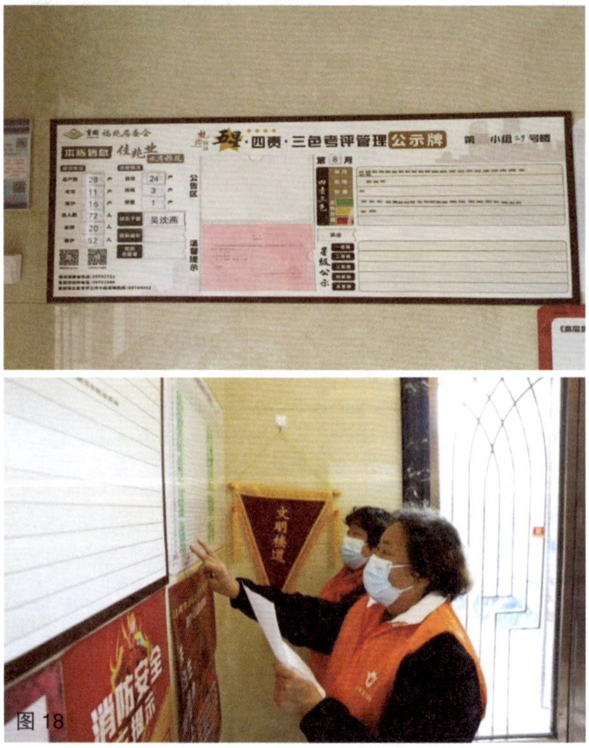


图 18

② 利用“微管家”平台推进社区自治共治

利用镇级“微管家”平台有效推进社区自治共治。通过手机上的“微管家”App 平台，鼓励居民随见随拍、及时把社区治理中的各种问题上传给平台。创建以来，社区居民主要针对环境卫生、楼道堆物、飞线充电和公共设施毁损等，共计上传问题 1 496 条，处置率达 100%（图 17）。

开展文明楼道评比活动。为提升绿色社区“微”阵地创建氛围，增强居民“主人翁”意识，制定《社区文明楼道评比》工作方案，按季度针对社区 52 个楼栋开展文明楼道评比活动。评比内容分为楼道卫生、邻里和睦、无黄赌毒治安事件、文明养宠等方面，自创建以来，授予 8 栋文明楼栋，其中 40 号楼获 2 次嘉奖（图 18）。

大力推进幸福社区建设。自 2022 年 1 月正式启动幸福社区项目建设以来，最大优化“JIA 愿福兆”幸福品牌的创建成果。做实“佳颐养”为老服务（图 19）。在多功能室开展相关绿色生活主题文艺活动、健康节能生活常识讲座等，着力将绿色理念吹进社区老年人的心中，举办宣讲活动 4 场。做实“嘉守护”儿童暖心服务（图 20）。组织社区儿童参加消防演习，亲身体验灭火器使用和增加消防小知识。围绕“+ 精治”通过党建引领搭建议事平台。

图 19

图 20

借由居民议事堂的大讨论、商议解决，共同探讨民生问题弱化矛盾，解决相关问题15余起。做实“家平安”网格化管理。组织物业、城管等相关职能部门和志愿者对社区进行楼道堆物、环境卫生等整治，整改问题750余次，致力打造宜居宜业家园。

通过前一阶段开展绿色社区创建工作，环保理念、绿色生活已在福兆社区生根发芽，宜居环境治理力度也得到进一步加强，管理工作更加完善。

# 党建引领聚合力　共建绿色幸福家

## ——青浦区朱家角镇珠湖社区

## 社区概况

朱家角镇珠湖社区居委会于2018年成立，位于朱家角新城，东至港周路，西至珠溪路，南至淀浦河，北至淀山湖大道，占地面积1.11平方千米，辖区内有8个住宅小区、2个商业小区及1个商业广场，总建设户数为1 889户，目前居住人口2 242人（图1）。

图1

2021年以来，珠湖居民区党支部在朱家角镇党委、政府的领导下，一班人上下团结，努力整合社区资源，协调社区各方力量，以党员干部带头，以居民小组长和积极分子为骨干，依靠社区广大居民群众，坚持以习近平生态文明思想为统领，以基层社会治理现代化建设为抓手，结合本社区现状创特色，因地制宜出亮点，积极创建文明绿化社区，打造生态宜居环境，提高居民的综合素质（图2）。

图2

## 特色工作

（1）健全人居环境整治机制，推进绿色社区创建

珠湖居民区党支部成立创建绿色社区工作小组，加强对创建工作的组织领导，以现场会、微信群等方式，组织物业、业委会、党员及居民代表参与人居环境建设和整治工作，同时，充分利用现有沟通议事平台，线上线下开展多种形式基层协商，不走过场，务求实效，及时解决创建绿色社区工作中的难点，从小区整体面入手，解决老百姓特别有需求的实事项目，真正实现小区更安全、环境更有序、百姓更方便（图3）。

珠湖社区创新物业管理模式，将辖区内的六家物业公司纳入创建绿色社区工作中，定期开展环境整治，形成完善的例会制度，做到群策群力、有的放矢。同时，成立居民巡访组，督促物业做到及时发现问题，及时整改，以稳定的日常管理代替艰苦的突击环境整治，确保长效管理落实到位。

图 3

（2）打造宜居生活环境，促进人与自然和谐发展

积极发动居民参与社区爱国卫生活动，定期清理小区卫生死角，除“四害”达标，共同创建优美的小区环境。倡导健康生活方式，抓好健康知识及培训加强自我管理，建立健康自我管理小组，定时测量血压、血糖。每月 15 日开展环境清洁日、社区健康宣传和场所控烟巡查（图 4）

图 4

为顺应居民对美好环境的需要，辖区内物业积极作为，营造安全健康的绿色生活环境。及时对绿化进行养护保养，确保绿化不影响视线。对小区内道路定期巡查，及时修整保养。加强对楼道堆物的监管，告知居民不得随意堆放，并及时进行清理，从制度上确保小区环境优美、宜居、安全。

（3）加强绿色宣传引导，营造绿色环保氛围

① 组织志愿队伍，提升居民参与创建意识

建立党员、楼组长的志愿者队伍，通过黑板报、宣传栏倡导绿色生活，并向居民发出创建绿色社区的倡议书和各类形式的环保宣传资料，使居民人人关心小区环境质量，积极自觉参与创建绿色社区的各项活动中。

② 开展节日互动，培养居民主人翁意识

社区依托传统节假日，组织党员志愿者队伍和居民代表参加宣传活动，宣传环境保护知识，培养绿色消费意识，宣传节约能源、少用一次性生活用品、保护植物等环保知识，让居民过上一个舒适的、干净的节日。此外，依托六五世界环境日，发放绿色社区创建专题宣传资料近千份，并专门制作了创建绿色社区的宣传栏，将创立绿色社区工作方案，实施方案等，让居民人人知晓，共同遵守。

③ 开展社区活动，丰富居民文化生活

为激发居民健康向上的精神风貌，社区组建文艺队，在重大节日活动中表演自编自演的节目。2022 年 5 月，居委会开展文化三下乡文艺演出活动，吸引了不少热爱戏曲的老年人，为他们生活增添了一抹色彩。居委会积极组织辖区居民积极参加朱家角镇第五届运动会，得到居民们积极踊跃地参与讨论，珠湖文艺队也积极参加团体项目并获得奖章。他们的活动，一方面使社区居民的业余文化生活不再单调、枯燥；另一方面，在社区重大节日期间，社区发挥他们的宣传作用，寓教于乐，广泛向居民宣传绿色社区的概念、创建绿色社区的好处（图 5）。

④ 推行垃圾分类，发扬绿色理念

自 2019 年 6 月 1 日起，珠湖社区小区内所有小区垃圾分类覆盖率达 100%，在居委干部、物业、居民共同努力下，垃圾分类工作成效明显。通过开展垃圾分类新规培训、开展垃圾分类积分兑换活动，激发居民参与垃圾分类的热情。社区设立了两网融合自助回收箱，使居民养成了自觉把可回收垃圾投入回收箱内的习惯，减少环境污染（图 6）。

保居民巡访组不定期巡查和每月定期交叉检查有效开展，截至10月底，每月召开工作例会，已开展10次交叉检查和50余次不定期巡察，共发现问题582个，整改完成582个，整改率为100%。珠湖社区致力于打造以党支部为首的社区“管家”模式，以日常检查和每月交叉检查为载体，通过居民实时拍照上传问题，物业经理在线接单，处理结果及时上传，实时做到“民有所呼，我有所应”，让改善居民居住品质的“心头夙愿”成为美好现实，使整个社区真正成为环境优美洁净、温馨舒适的家园（图7）。

图 5

图 6

图 7

## 创建成效

珠湖社区以疫情防控常态化、绿色社区示范社区创建、“三大整治”常态化、创文复审等中心工作为主导，持续创新物业管理、完善工作机制、确保……

通过居委会、各物业、业委会的大力宣传，扩大居民对创建绿色社区的知晓率。居民在日常生活中节约资源、自觉使用节能、环保标志产品、选用绿色和有机食品。每个人都是绿色生活的参与者和受益者。

# 15

# 奉贤区

## 优秀示范案例

# “绿色联盟”联通“蓝网绿脉”

## ——奉贤区金海街道恒贤社区

### 社区概况

奉贤区金海街道恒贤社区位于十字水系浦南运河畔，同时毗邻上海之鱼，建成于2010年，至今已有13年。东至金海路，南至浦南运河，西至A4高速公路，北至泽丰路、展园路、德丰路。地理位置优越，交通便利，周边配套设施齐全。恒贤社区占地面积183 600平方米，总建筑面积207 000平方米，共由四个小区组成（南郊一品、南郊美墅、南郊名墅、南郊御墅），可容纳户数1 973户，现居住户数1 238户，常住人口3 283人，户籍人口539人，支部党员30人，绿地率45%。恒贤社区于2017年12月被上海市奉贤区红十字会评为“博爱家园”，2018年被评为“全国综合减灾示范社区”，2019—2020年所辖小区先后被评为“奉贤区园林小区”，2020—2022年度被评为“奉贤区科普示范单位”，其中南郊御墅、南郊美墅小区多次被评为“上海市文明小区”（图1）。

图1

一年来，恒贤社区党支部、居委在市、区有关部门的关心指导下，在金海街道党工委的领导下，依靠小区广大居民群众，坚持以习近平生态文明思想为统领，以基层社会治理现代化建设为抓手，结合本社区现状创特色，因地制宜出亮点，积极创建文明绿化社区，打造生态宜居环境，提高居民的综合素质。

## 特色工作

在这样一个社区在景中，景在社区中的社区，她深入贯彻习近平总书记生态文明建设思想，积极践行绿色发展理念，“三驾马车”并驾齐驱，着力联通“蓝网绿脉”，让绿色生活理念与生活方式植入居民心间，真正提升绿色社区的软硬件，让“大美金海”美在恒贤（图 2）。

图 2

### （1）“三驾马车”筑软件，时尚绿念驻心间

恒贤社区党支部充分发挥“总揽全局、协调各方”的领导核心作用，凝聚“三驾马车”（恒贤居委会、用为物业、社区业委会）筑牢时尚绿色生活理念，建立完善的环境管理体系和公众参与机制。居委会经常开展环境宣传教育活动，组织各种低碳、环保活动；垃圾分类从南郊美墅先行先试到全区域定时定点标准化实行；“四位一体”联席会议制度，决策共谋，起到策划、推动、协助与沟通的作用（图 3）。社区“贤锋”党员带头清洁家园 4 次以上、志愿者每周四开展义务劳动助力环境整治；按议题召开户组、楼组议事会，传播共建共治共享理念；以公开征集、代表谏言、签名同意的方式编制并发布了社区绿色生活公约；以海报、电子屏、小喇叭宣传、入户宣教、和美楼组红黑榜等方式倡导居民楼道不堆物、节能节水、文明养宠、防疫“三件套五还要”等，践行绿色健康生活（图 4）。物业公司有较高的环保意识和环境管理能力，设置楼道管家、设立并及时维护门禁系统，绿化河道专业人员管养，绿化修剪及河道疏浚聘请第三方，停车场、库智慧化管理，能够主动与市政、城建、安监联系，经常性开展排水口、集中充电点、消防通道等自查自纠。从开发房产开始，将绿色环保建筑的理念贯穿于设计、施工、管理的全过程，使社区一开始就具备较高水平的环保设施。在业主入住后，物业公司和环保组织合作，建设绿色社区的软件体系。业委会在监督物业践行绿色理念的同时，与居委、物业组成的“三驾马车”秉承了绿色联盟共识，多次

图 3

图 4

改造提升了小区的绿化，并对建筑垃圾收集、电瓶车坡道设置等提出了更高的发展性建议。

### （2）绿色联盟汇群智，夯实绿色新实力

恒贤社区独特的地理位置，依在十字水系的蓝网浦南运河畔，经过多次升级提升的浦南运河及沿岸景观步道已成为居民闲时的打卡胜地。而恒贤社区为四个依河小区组成的脉络式社区，在居民及“三驾马车”组成的绿色联盟的推动下对社区内绿化、人工湖、健身广场等一系列改造提升后，形成了一道油亮的绿脉（图 5）。与浦南运河组成相依的蓝网绿脉相得益彰，组成了一道靓丽的风景，真正实现了社区在景中，景在社区中。社区始终坚持“群众事情群众议”，深入居民群众的议事，现场听取居民心声（图 6）。在听取居民意见后，在“三驾马车”和相关部门的推动下，对社区内的雨污水管进行了全面的翻挖改造，雨污水管的混流已不再出现，湖中的水更清了，还居民一个绿色生态。南郊一品的外立面问题已经存在多年，区、街道相关部门高度重视，多次组织协商讨论全面维修的方案，恒贤社区党支部和华昌集团党支部携手共建共治，搭建多方参与的平台，最终 1 990.089 万元的房修方案落地，将从根本上解决原外墙开裂、房屋渗水和高坠隐患。已经于 2022 年 11 月 20 日启动维修改造，计划于 2023 年 6 月前翻改完毕，保证节能保温的前提下，提升外立面美观视效，为绿色社区打下坚实的基础。绿色联盟小到家里事、邻里事，大到社区建设都会仔细听取并推动解决，比如针对社区电动车充电管理难的问题，先后多次召开居民协商会，建议用“技防物防”替代传统“人防”，为小区电梯安装梯控阻车系统，运行下来得到了居民的认可。安全是居民区的第一要务，在堵住电动车上楼充电的同时，打开地下车库充电的便利，“三驾马车”连同房管积极联系充电桩的第三方，已成功安装充电设施 16 处，可同时供 334 辆电瓶车充电，同时安装了针对型消防报警系统，并增加了实时视频监控 71 个，增加消防喷淋 141 个。让充电设施发挥最大效能，把电瓶车充电消防安全风险降至最低。

图 5

图 6

### （3）全民动员共参与，绿意环绕居如意

社区为建设良好公众环境参与机制，成立了不同年龄段、不同效能的绿色志愿者，并注重发挥其实效。以学生为主的“贤少年”绿色少年志愿者队伍走街入户发放宣传资料。由社区党员干部组成的“贤锋党员群”已经有 215 名成员，按不同的专长分设成“宣传组”“应急组”“保障组”，设立“楼

组长”“街面长”两长制，一有任务线上、线下迅速响应，率先垂范，动员到每家每户。志愿者骨干组成的“恒贤十姐妹”居民自治团队，现有成员36人，积极为居民办好事、办实事，建立了环境卫生常态化督查机制，定期开展整治楼道堆积物、清理绿化带白色垃圾等专项整治行动，大大提升了居民的环境保护意识（图7）。

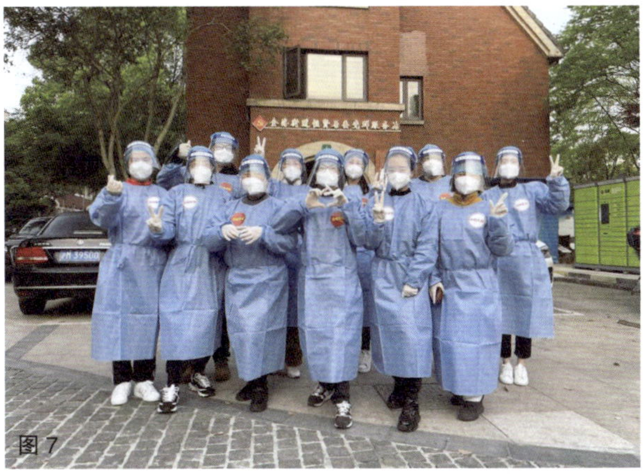
图7

恒贤社区在各小区开展垃圾分类定时定点投放已经6年的时间，社区通过垃圾分类指导员队伍常态化宣传垃圾分类工作，定期开展培训讲座，为新入住居民送上“温馨提示”，让垃圾分类深入人心，居民出入处处顺心，目前我社区垃圾分类知晓率达到100%，参与率98%以上，投放准确率98%以上，垃圾分类已经成为社区居民的一种生活习惯，垃圾分类让小区看不到垃圾桶却依然整洁有序，居民对小区的环境满意度油然提升。社区开展“绿色家庭”“最美庭院”和“最美阳台”等评选活动，进一步调动居民创绿、护绿的积极性，共同营造绿意盎然的家园，南郊御墅小区被评为上海市文明小区，南郊美墅小区被评为奉贤区文明小区，南郊美墅、南郊一品被评为“上海市节水型”小区。绿色社区、绿色理念、绿色生活的理念已经在我们社区深入人心，我们将珍惜创建成果，继续发挥各部门、各团队的联动作用，将“绿色工作”做深、做实（图8）。

图8

## 创建成效

恒贤社区坐落于上海奉贤区金海街道，属于奉贤新城内首个完善型社区，教育资源丰富，小区周边有上海音乐学院九棵树实验幼儿园、毓美双语幼儿园、崇实中学、恒贤小学等知名学校。每逢寒暑假和传统节日，社区和学校联合开办“暑期学校”“未成年教育讲堂”“周一书法班”等，弘扬“习近平生态文明思想”和中华民族传统文化，使祖国未来的接班人更加热爱中华大地（图9）。

图9

恒贤社区满足人民群众对品质教育需求的同时，让学校周边的环境更友好。居委与家门口的学校联建共建，倾听家长心声，搭建交流平台，使接放学时的“尴尬”化为安心。去年10月，上海音乐学院九棵树实验幼儿园门口的商铺停车场修整一新，平整的大理石路面、智能停车系统、进出口动线标识，加上免费临停50分钟的优惠，与聚润广场、南郊宾馆的公众开放停车场连成一线，与各所学校位置相呼应，真正解决了家长送接孩子时的停车难烦恼。同时值得高兴的是，社区还将商铺的厕所改建成了标准化的公共厕所，卫生专人打扫，标志明晰（图10）。

另一方面，恒贤社区也积极探索“小手牵大手”小居民参与社区治理的机制和方法，引导小居民志愿参与社区文明创建，做防疫小卫士，发挥“贤少年”志愿者在人际交流方面的优势，针对性开展志愿服务活动。通过多种途径鼓励“贤少年”志愿者服务活动常态化开展，让社区治理的未来更具活力，绿色社区永葆年轻（图11）。

图10

图11

# 以“绿”为底　擘画宜居画卷

## ——奉贤区金海街道龙潭社区

### 社区概况

金海街道龙潭社区位于金海湖畔，东至湖畔路，南至上海之鱼湖面，西至大庆河，北至航南公路，是目前上海之鱼规划内的高端社区。小区于2016年12月交付使用，总建筑面积211 143.43平方米，绿化率达33.42%，绿化面积27 672.22平方米。小区高层共有居民楼11幢21个楼道，可容纳903户，别墅区共有38户，目前常住人口1 757人。龙潭社区先后荣获上海市社区家庭教育指导站、奉贤区先进基层党组织、奉贤区“水天一色”立功竞赛综合奖、奉贤区垃圾分类十佳示范小区、奉贤区园林式居住区、奉贤区生产安全先进集体、奉贤区消防工作先进集体等称号（图1）。

图1

习近平总书记在党的二十大报告中指出：推动绿色发展，促进人与自然和谐共生。上海市奉贤区金海街道积极响应国家、本市和区委区府“让市民群众满意，用最好水平创建绿色社区”的号召，以推进社区人居环境整治和建设为切入点，将城市精细化管理融入社区治理中，至今，辖区内社区创建率达到100%。龙潭社区党支部、居委在市、区有关部门的关心指导下，在街道党工委、办事处的领导下，进一步完善社区基础设施改造，结合小区特色工作，扎实推进绿色社区创建工作取得显著成效，为不断满足人民日益增长的美好生活需要，增添了“绿色新动能”。

### 特色工作

自创建工作开展以来，龙潭社区始终坚持党建引领，贯彻落实“人民城市人民建，人民城市为人民”重要理念，通过搭建“龙潭说事会”、“三位一体”接待日、各类微信群等互动沟通平台，引导居民共同参与创建。依托区域化党建平台，支部精准对接与共建单位开展形式多样的联学共建活动，积极探索出具有龙潭特色的社区创新治理项目共享“+”，为创建工作奠定了扎实基础。与此同时物业管理公司依托互联网技术应用，开发“欧拉系统”，建立起物业与业主间的沟通新模式，进一步提升社区信息化智能化管理水平。

#### （1）加强党建引领，依托沟通平台推动社区共治

一是发挥“领头雁”作用。坚持以党建引领工作开展，成立绿色社区创建工作领导小组，社区党支部书记主责主抓，街道精细化办公室、党政办、党群办、自治办、房管中心、服务办、派出所等多部门力量共同推进，将绿色社区创建融入基层社区治理。二是搭建议事平台。依托“龙潭说事会”，实行定期约请制度，开展基层协商，推动决策共谋、发展共建、建设共管、效果共评、成果共享。三是

形成“三位一体”工作机制。将每月10日定为“三位一体”接待日，共同讨论社区精细化管理工作，接待居民问题反映，形成居委、物业、业委会齐抓共管的长效管理机制，通过党建引领推动社区治理新模式（图2）。

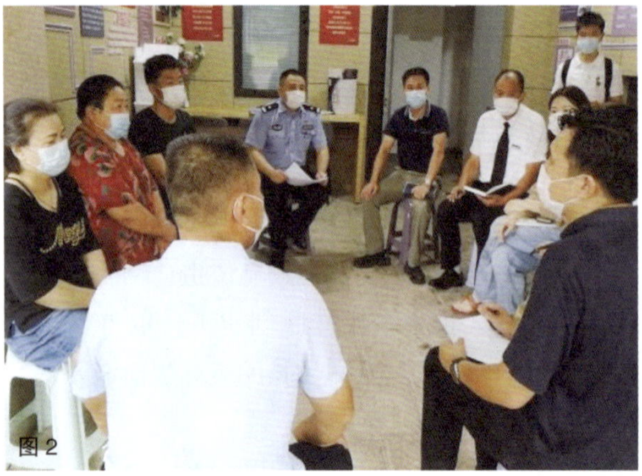
图2

### （2）创新工作举措，联学共建打造“共享+”自治项目

2022年龙潭社区代表奉贤区参加了由上海市委党的建设工作领导小组举办的“美好社区　先锋行动”遴选，在各类资源组合成赋能团队的指导下，走出了一条基层治理新路。在此过程中，支部先后参加了发布会、SMG《市民与社会》栏目专访等（图3），在沟通交流的过程中开阔了眼界、增长了学识，同时依托区域化党建平台，精准对接，与7家共建单位开展了形式多样的联学共建活动，打造了龙潭社区特色治理项目，为创建“绿色社区”奠定了扎实的基础。“共享+”项目涵盖了五个方面的内容，包括共享车位：将自己车位的空闲时间贡献给其他业主临时停车使用，缓解社区停车难问题。共享议事平台：搭建多方良性互助沟通平台，引导居民参与社区自治共治。通过议事平台解决了困扰居民多年的西出口不能直接上湖堤路的问题。共享文化资源：充分调动社区内外资源，将社区内部的“小邻”资源拓展到社区外部的“大邻”资源，将九棵树、奉贤博物馆等文化场所与社区共建，共享治理成果。共享书屋：小区打造了集休憩与学习为一体的“闻乐公廊”，增设了桌椅及“有声图书墙”，内容涵盖党史党建、家庭教育、健康养生等多方面（图4）。共享雨伞：为方便雨雪天居民出行，共建单位最家空间捐赠了250把雨伞，2022年9月共建单位三长村又补给了300把，为居民提供了实实在在的便利（图5）。

图3

图4

图5

（3）深耕科技赋能，不断激发智慧物管发展新动能

一是居住物业管理全覆盖。物业公司积极完善物业管理组织架构，建立楼道微信群，优化楼道管家服务。二是提升智能化安防系统。物业公司定期对监控设备进行保养维修，确保小区内电子围栏、监控、消防中控室等安防系统正常运行，完好率达到 93%。三是依托互联网技术应用，物业公司开发“欧拉系统”，建立物业与业主间的“互联网 +”沟通新模式，建立一应云信息化管理平台以方便物业进行工单服务。创新研发“一应驿站”App 平台，全方位、多角度满足业主个性化需求，实现报事、报修、物品借用、缴费服务、物资保供等服务“一键化”（图 6）。四是发布物业行业首个阳光社区评价准则，以“财务阳光、服务阳光、管理阳光、共建阳光”四项指标来衡量物业服务质价相符水平。

图 6

（4）强化素质提升，内外兼修打造绿色宜居社区

① 硬件提升

一是积极消除隐患。对内部坑洼破损路面及时修复，确保了居民“脚底下的安全”；为电梯加装电动车智能识别系统，消除了居民“家门口的隐患”。二是开展生态节能改造。统筹创新社区治理、道路综合整治、智能梯控加装、海绵化改造、垃圾分类全覆盖和基础设施节能改造等工作，全面加速社区绿色基础设施建设（图 7）。三是建章立制防违建。对于违章建筑，通过居民代表会议制定了“绿地无双装修规约”，细化到室号、鞋柜的颜色等，有效预防了违建滋生。四是名师指导助力创建。龙潭社区先后邀请规划园林设计师谢木兴先生及上海大学美术学院汪大伟教授来小区指导。上海市精细化推进领导小组办公室曾浙一部长、区房管局副局长万国兵、区精细化办公室、街道党政班子主要领导、分管领导及相关职能部门多次赴小区指导跟进创建工作为小区整体人居环境优化提出专业建议（图 8）。

图 7

图 8

② 软件提升

一是加大宣传力度。充分利用小区宣传栏、电子屏、提示牌、微信群等线上线下相结合的模式营造创建氛围，同时将“绿色社区”创建内容植入《居民公约》中，让创建工作内化于心、外化于行（图 9）。二是积极参与培训。通过参与市、区、街

图 9

镇开展的相关培训，为创建主体解读创建细则等方式，多次开展社区各类代表培训，不断夯实创建基础，提升创建水平。三是传承贤美文化。金海街道境内有两处承载着金海记忆的文物古迹：有着 150 年历史的古树名木——银杏及有着 223 年历史的古桥——绥禄桥。社区定期组织志愿者对古树和古桥进行巡查，增强了居民保护古树名木的意识，促进人与自然和谐共生。

## 创建成效

通过开展“绿色社区”创建活动以来，社区的环境得到了显著的改善，居民的环保意识也得到了进一步提高，绿色文化在居民心中生根发芽，在这样一个年轻人居多的青年社区里，越来越多的居民愿意加入社区自治的队伍中来，为建设美好家园出一份力。

为打造南上海的优质绿色宜居小区，社区致力于生活驿站、休闲场所和健身设施的建设，2022 年申请楼组自治金 4 万余元用于社区篮球场的翻新改造，满足了居民不断提升的娱乐健身需求。在小区文化长廊内打造“有声图书墙”，用既不费神耗力，又能悦脑悦心的方式，让大家轻松学知识、愉悦浸书海、迅速长知识。这一系列举措丰富居民的文化娱乐生活的同时营造了“花在眼前，绿在身边，健身、文化就在家门口”的开放型、参与型居住环境，进一步增强了居民的幸福感满意度（图 10）。

随着创建的进一步推进，居民之间的熟悉度越来越高，去年 9 月，通过居委搭台、各共建单位支持，以“小邻”自治、“大邻”参与的方式在上海之鱼成功举办了“乐美龙潭　益起露营吧”活动，活动中穿插了文明城区创建宣传板块，五彩的小手印向人们传播着文明之花（图 11）。随着垃圾分类的推行，居民环保意识不断提高，居委因地制宜开展了“徒步健行助分类 · 水天一色映龙潭”徒步活动。通过这些活动的开展，构建了生人变熟人、“陌邻”变“睦邻”的和谐邻里关系，最大限度地激发居民的自治意识和自治热情（图 12）。

图 10

图 11

图 12

居民自发成立的志愿者团队也在社区中发挥了重要作用。“龙潭说事会”解决了困扰小区居民多年的西出口不能直接上湖堤路的问题，为小区居民提供了便利。在小区党员带动下成立的“党员先锋车队”，专为小区内独居老人、孕妇等特殊人群提供紧急送医服务，前不久车队护送小区内高龄老人去市区医院就医（图 13）。“乐美 27”志愿服务队，

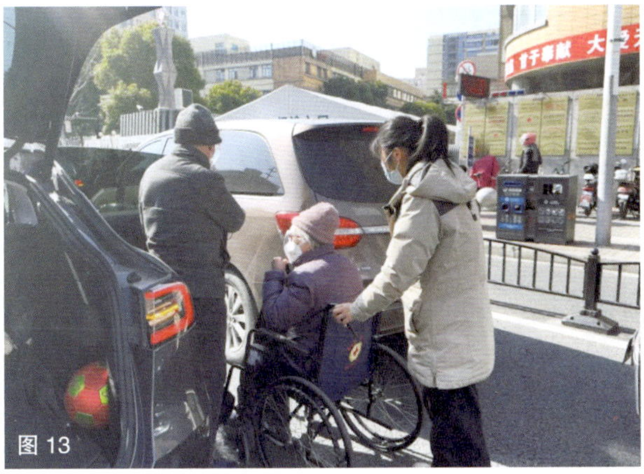

图 13

推行“奉献 1 小时”自治项目，每天奉献 1 小时开展 20—21 时的垃圾点位值守，劝导居民定时定点投放垃圾。通过志愿活动的开展，增进了邻里交流，凝聚了共治共识，聚力打造出一个绿色、环保、健康、友好的绿色宜居社区。

# 共建共治共享　打造绿色家园

## ——奉贤区南桥镇名悦居委苏宁荣悦小区

## 社区概况

名悦居委苏宁荣悦小区位于上海市奉贤区解放东路 299 弄，四至范围：东至达政路、南至南奉公路、西至望园路、北至解放东路。2015 年 12 月建成，小区占地面积 4.7 万平方米，总建筑面积 15.9 万平方米，绿化覆盖面积 1.2 万平方米，覆盖率 35.3%。2017 年获得奉贤区物业管理优秀住宅小区称号，2019 年获得奉贤区园林式居住区称号，2021 年获得上海市“房管物业先锋”党组织示范点称号。该小区周边配套成熟，有苏宁生活广场、传悦坊二大商超，百联商业综合体，往东有奉贤中心医院、奉贤中学。1 千米内有轨道交通 5 号线站点（图 1）。

图 1

## 特色工作

名悦居委党支部，深入学习贯彻党的二十大精神，坚定不移贯彻“以人民为中心”的基层治理理念，健全共建共治共享的社会治理制度，提升社会治理效能，不断满足人民群众对美好环境与幸福生活的向往。

### （1）加强区域化党建联建

围绕“资源共享，优势互补”党建工作思路，居委积极主动对接苏宁生活广场、传悦坊等辖区周边单位，签订党建共建协议，以我们的节日为契机，充分调动共建单位的优势资源积极开展丰富多彩的联建共建活动，提升了居民对社区的认同感、归属感。苏宁荣悦党群服务站以“党建引领 . 红色物业”为服务特色，明确在党建引领下的物业服务管理目标，以“红色管家”的工作落实为切入点，对外树立良好的物业服务形象，不断提升物业管理水平综合服务能力，积极探索与社区内党员互动、共建共联、共商共议，激活党员的活力，发挥党员的力量和智慧，共同为建设美丽家园出谋划策，建言献策。真正实现社区的自治共管，进一步强化党组织的核心地位，不断提高社区居民的满意度、幸福感和获得感（图 2）。

图 2

（2）引领垃圾分类新时尚

苏宁荣悦怡庭小区是奉贤区率先实施垃圾分类的小区，从2018年4月开始，小区实施“定时定点”投放，由镇绿化市容所、居委、物业、垃圾作业公司4方建立联合工作组，通过调研摸底，多方征询，制订《苏宁荣悦小区“定时定点”投放实施方案》。经过几年的努力，小区内业主的垃圾分类意识逐步提高，自觉分类、定点定时投放垃圾的习惯已经形成，垃圾分类阶段工作成效显著（图3）。

图 3

图 4

图 5

（3）红色议事厅，完善党员议事制度

结合苏宁荣悦小区几年来的“红色管家”物业服务，进一步整合资源，坚持党建引领，多方联动，进一步完善党员议事制度，成立红色物业议事厅。按照大事共议、难题共治的原则，定期邀请社区党员及业主代表、社区民警、法律顾问，对社区的治理盲点、物业的服务痛点等问题畅所欲言，建言献策，有力化解了架空层乱停车、流浪猫投喂、装修扰民，楼道堆物等一系列问题，推动小区的事在小区解决，共同营造良好的社区环境（图4）。

（4）多元社区文化、提升群众生活满意度

社区文化是与居民增加黏性和联系的重要环节。通过开展高频次、多趣味、多形式的社区活动，如植树节、端午节、儿童节、中秋节、重阳节、春节联欢等每个传统节日开展丰富多彩的社区活动，增进了社区邻里关系的和谐共处。同时通过开展“党员进社区”“环保小卫士”“红色管家上岗仪式”等形式多样的主题活动，积极号召和影响居民参与到小区的各项管理中来，组织开展“党员同志　为爱筑家”“让爱传递”“红色微心愿”等一系列公益活动，涌现出夫妻党员双双参与、全家老少齐上阵的感人画面。盛夏季节，党员同志把一份份清凉送到小区垃圾分类志愿者手中，时时处处传递红色温暖，让服务触角延伸至每位居民（图5）。

# 深化绿色发展理念　打造美丽宜居家园

## ——奉贤区青村镇青村社区

## 社区概况

青村社区位于奉贤区青村镇辖区的核心区域，属于一个开放式小区，其中青村居委辖区面积约0.45平方千米，东至城乡东路、西至老街西街段90号、南至青村中学北墙、北至南奉公路，辖区内涵盖青溪老街主风貌保护区，同时政府、医院、学校、菜场齐聚于此、配套完备（图1）。

图1

这里有着历史绵长的青石板巷、旧色斑驳的砖墙水桥、清涧蜿蜒的老市河，2004年被列为上海市历史风貌保护区。这里，是一个充斥着浓郁文化底蕴的地方，一处远离闹市喧嚣的宜居家园。曾获2018年上海市“市民修身行动”示范点、2018年上海市养教结合学习点、2022年上海市高标准保洁区域，青村居委获2021年上海市垃圾分类百佳居委等荣誉。

近5年来，青村镇党委、政府按照临港新片区对主城区周边美丽宜居、绿野乡美、水韵片区的打造理念，以青溪老街风貌保护区为核心，西临吴房村、毗邻宝华商业圈；东临李窑村点线串联，形成一条绿色农业观光旅游路线，打造高品质多元融合的人文历史老街。

## 特色工作

### （1）党建引领绿色共治好风尚

青村社区坚持把党的建设与提升治理能力相结合，促进党员、群众、商户共治，不断引导居民成为社区主人，让居民主动发现问题、主动解决问题、主动互助邻里的同时，同心治家，凝心聚力共同打造绿色生态“融”社区。

社区贯彻落实《关于开展“好邻・好灵”楼组党建工作的通知》的过程中，不断深思探索，发挥好红色志愿力量、激发好商居共治热情、解决好居民急难问题，青村居委组建区域微信联络群30个，建设“好邻好灵议事廊”，设置“和美・好邻”岗，进一步鼓励居民积极认领小区服务，环境清理、绿化养护、卫生消杀等。在支部党员及社区党员的全力支持及参与下，带动周边居民及商铺共同参与社区建设，大家纷纷前来领取岗位牌，将自己的名字及岗位职责写于牌上，并安插在认领区域予以公示，将环境治理“我认领我负责”的志愿态度在邻里间传播（图2）。

### （2）和美助力风清气正暖人心

自2017年和美创建启动至今，我们深刻领会到社会治理的重心在基层，社区治理的基础是群众。面对老小区设施陈旧、设备缺损、邻里交流少、

图2

开放管理难、等现象，我们充分挖掘小区特色，凝聚居民共治力量，和美“特色里弄”打造，居民“吾家老街”志愿参与，商铺“议事小组”探索，绿化“最美街景”评比等，逐一破解社区治理中的各项难题，实现了社会治理与绿色发展、民生改善的良性互动。

在充分听取居民意见之后，结合区域特色，全面打造和美“特色里弄”，如青村镇人民路25弄，一个有着30多年历史的弄堂。取名“清风三里”。清风，即指小区居民遵德守法、风清气正；三里，即联通党员、统战、群众间的“最后一公里”。从设施陈旧老化、配套缺失破损，变成风景宜人，文化气息浓厚的宜居家园。又如西街“文馨弄”、南街“梅竹弄”、中街“善治弄”等，社区通过注入“党建+共治+文化”治理理念，让“老小旧”逐步蜕变成“美宜居”。疫情时期，小区居民主动承担起楼道及公共区域的消杀、打扫工作并延续至今，为社区环境治理打下扎实的群众基础。每个人都是绿色生活圈的参与者和受益者。

### （3）多元共筑人与自然相协调

① 锻造辖区骨干力量。成立一个以党员先锋“小皮匠”吴进宝为主要负责人的志愿服务社会组织，开展日常小区绿化巡查、垃圾清理等。以榜样的力量带动志愿者队伍助力社区治理。其带头人吴进宝家庭获全国最美家庭，个人荣获感动奉贤十大人物（图3）。

图3

② 倡导绿色健康生活。面对居民日益增加的精神文化需求，特开辟书韵坊、健身坊、棋艺坊、茶餐坊、舞韵坊等，每周开展太极拳、舞蹈、曲艺等兴趣课程，让老年人享受绿色健康生活。

③ 设置和美积分奖励。根据居民公约设立和美积分制度，根据门前三包、和美劳动、文明养宠等对照标准，达标的居民每户可获得居民手册一本，每次参与活动盖章一枚，并可凭相应积分兑换礼品。大大激发居民参与社区治理积极性。

④ 积极主动环卫巡查。除每日垃圾定时清运外，环卫机动人员、沿街特保人员、志愿巡查队伍每日不间断对道路卫生环境情况进行检查，形成发现问题立即上报微信工作群，即刻安排人员清理并拍照回传的工作机制。

⑤ 鼓励居民认领养护。2017年至今持续开展“绿化季度评星、最美街景评比”项目，鼓励老街居民“拿出自家的花、美化大家的街”，同时邀请区绿化局为辖区居民提供了专业的种植技术指导。

⑥ 建设绿色宣传窗口。辖区内共设立7处教育

宣传版面，向社区内居民普及宣传自然、生态、养生等相关科学知识，营造积极健康的社区氛围，引导市民融入生态、环保、绿色的城市生活。

## 创建成效

这里将会有我们传统文化历史的沉淀，其中包括张弼书画院、盐文化博物馆、艺术+美术的展陈馆、古戏台等；这里也有本土企业恒润的文创展示基地、AR/VR科技体验，本土企业的文创店铺如：贞格格，晨光旗下的九木杂物社，悦木、贤窑等。

老街区域整体建筑及景观遵循传统文化古风调性，体现中国传统文化之风韵及美好。较窄的街道与尺度适宜“小铺子”的活力聚集和发展，非常适宜民间文化的“赶集”与“庙会”质感。通过绿色发展理念打造，满足观光人流量与表层的热闹的同时，也追求活力青溪创新，追求产业与经济、区域活化的价值，以及长久的古风绿色生态韵味。在加强和创新社会治理同时，社区也在不断努力增强人民群众的获得感、幸福感和安全感。

# 深化“居＋民”共治理念　提升居民自治自觉

## ——奉贤区青村镇红星社区

### 社区概况

奉贤青村镇红星社区建成于2013年4月，位于青村镇的西北处，东至浦星公路、西至金钱公路、南至南奉公路、北至贤瑞路，社区占地总面积为0.23平方千米，毗邻奉贤新城。2021年，红星社区荣获全国防震减灾社区荣誉称号。社区内现有张弄富苑、张弄盛苑、中南锦亭3个居民小区，其中张弄富苑、张弄盛苑于2012年年末交房，已多次被评为奉贤区文明小区（图1）。

图1

一年来，红星社区在区、镇两级部门的关心指导下，在镇党委、政府的领导下，坚持以党建引领，始终遵循“人民城市人民建，人民城市为人民”的服务理念，以全国文明城区复审为抓手，通过积极参与、主动引导的形式，从思想的上进一步夯实居民的自治自觉，并结合社区现状打造特色亮点，提高居民的综合素质，不断深化“居＋民”的共治理念。

### 特色工作

#### （1）微型消防站升级“近”距离筑起社区防护屏障

红星社区升级版微型消防站作为社区消防站点，具备消防作用外，更加兼具社区教育功能，作为深入社区的消防安全宣传教育点，定期布置消防安全宣传版面，参与指导社区消防演练，提高社区居民消防安全意识。24小时制的值守制度确保接听每一起案件事故！每年接报处置辖区内各类消防案件5至6起，参与物业消防安全演练指导月均1次。极大地提高了社区居民消防安全意识，有效地提高了物业管理队伍对消防案件突发的处置能力。

#### （2）智慧升级，集中充电桩进社区，根除社区顽疾

红星社区辖区内两个动迁房小区，老年人口占比高，因地理位置等现实优势，吸引了广大外来流动人员入住，社区内非机动车保有量也逐年攀升，随之而来的停车难、充电难等问题困扰着居民群众。红星社区党支部通过前期摸底排查，明晰情况底数，通过走访、协调，于2018年在青村镇安监队、大局城管等部门大力协调支持下，对两处动迁房小区地下一层非机动车停车库进行改造升级，落实集中充电装置；2022年，通过小区业委会、物业对居民使用反馈情况进行分析后，对早期一批智能充电设施进行更新升级，由原先投币支付方式升级为刷卡、扫码支付，顺应居民需求、提供更多支付

渠道，提高便利性；红星社区联合小区业委会、物业公司，通过第三方建设单位为动迁房小区电梯加装防止非机动车进入报警装置，通过图像识别 + 人工复查等技术手段，彻底防止电瓶车上楼。

（3）旧貌展新颜，隐患根治获民心

红星社区辖区内 2 处动迁居民小区，因建造时的保温层工艺问题，导致多年后外墙脱落现象严重，外观不雅的同时，安全隐患“常伴”居民的生活。红星居委始终将居民的“急难愁盼”放在心间，始终带着居民最迫切希望得到改善的问题多渠道地向上级部门反映。终于，2022 年外墙维修工程正式启动，老墙面的铲除、打磨、上腻子、并且按照空间感进行粉刷颜色，经过为期一年的工程期，曾经的“白癜风”现象迎来了“从头到脚”的改头换面。与此同时，小区内绿植绿化也是得到了重新打造和种植，在第二个春天来临之际亦是美出了新的样式！

（4）疏堵结合解难题，美丽街区打造靓风景

落实“疏堵结合”模式，缓解社区商业街乱停车现象，提高社区美观系数。由红星居委牵头，组织相关职能部门对贤浦路贤瑞路（中南锦庭商业街段）进行护栏的增设，并设置（非）机动车停车线位、唯一出入口，由大居城管中队、中南锦庭派专人进行交叉式的常态化管理，缓解商业街车辆乱停出现的扰民现象，打造出属于红星社区的美丽街区。

（5）成功创建全国防震减灾示范社区

红星居委不断完善设施设备，如定期检查楼道内消防设施、设置消防站点、升级微型消防站等，并定期开展消防演习、每年开展防空警报演习，从而不断提升居委、物业公司的应急管理水平，提高物业公司从业人员、居民的应急能力，增强居民的防灾减灾意识。2020 年，红星社区成功创建上海市防震减灾示范社区，2021 年荣获全国防震减灾示范社区荣誉称号。

## 创建成效

红星社区始终以党建引领，不断探索社区治理新模式，以居委指导、物业主导的模式，不断打造环境美丽、生态环保的新型社区。通过“我们的节日”，针对老年群体、少年群体、青年群体等不同群体开展多样化活动，不断提升社区居民的精神文明面貌。与此同时，结合新时代文明实践这一主体，不断吸纳一些有志为社区提供志愿服务的人员加入，通过清洁家园、防疫志愿等行动，渲染社区志愿氛围，让更多的居民不断加入志愿队伍中，真正实现“居 + 民”的自治共治局面（图 2）。

图 2

# 16

# 崇明区
## 优秀示范案例

# 厚植生态优势　共建幸福金日

## ——崇明区城桥镇金日社区

### 社区概况

崇明区城桥镇金日社区建成于2016年5月，有金日东苑、金日西苑2个拆迁安置小区，现有常住居民3 317人，其中老年人占38%，外来人口占25%，存在安置居民来源分散、外来人口多、老龄居民多等特点。辖区公共资源丰富，有学校、菜场、商业街、卫生室；健身步道、多功能运动场布点合理；景观小品、绿化小景遍布社区，形成了“绿带”环社区，“绿道”满社区，“绿点”遍社区的15分钟绿色社区生活圈（图1）。

根据《上海市绿色社区创建行动实施方案》，依托崇明世界级生态岛建设和第十届花博会的良好契机，金日社区通过“叶脉工程”党建微网格建设，以“厚植生态优势，共建幸福金日”为主题，深入开展绿色社区创建行动，成立以党总支书记牵头，党建微网格4支团队成员为组员的创建工作领导小组，将绿色发展理念贯穿社区精细化治理中，使生态文明理念与居民对美好生活的向往双向互动、双向融合、双向促进。

### 特色工作

2018年，金日社区深化崇明叶脉工程党建微网格工作，在做优管理团队，做强工作团队，做实志愿团队，做精联勤联动团队的基础上，组建“生态守护管家自治团队”，团队中的39位党员是党支部“生态守护生态行”功能党小组成员，平均年龄63

图1

岁，同时也充实了党建微网格建设中的志愿团队成员。在有阵地有人员有主题的基础上，制定学习、议事、走访、联席会议等制度，加强机制建设，每月定期召开自治项目议事会，开展各类志愿服务活动。在他们的经验智慧和独特优势的示范引领下，带动社区居民积极参与生态守护主题活动，营造自己家园自己建，自己家园自己爱，自己家园自己管，自己家园自己护的氛围（图 2）。

图 2

（1）以党性为标杆，传播专业知识

把党史学习教育和疫情防控、疫苗接种、花博宣传等重点工作相结合，以建党 100 周年主题党日等时间节点，通过线上 + 线下，集中 + 分散等形式加强学习，并通过“微党课”“社区管家议事长廊”等形式，传播时事政治、垃圾分类、科普知识等方面的知识，发挥社区正能量（图 3）。

图 3

（2）以绿色为主题，深化居民自治

针对动迁安置小区农转非居民文化素养较低、小农意识较强的情况，为引导居民养成良好的生活方式和文明行为习惯，深入推动良好社会风气形成，进一步巩固创城、创卫成果，推进新时代文明实践系列活动，以“我为群众办实事”为切入点，融合党建微网格力量，开展“带头接种新冠疫苗”、“花博交通保序”“学习垃圾分类知识”“绿色家园我来护”等居民自治项目，带领社区居民共同参与，共同倡导绿色生态、绿色文明，提高小区品质（图 4）。

图 4

（3）以公益为使命，热心志愿服务

2021 年，崇明举办花博盛会，为更好地体现“当好东道主，服务花博会”的理念，紧紧围绕“庆百年华诞、做花博先锋”五大行动，通过党员轮值开展我为花博聚能量——带头做花博文化的传播者，通过志愿服务开展我为花博添动力——带头做志愿服务的践行者，通过文艺演出开展我为花博当代言——带头做崇明形象的展示者，通过宣传讲座开展我为花博作倡议——做精彩花博的宣传者，通过各种活动开展我为花博说故事——做魅力花博的解说者，普及花卉知识、谈谈身边的花博变化、讲讲我的花博故事，进一步扩大花博文化的知晓度、影响力和覆盖面。同时根据创城、创卫工作要求，邀请生态守护管家参与垃圾分类、花草认养、绿化守护等志愿服务活动，共同履行志愿服务承诺，引领志愿服务常态化新格局（图 5）。

图 5

图 7

## 创建成效

由崇明生态城镇公司开发的金日东苑、金日西苑两个拆迁安置小区，设计之初就始终贯穿生态绿色理念。经过绿色社区创建，在基础设施绿色化方面，房屋墙面使用保温环保墙面、所有居民楼屋顶装设太阳能热水循环系统、垃圾分类全覆盖、点位装设太阳能硅板灯、建有两网融合再生资源回收点、智能电瓶车充电桩；在营造宜居环境方面，公共绿化和活动设施布局合理，车辆停放有序，建有社区级综合为老服务中心和中心卫生室，设有残疾人辅助器具租赁点，加设无障碍设施，为老、助老服务零距离（图 6）；在提高信息化智能化水平方面，小区监控有 460 个，智慧公安监控 396 个，主要路口，每个楼道都有智能化安防系统（图 7）；2 个小区 2 个业委会，其中组建 1 个业委会党支部，通过党建引领，“三驾马车”为民服务更到位；在培育绿色文化方面，社区结合花博盛会，充分发挥自治、共治、德治、法治功能，深入贯彻共建共治共享理念，居民生活的健康指数、幸福指数越来越高，居委工作人员用党建引领带动居民积极参与，用生态优先治理人居环境，用真诚笑脸服务小区居民，得到了广大居民对居委工作的理解和支持。社区党总支获得上海市党支部建设示范点称号，生态守护生态行退休党小组获得上海市离退休干部优秀集体称号，小区绿化荣获上海园林绿化行业协会颁发的上海市“园林杯”优质工程奖，物业公司被上海市房屋管理实事立功竞赛领导小组评为优秀团队荣誉称号，物业公司小区经理被上海市物业管理行业协会评为优秀项目经理荣誉称号。“用绿色发展、绿色创建、绿色守护，让居民住得舒服、住得开心、住得健康”是居委最大的心愿（图 8）。

图 6

图 8

# 明南一家亲　绿色心连心

## ——崇明区港西镇静南社区

### 社区概况

静南村是上海市十五个宅基地置换试点村之一。2009 年通过宅基地置换新建成的明南佳苑小区属拆迁置换与商品房混搭小区。小区内共有居民楼 85 幢，房屋 2 292 套。目前，小区常住人口 4 128 人，其中原静南村拆迁安置人口 2 628 人，商品房入住人口 1 500 人。村庄变小区后，村民旧的生活方式与各类文明创建对小区环境新要求也产生了较大差距，如楼道堆物、损绿种菜、违章搭建等现象普遍。面对各项社区治理难题，静南村党总支部充分发挥党建引领作用，积极探索社会治理新思路、新办法，目标是进一步打造整洁优美人居环境，提升小区文明程度（图 1）。

### 特色工作

一是领导重视，组织力量到位。静南村的绿色社区创建工作得到了镇政府的高度重视和支持，镇政府成立了以镇长为组长，镇有关部门负责人、村党总支书记为副组长，村“两委”班子人员为成员的领导小组；并组建四个工作小组。工作小组成员

图 1

由物业、业委会、党小组长、片区长等骨干组成。领导小组充分发挥“四长一员”“明南一家亲”志愿者等主力军作用，带动全体村居民共同参与试点项目，形成强有力的组织保障。

二是明确目标，责任分工到位。领导小组根据绿色社区创建的工作目标，多次召开会议研究制订创建工作计划和实施方案。明确领导小组成员职责分工，将创建工作的目标任务细化落实，分解到人、到小组，并召开动员会发动家家户户共同参与创建工作。

三是标准管理，新媒体信息化到位。在绿色社区创建工作中居委运用新媒体信息化手段提高标准化管理服务效率。利用明南一家亲微信公众号，业主群、双报到等新媒体搭建沟通议事平台，利用“互联网＋共建共治共享”等线上线下手段，开展多种形式基层协商，实现决策共谋、发展共建、建设共管、效果共评、成果共享。

图 2

图 3

## 创建成效

### （1）推进社区基础设施绿色化

创建工作开展以来，居委根据实际情况优化治理体系，完善管理，提升社区治理水平。改进垃圾分类质量标准，严格检查，垃圾分类的质量显著上升。分类参与率达 100%，准确率 98%，定时定点投放率 85%，2020 年成功建成湿垃圾循环处理站，做到小区湿垃圾不出小区，处理残渣，资源利用，有力地推动了基础设施绿色化（图 2）。

### （2）营造社区宜居环境

一是人人动手、家家参与，对照标准，美化环境。对小区 2 292 套住房、楼道、天井、露台以及公共场所进行全方位的环境整治（图 3）。共清理垃圾杂物 700 多吨、废旧生活用品 1 000 多吨。清理完毕后，村委投入资金 30 万元，对小区主干道三横五纵道路两侧进行补绿。形成一路一景，四季有花的美景，改善面积达 5 万平方米。居民阳台增加花架 500 户、天井绿化盆栽达 700 盆（图 4）。二是程序制度健全。完善四项制度，有力推进标准实施建立标准化项目例会制度，确定每季度一次的领导小组工作例会制度，讨论项目推进情况以及遇到的问题，会上讨论解决。形成村干部插网格包片制度，村“两委”班子成员带头包干负责一个网格，带领片区长、党小组长实施项目试点工作。落实督查考核评比制度，每年年初召开动员会组织居民参与评

图 4

比，每季对小区楼道、天井、夹弄进行检查评分，年终进行综合评定并给予表彰奖励，考核分纳入党员积分评星、五星级文明户评选内容并与年终困难慰问挂钩。形成常态长效制度，针对检查中存在的问题，实行边检查边整改，通过自清、帮清、强清确保常态长效管理（图5）。

图5

（3）营造氛围，培育社区绿色文化

居委根据明南佳苑小区村居民的实际情况，分年龄、分层次开展形式多样的明南佳苑绿色社区的宣传，通过“三上门”活动（即宣传资料送上门、征求意见登上门、关心关爱勤上门），把明南佳苑绿色社区创建的意义、奖励办法等送进每一个家庭，共发放宣传资料3 500多份，并有户主签字作收悉，确保不漏一户。通过“小手牵大手，共创文明楼”——明南佳苑“文明楼道”“最美天井”活动，利用假日学校、家长学校的契机，宣传明南佳苑绿色社区创建，要求小区200多名学生做好小小宣传员、推动员。通过老年学校教育平台中每月5日、20日的老年课堂，分期分批进行宣传，鼓励老年人积极参与，近900名60岁以上老年人参与。通过党员积分承诺制工作，要求党员带头知晓试点项目，并做好宣传发动工作，共有145名党员参与。通过“明南一家亲”微信平台推送创建工作宣传，共有380多位小区年轻人关注和参与。通过广泛宣传，小区内群众的知晓率明显上升，取得了良好的效果。

# 创建绿色和谐社区　建设美好宜居家园

## ——崇明区陈家镇朝阳第七社区

### 社区概况

陈家镇裕鸿佳苑第七社区居委会于2018年5月2日正式成立，管辖区域面积为213 925.5平方米，东至中滨路，南至四号河，西至安润路，北至安瑞路，涉及安通东路东村、安瑞二村、东滩智慧名苑共三个小区。我社区在陈家镇党委的正确领导下，始终秉持习近平总书记所提出的“绿水青山就是金山银山”理念，着力打造“绿色、生态、文明”的新时代绿色社区（图1）。

### 特色工作

第七社区始终坚持以习近平新时代中国特色社会主义思想为指导，深入学习贯彻党的十九大和十九届全会精神，认真贯彻落实市、区关于绿色社区创建工作的系列决策部署，积极履行绿色社区相关职能，以创建绿色社区为载体，全面提升社区工作能力，全力推进社区各项治理工作有序畅通，全力做好绿色社区创建工作。

第七社区立即成立绿色社区创建工作小组，由

图1

第七社区党总支书记顾秀静同志担任创建工作小组组长，其他两委委员担任组员，达到“领导负总责、亲自抓、具体抓”的要求，切实加强了对绿色社区创建工作的组织领导。第七社区绿色社区创建小组负责对创建活动协调指导、督促检查和初审申报工作，全面推进绿色社区创建工作（图 2）。

图 2

在社区两委班子的统一领导下，坚持“人民城市人民建，人民城市为人民”理念，在社区志愿者、党员、居民积极配合下，通过开展绿色社区创建行动，使习近平生态文明思想在社区进一步深入人心，推动社区最大限度地节约资源、保护环境。

（1）加强宣传动员

根据绿色社区创建目标，充分发挥社区党组织领导作用，加强绿色社区创建行动宣传力度，动员志愿者、社区党员、居民等各方力量，广泛参与到绿色社区创建行动中（图 3）。

（2）推进社区基础设施绿色化改造

合理配建社区停车及充电设施，优化停车管理模式。推进生活垃圾分类社区全覆盖，积极探索海绵化改造和建设。推动改造社区绿化，并融入绿色低碳、环保理念。

（3）营造社区生态宜居环境

积极落实社区楼道无障碍设施建设，根据社区

图 3

的具体情况，增设社区公共健身娱乐场所及老年活动场所。如通过设计师、建筑师进社区，辅助居民有效谋划人居环境建设和整治方案，进一步提升社区品质。

（4）提高社区信息化智能化水平

加快推进社区门岗智能化道闸的改造工作，整合社区安保、车辆、公共设施管理。不断完善提升社区安防、技防能力水平。

（5）积极培育社区绿色文化

通过社区大屏幕、广播喇叭、横幅宣传、KT 板等定期发布绿色社区创建活动信息。树立典型，鼓励、表扬绿色社区创建行动中优秀个人，贯彻社区共建共治共享的理念（图 4）。

图 4

## 创建成效

自2019年7月1日起，上海市垃圾分类正式实施。我社区充分利用电子显示屏，社区音响，走访入户等形式，向社区居民宣传垃圾分类主要内容以及做好垃圾分类的主要目的，居民们纷纷表示理解与赞同。同时，社区内设置了五个垃圾分类定时扫描投放点以及三个误时投放点，保证社区居民在做好垃圾分类的同时能够正常投放生活垃圾。社区组建了一支由六个小组共计73人组成的“清晨一小时”志愿者队伍，每周利用一定时间对社区内的所有角落进行垃圾清理。通过志愿者活动，以点带面，有计划地推动绿色社区的创建（图5）。

图5

社区紧紧围绕崇明区世界级生态岛建设理念，培育种植各种绿化，如：停车区域的广玉兰，道路两旁的银杏树，居民楼前的绿草坪等等，走进小区，一眼望到的不仅仅是各种绿色的植物，还有那朝气蓬勃的生气，有效提升了社区居民的幸福感与获得感。我社区内共设置有五个公共活动设施场地，场地周围被绿荫环绕，可供居民使用、休息。社区会定时组织对各个器材进行检查、维护、保养，确保活动器材无松动，无损坏，在丰富居民闲暇时间的同时牢牢守住安全底线，有序推进绿色社区的进一步创建（图6）。

图6

社区配备有大量的停车位，机动车与非机动车都能够做到有序停放，停车秩序较为规范，未出现有“回家容易停车难”现象。社区内各主干道上都标注有“消防通道，禁止占用”等字样，确保无非法占用生命通道的现象。由于社区内老年人较多，针对此现象，我社区进行了无障碍设施的多方面建设，方便了老年人与残疾人士的日常出行，提升了居民对社区的认同感、归属感，进一步推进了绿色社区的创建工作（图7）。

图7

# 秉持绿色生态理念　造就品质生活社区

## ——崇明区陈家镇朝阳第八社区

## 社区概况

裕鸿佳苑朝阳第八社区是陈家镇宅基地安置小区之一。2019年通过宅基地安置新晋落成，小区内共有居民楼94幢，房屋2 008套，小区常住人口2 325人。小区位于裕鸿佳苑东北部，东濒中滨路、南倚裕政东路、西临河流、依北沿公路往南分布，是陈家镇深入贯彻绿色生态发展理念，夯实城市精细化管理，践行时代新风尚的重要成果。社区因地制宜，以健身、休闲、人文为建设主体，兼具景观、文娱、商业等设施规划。在国家“世界级生态岛”战略的助推下，不断查找发展的差距，汲取壮大的力量，校准前进的方向，通过对接悦意东滩“花溪花谷”步行街、东滩绿色标准化菜场、中滨路林荫景观大道等，打通绿色长廊、打造绿色生态前沿区，开辟了美净生态保洁，东滩养老院等绿色公益区块，使绿色衍生产业结构得到进一步深化，业已构成集功能化、现代化、集约化于一体，宜商宜居的绿色社区发展链（图1）。

## 特色工作

朝阳第八社区党总支部充分发挥党建引领作用，坚持“人民城市人民建，人民城市为人民”理念，积极探索社区治理新思路、新方法，围绕进一步打造绿色生态、整洁优美的人居环境的目标，在

图1

社区志愿者、党员群众、楼组长等积极配合下，因地制宜地开展绿色社区创建，通过开展绿色社区创建行动，不断推进具有本地特色的绿色社区建设，使绿色生态文明思想在社区进一步深入人心，不断完善绿色社区治理和优化的标准评价体系，以实践丰富和完善绿色社区的创建。

（1）加强宣传动员

根据绿色社区创建目标，秉持绿色优先的建设理念，充分发挥社区党组织领导作用，聚焦重点、精耕细作，加强绿色社区创建行动宣传力度，动员志愿者、社区党员、居民等各方力量，广泛参与到绿色社区创建行动中。同时，通过专家学者进社区、节能设施进社区、智能回收装置进社区、生态循环系统进社区，以及绿色社区志愿者选拔等活动，加强文化引领和环境保护教育，普及生态环保相关知识，进一步提升和培育居民的参与意识、环境意识和人文意识，形成创建绿色社区人人出力、保护生态环境人人有责的共识（图 2）。

图 2

（2）推进社区基础设施绿色化改造

以常绿树为基调，适当穿插四季花卉，力求树木高低错落有致、疏密有序，形成绿色社区总体和局部效果，为居民创造了富有生活情趣的环境。小区绿地建设坐拥多种绿色元素，促成良性循环的生态系统，形成人与自然和谐共生。合理配建社区停车及充电设施，优化停车管理模式。推进生活垃圾分类社区全覆盖，积极探索海绵化改造和建设，融入绿色低碳、环保理念，推动改造社区绿化和相关配套（图 3）。

图 3

（3）营造生态宜居社区环境

因地制宜地开展绿色社区建设的规划和设计，不断推进具有本地特色的绿色社区建设。为此，充分发挥首创精神，不断推动创建内容的丰富和标准的提升。同时建立健全评估机制，及时总结和推广试点示范的经验做法，注重正面引导，逐步推广创建活动，不断完善环境治理和优化的标准评价体系，以实践丰富和完善绿色社区的创建。

（4）提高社区信息化智能化水平

加快推进社区门禁智能化道闸的改造工作，整合社区安保、车辆、公共设施管理。不断完善提升社区安防、技防能力水平。

（5）积极培育社区绿色文化

围绕进一步打造绿色生态、整洁优美的人居环境的目标，不断优化和提升社区文明程度和人文氛围，探索新思路、新方法。通过社区大屏幕、广播喇叭、横幅宣传、公告栏等定期发布绿色社区创建活动信息。同时树立典型，弘扬新风，进一步倡导并推进共建共治共享的绿色创建理念（图 4）。

图 4

## 创建成效

创建以来，为更大程度满足人们的期盼和需求，朝阳第八社区党总支部以党建为引领，通过多方探索和联动协调等，建立环境社会治理公众参与机制的同时，充分发挥党员志愿者队伍在社区工作的优势，秉持绿色优先的建设理念，聚焦重点、精耕细作，努力打造鲜明的绿色生态特色，形成了“自然、风韵、尚绿”的绿色示范区，设置了绿色生态观摩厅、绿色社区信息发布区、绿色书屋，又添阳光草坪、林间休闲带等，融入“别致、细腻、优雅”的社区景象，实现了决策共谋、发展共建、建设共管、效果共评、成果共享的创建局面，造就了怡人宜居的美好家园（图 5）。

图 5